Landwirtschaft 2010

Welche Wege führen in die Zukunft?

DLG-Wintertagung
am 21. Januar 1999 in Berlin

Archiv der DLG
Band 93

Landwirtschaft 2010

Welche Wege führen in die Zukunft?

Herausgeber:
Deutsche Landwirtschafts-Gesellschaft

VERLAG

Impressum

Die Deutsche Bibliothek – CIP-Einheitsaufnahme
Deutsche Landwirtschafts-Gesellschaft:
Vorträge der DLG-Wintertagung... – Frankfurt (Main) : DLG-Verl.
Früher Schriftenreihe- – Bis 1992 angezeigt u. d. T.: Deutsche Landwirtschafts-Gesellschaft: Vorträge auf der DLG-Wintertagung 1999.

Landwirtschaft 2010. – 1999

Landwirtschaft 2010: welche Wege führen in die Zukunft? : am 21. Januar 1999 in Berlin / (Red.: Lothar Hövelmann). – Frankfurt/Main : DLG-Verl., 1999
(Vorträge der DLG-Wintertagung...: 1999)
(Archiv der DLG : Bd. 93)
ISBN 3-7690-4058-9

Früher Schriftenreihe. – Bis 1992 angezeigt u. d. T.:
Deutsche Landwirtschafts-Gesellschaft: Vorträge auf der DLG-Wintertagung.

60489 Frankfurt am Main
Telefon (0 69) 2 47 88-0
Telefax (0 69) 24 78 84 80
E-mail: dlg-verlag@dlg-frankfurt.de
Internet: http://www.dlg-verlag.de

Gedruckt auf chlorfrei gebleichtem Papier.

Redaktion:	Dr. Lothar Hövelmann, Rainer Rupalla
Umschlagsgestaltung:	Knut Hartmann Design GmbH, Frankfurt/M.
Grafiken:	Baumeisters Büro, Frankfurt/M., Stegmaier, Offenbach
Gesamtherstellung:	Wetzlardruck GmbH, 35578 Wetzlar
Printed in Germany:	ISBN-3-7690-4058-9

Inhaltsverzeichnis

Verzeichnis der Übersichten (Seiten 146-192)

Inhaltsverzeichnis

Landwirtschaft 2010: Wege in die Zukunft

Philip Freiherr von dem Bussche
Präsident der DLG.

Ein Wort zuvor

An der Schwelle zum 21. Jahrhundert befindet sich die Landwirtschaft wie auch die anderen Wirtschaftsbereiche weiter im Umbruch und sieht sich vor große Herausforderungen gestellt. Die Landwirte wollen wissen, was sie im nächsten Jahrzehnt zu erwarten haben und worauf sie sich einrichten sollen. Vor allem die jungen Betriebsleiter und die junge Generation interessiert, wie die Landwirtschaft in etwa zehn Jahren aussehen könnte, damit sie sich in ihren Entscheidungen darauf einstellen können. Ein wichtiges Erfolgskriterium für eine dynamische Weiterentwicklung der Landwirtschaft wird sein, inwieweit sich die Betriebe an die kommenden Verhältnisse angepaßt haben werden.

Daher entschied der Vorstand der DLG, die letzte Wintertagung in diesem Jahrhundert zu einem Rückblick und vor allem zu einem Ausblick zu nutzen. Unter dem Thema »Landwirtschaft 2010« soll aufgezeigt werden, welche Wege in der pflanzlichen und tierischen Produktion in die Zukunft führen, welche Ideen und Konzepte den Landwirt dann in seinem Wirtschaften leiten könnten und wie sich unternehmerisches Schaffen im ländlichen Raum zukünftig vollziehen wird.

Ein fundierter Ausblick in die Zukunft ist ohne eine sorgfältige Analyse der Vergangenheit nicht möglich. Daher beauftragte die DLG Prof. Dr. Dr. h.c. Friedrich Kuhlmann (Universität Gießen) und Dr. Helmut Becker (Forschungsgesellschaft für Agrarpolitik und Agrarsoziologie, Bonn), mit Mitarbeitern eine Studie über die Entwicklungstrends der Landwirtschaft von 1970 bis 1997, insbesondere über Strukturen, Preise und Wirtschaftlichkeit, zu machen. Diese Ergebnisse sind im vierten Kapitel des vorliegenden Buches zusammengefaßt.

Die Studie bildete auch die Grundlage für einen intensiven Diskussionsprozeß des DLG-Vorstandes mit führenden Praktikern, Wissenschaftlern, Beratern und Unternehmern aus der Landwirtschaft sowie dem vor- und nachgelagerten Bereich. Die sehr offen geführte Aussprache fand statt im Rahmen einer DLG-Klausurtagung Ende Oktober 1998 in Kassel. In Kapitel drei sind die wesentlichen Aussagen der Diskussion zusammengefaßt. Damit wird eine Vorausschau auf die Rahmenbedingungen und Leitlinien für die Landwirtschaft gegeben, wie sie im Jahre 2010 mit hoher Wahrscheinlichkeit zu erwarten sind.

Die auf der Klausurtagung vorgestellten Analysen, Prognosen und Erwartungen werden in Kapitel eins dokumentiert. Hier werden die grundsätzlichen Rahmenbedingungen aufgezeigt, die eine Entwicklung des Agrarsektors entscheidend mitbestimmen. Anpassungsstrategien der Landwirte an diese Vorgaben machen deutlich, daß viele landwirtschaftliche Unternehmer technische, biologische und organisatorische Fortschritte zu nutzen wußten und ihre Betriebe als dynamische Systeme erfolgreich ausbauen konnten.

Welche Erwartungen hat ein Landwirt als Unternehmer an die zukünftige Ausgestaltung des Sektors Landwirtschaft? Welches sind die zukunftsweisenden Wege in Pflanzenproduktion, Milchviehhaltung und Fleischproduktion? Welche Entwicklungen zeichnen sich für die angrenzenden Wirtschaftsbereiche ab? Dies sind Fragen, die in Kapitel zwei beantwortet werden.

Die DLG ist bei der Vorbereitung ihrer Wintertagung '99 neue, und wie ich hoffe, erfolgversprechende und zukunftsweisende Wege gegangen: Angefangen von der umfangreichen Studie über die Klausurtagung bis hin zur Präsentation wesentlicher Analysen und Erwartungen bereits zur Wintertagung in Gestalt des vorliegenden, gut aufgemachten und leserfreundlichen Buches. Ich danke allen beteiligten Praktikern, Wissenschaftlern und Beratern sowie den Mitarbeitern der DLG, die zum Gelingen dieses Buches beigetragen haben.

Der Land- und Ernährungswirtschaft zu helfen, ihre Zukunft zu meistern, das ist der Grundauftrag der DLG. Unsere Mitglieder erwarten von der DLG entsprechende Hinweise und Unterstützung. Verschiedene unserer Instrumente und Maßnahmen tragen zur Erfüllung dieser Aufgabe bei. So sollen auch dieses Buch und die DLG-Wintertagung 1999 in Berlin der erfolgreichen Ausrichtung auf die Zukunft dienen.

Frankfurt am Main, Januar 1999

Philip Freiherr von dem Bussche

I
Rahmenbedingungen und Strategien

Landwirtschaft im globalen Rahmen

Prof. Dr. Peter Michael Schmitz
hat den Lehrstuhl für Agrar- und Entwicklungspolitik an der Universität Gießen inne. Außerdem ist er Direktor des Institutes für Agribusiness in Leipzig.

Was wir zu erwarten haben

Als moderner arbeitsteiliger Sektor unterliegt auch die Landwirtschaft den Gesetzmäßigkeiten der Globalisierung. Das heißt, ihre Entwicklung vollzieht sich zukünftig im Umfeld eines beschleunigten Zusammenwachsens der Märkte für Güter und Dienstleistungen, für Kapital und Arbeit sowie für Wissen und Finanzen.

Diese verstärkte Marktintegration bietet ganz neue Chancen für die Entwicklung der Landwirtschaft, enthält aber auch Risiken für diejenigen, die sich nicht rechtzeitig auf die neue Situation einstellen. Da es heute mehr denn je darauf ankommt, sich schneller als seine Konkurrenten an veränderte Rahmenbedingungen anzupassen, macht es Sinn, sich rechtzeitig und umfassend über deren Einfluß auf die landwirtschaftliche Entwicklung zu informieren.

Im folgenden sollen die wichtigsten Einflußgrößen politischer und ökonomischer Art kurz skizziert und in ihrer Bedeutung für die Landwirtschaft erläutert werden.

Agenda 2000

Was wir wohl zu erwarten haben, ist die Fortsetzung der 92er Reform im Sinne eines Abbaus der Preisstützung und eine Substitution oder Kompensation durch faktorgebundene Ausgleichszahlungen. Mit der neuen Bundesregierung wird dieser Prozeß möglicherweise eher noch beschleunigt. Strittig ist lediglich das Ausmaß und die Geschwindigkeit dieses Umbauprozesses.

Landwirte werden sich deswegen mehr als bisher unter freien Marktbedingungen zurechtfinden müssen, wie es im übrigen für viele Bereiche der Landwirtschaft bereits gilt, so zum Beispiel im Schweinebereich, wo keine preissichernde Marktordnung zur Verfügung steht.

Viel entscheidender als die Frage dieses Umbaues zwischen Preisstützung und faktorgebundener Zahlung wird in Zukunft aber sein, an welche Bedingungen diese Ausgleichszahlungen geknüpft werden. Diskutiert wird eine Verknüpfung mit einem Mindestbesatz an Arbeitskräften – möglicherweise aus beschäftigungspolitischen Gründen. Doch in solch einer Begünstigung bestimmter Bewirtschaftungsformen oder der Benachteiligung bestimmter Betriebsgrößen lauert die Gefahr einer Diskriminierung der Leistungsträger.

An einer Darstellung (vgl. Übersicht 1) des betriebswirtschaftlichen Büros Göttingen wird dies besonders deutlich. Die Entwicklung des Arbeitskräftebesatzes und des Kapitaleinsatzes in der Landwirtschaft entwickelten sich gegenläufig.

Übersicht 1:

Arbeitskraftbesatz und Kapitaleinsatz (PSK)

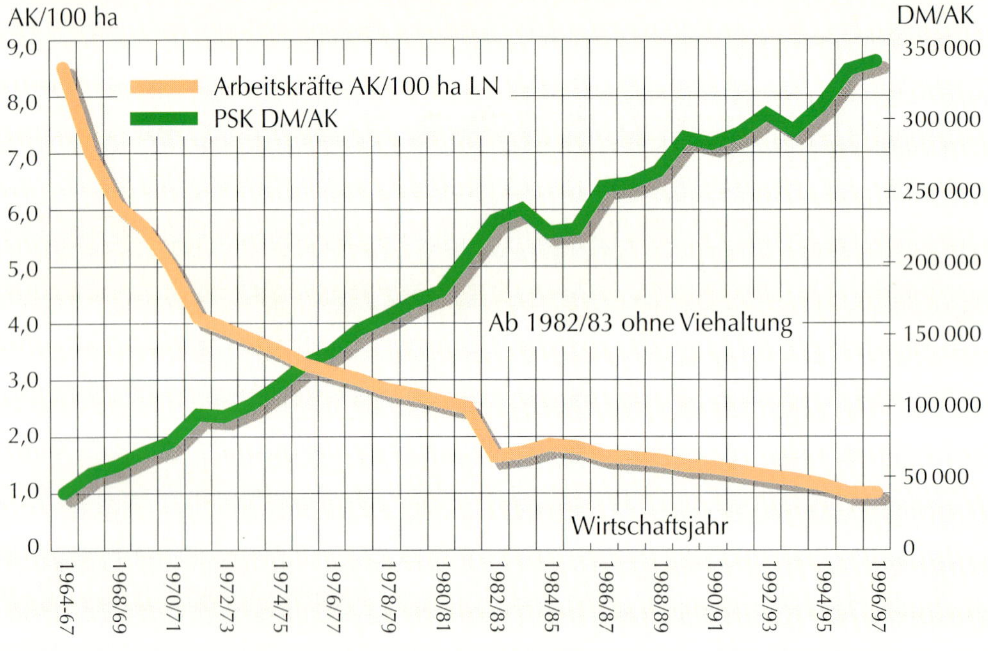

Quelle: Betriebswirtschaftliches Büro, Göttingen (Hrsg.), 40 Jahre Betriebswirtschaftliches Büro Göttingen 1958–1998 Göttingen,1998, S.19

Würde an irgendeiner Grenze der Arbeitsbesatz beschränkt und Ausgleichsforderungen daran festgemacht, wäre ein großer Schaden für die Entwicklungsfähigkeit der deutschen und europäischen Landwirtschaft zu befürchten.

Eine heikler Punkt, der in der Agenda mehr oder weniger ausgespart wurde, ist die Frage der Quoten. Quoten haben auf dynamischen Märkten, die schnelle Strukturanpassungen erfordern, eigentlich keine Existenzberechtigung mehr. Die Frage ist nur, wie kommen wir aus diesem Quotensystem heraus.

Da sind viele schwierige Fragen zu beantworten und das geht auch sicherlich nicht von heute auf morgen, aber die Richtung ist vorgezeichnet. Es wird nicht ausreichen, nur über Quoten- und Rentenumverteilungen nachzudenken oder um die Radiusvergrößerung für die Gültigkeit des Quotentransfers. Die Diskussion über Milch- und Zuckerquoten und deren Abschaffung wird und muß in Zukunft intensiver werden.

WTO

Auch die 1999 beginnende WTO-Runde wird auf eine Fortsetzung des Protektionsabbaues hinauslaufen. Dennoch wird die EU Exportbeschränkungen unterliegen – und zwar so lange, wie sie Exportsubventionen zahlt.

Übersicht 2:

Exportpotential der EU bei Getreide und WTO-Grenze für subventionierte Exporte

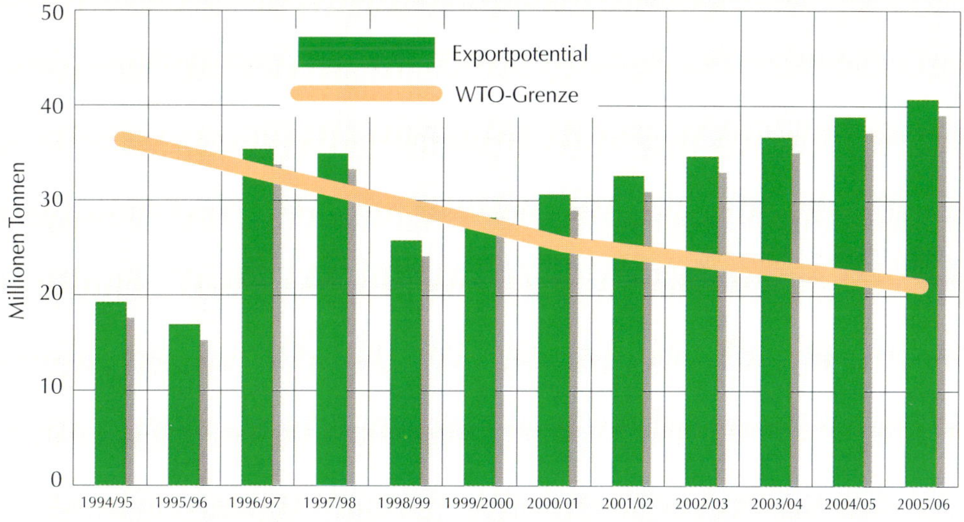

Quelle: Tangermann, S., Reformbedarf in der EU-Agrarpolitik und die Agenda 2000. Diskussionsbeitr. Nr.9704, Inst. für Agrarökonomie, Uni Göttingen 1998

In der Übersicht 2 wird deutlich, wo die Höchstgrenzen der nach WTO erlaubten subventionierten Exporte von Getreide vermutlich verlaufen. Im Vergleich zu den tatsächlichen Exportüberschüssen der EU tut sich eine immer größere Spanne auf.

Dies hat ja auch die Kommission veranlaßt, über Reformen nachzudenken und viele andere auch. Solange also Exportsubventionen bezahlt werden, wird man diese Exportbeschränkungen akzeptieren müssen. Es wird darüber hinaus eine Forderung nach Entkopplung der Ausgleichszahlungen geben, was in der EU noch einen Anpassungsbedarf erfordert, insbesondere im Tierbereich.

Es ist an Überlegungen anzuknüpfen, wie sie auch im wissenschaftlichen Beirat und an anderen Stellen entwickelt worden sind, nämlich umzustellen auf eine Flächenprämie, die zwei Vorteile hätte:

- Auch in Europa würden die Landwirte das Prinzip »freedom to farm« verfolgen können, das heißt selbst zu entscheiden, ohne politischen Einfluß, was sie anbauen. Auch aus Allokationsgründen wäre es hilfreich, die Faktoren frei in die rentabelsten Verwendungen fließen zu lassen.
- Hinsichtlich der grünen Standards scheint im Moment noch offen zu sein, wie weit diese Diskussion vertieft wird. Angesichts der neuen Regierungen in Europa könnten die grünen Standards zumindest intensiver diskutiert werden. Gleichwohl gilt aber die Prämisse, die die WTO-Organisation immer vertreten hat: grüne Standards haben im Handelsbereich eigentlich nichts zu suchen. Wenn man sie schon einbaut, dann mehr im Produktions- und Verbrauchsbereich.

Einführung des Euro

Die Einführung des Euro wurde aus landwirtschaftlicher Sicht häufig positiv bewertet. Als Grund wurde der Wegfall des Aufwertungs- und damit Preisdruckes aufgeführt, der in dem alten agrimonetären System »eingebaut« war.

Dies ist unstrittig. Aber auch nur die halbe Wahrheit, denn mit der Abschaffung des alten agrimonetären Systems sind in Zukunft auch keine Preissenkungen mehr bei Betriebsmitteln, Zinsen, Pachten und dergleichen in dieser Form zu erwarten. Und es wird einen Preisdruck auf alle hochpreisigen Regionen im Euroland geben.

Es müßte sorgfältig analysiert werden, wo in Europa höherpreisige Regionen bestehen, die nicht in einer höheren Qualität – zum Beispiel von Nahrungsmitteln – begründet sind. Dort wird ein Druck auf die Preise entstehen, der sich sicherlich auch auf die Landwirte niederschlägt.

Das Kernproblem aber ist ein anderes: Wechselkurse kann man heute nicht mehr isoliert von ökonomischen Größen beurteilen. Es muß das gesamte wirtschaftliche Umfeld beleuchtet werden, Zinsen, Wechselkurse, Geldpolitik, Fiskalpolitik, sowie insbesondere die Arbeitsmarktpolitik. Letztere wird zurecht als die Achillesferse des Eurolandes bezeichnet.

Der Euro wird mehr Flexibilität im Arbeitsmarkt notwendig machen.

Wenn man Flexibilität im Währungsbereich aufgibt, indem man die Wechselkurse nicht mehr ändern kann, muß für eine größere Flexibilität am Arbeitsmarkt gesorgt werden, zum Beispiel in Form einer veränderten Lohnstruktur, einer größeren Beweglichkeit und Mobilität der Arbeitskräfte sowie eine

Deregulierung der Arbeitsbedinungen im rechtlichen Rahmen. Wenn diese Flexibilität nicht herrscht, wird es zwangsläufig zu mehr Arbeitslosigkeit kommen. Deshalb ist so wichtig, was sich die neuen Regierungen in Europa für die Arbeitsmarktpolitik ausdenken, welche Reformen durchgeführt werden. Dies gilt auch im Steuer- und Abgabenbereich sowie für die Renten- und Sozialpolitik.

Wenn es hier nicht deutliche Änderungen gibt, wird der Euro seine negativen Elemente entfalten und diese dann besonders zu Lasten der Landwirtschaft und des ländlichen Raumes. Das muß man deutlich sehen, denn Landwirtschaft ist ein Sektor, der Arbeitskräfte freisetzt und die müssen ja irgendwo aufgenommen werden.

Ost-Erweiterung der EU

Die Osterweiterung wird offenbar doch später stattfinden als ursprünglich angenommen. In Brüssel spricht man von 2005, 2006 als Start und nicht 2003, wie noch vor einem Jahr.

Inzwischen ist ein intensiver Handel mit Osteuropa in Gang gekommen. Die EU (15) exportierte 1997 Agrarprodukte im Wert von 9 Mrd. DM in die osteuropäischen Beitrittsländer und importierte Güter im Wert von 6 Mrd. Bei Agrargütern besteht demnach ein intensiver gegenseitiger Handelsaustausch. Netto ist die EU zur Zeit Exporteur.

Es ist noch nicht gesagt, daß Osteuropa zu einer Kornkammer wird.

Bedeutsam für die politische Entscheidung zur Ost-Erweiterung ist der Umstand, daß viele osteuropäische Länder inzwischen Marktordnungspreise haben, die oberhalb des EU-Niveaus liegen. Dies könnte dazu führen, daß in den Beitrittsverhandlungen Preisausgleichsmaßnahmen gefordert werden. Und sie werden auch gewährt werden müssen, wenn man die Preise in den Beitrittsländern absenken muß und man an der bisherigen Begründung für Ausgleichszahlungen festhält.

Bislang wurde davon ausgegangen, daß Preisausgleiche bei den politischen Verhandlungen keine Rolle spielen. Aber die Beitrittskandidaten haben sich sehr schnell angepaßt, das heißt Quotensysteme übernommen und die Preise in die Höhe getrieben. Jetzt können sie in diesem schwierigen politischen Entscheidungsprozeß sicherlich interessante Forderungen stellen.

Die eigentliche Kernfrage im Zusammenhang mit der Ost-Erweiterung der EU ist eine andere: worin liegen die komparativen Vorteile Osteuropas eigentlich langfristig? Schnell würde man antworten, natürlich im Bereich der Landwirtschaft. Wenn man beitrittswillige Länder wie Bulgarien und Rumänien betrachtet, dann findet man diese Einschätzung auch bestätigt. Langfristig wird es jedoch sehr davon abhängen, wie sich die Löhne entwickeln.

> Es ist nicht unbedingt gesagt, daß sich Osteuropa zur Kornkammer Europas entwickeln wird. Die künftige Arbeitsteilung in Europa ist noch offen.

Wenn die Löhne trotz relativ hoher Agrarpreise niedrig bleiben, dann kann es sein, daß die Länder Mittel- und Osteuropas ihre Vorteile in arbeitsintensiven Industriezweigen suchen.

Die Landwirtschaft wird sich langfristig jedoch zu einem wissens- und kapitalintensiven Wirtschaftszweig entwickeln. Es ist daher nicht unbedingt gesagt, daß sich Osteuropa zur Kornkammer Europas entwickeln wird. Die künftige Arbeitsteilung in Europa ist noch offen.

Wenn sich die Landwirtschaft nicht in Richtung steigender Kapitalintensität entwickelt, dann ist Osteuropa durchaus im Vorteil hinsichtlich Arbeitsplätzen und Produktion. Dies würde die EU unverändert mit den bekannten Exportproblemen konfrontieren.

Weltmarktentwicklung

Die Ökonomen müssen einmal mehr zur Kenntnis nehmen, daß der »Geldschleier« mehr ist als ein Schleier, der über den realen Vorgängen liegt. Vielmehr beeinflussen die Entwicklungen von Geld und Währungen die realen wirtschaftlichen Vorgänge – mit Rücknahme der Preise, Einbrüchen im Sozialprodukt und dergleichen. Es besteht ein Aufarbeitungsbedarf des Zusammenhangs zwischen monetären und realen Phänomenen, auch im landwirtschaftlichen Bereich.

Desweiteren kann es nicht angehen, daß bei vernünftiger Politikgestaltung nur über eine Schönwetterpolitik nachgedacht wird. Wir müßten uns über eine Politik Gedanken machen, die sowohl gute als auch schlechte Entwicklungen am Weltmarkt berücksichtigt.

Viele Experten gehen davon aus, daß für die Landwirtschaft am Weltmarkt auch langfristig gute Chancen bestehen. Sie erwarten eine günstige Entwicklung der Nachfrage – trotz der verschiedenen Krisensituationen derzeit. Und sie räumen einer wissens- und kapitalintensiven europäischen Landwirtschaft gute Chancen ein, ganz abgesehen von der guten Wasserversorgung und der hohen Bodenqualität in Europa.

Doch niemand weiß, wie sich der Weltmarkt langfristig entwickeln wird. Nur so viel ist klar: er wird auf die hiesige Landwirtschaft durchschlagen.

Neue Technologien

Die Landwirtschaft muß an den Fortschritten der Informations- und Kommunikationstechnologie teilnehmen, um im internationalen Spiel dabeizusein. In bezug auf die Bio- und Gentechnologie ist auf klare Vorgaben zu hoffen.

Wenn man auf Innovation setzt, gehört die Bio- und Gentechnologie dazu. Aus ihr resultieren neue Entwicklungs- und Verdienstmöglichkeiten auch für die Landwirtschaft. Weit gefaßt kann sie auch einen Beitrag zur Welternährung und zur Lösung der Umweltprobleme leisten.

Fazit

Die Globalisierung läßt sich nicht aufhalten, auch für die Landwirtschaft nicht. Gegen den Strom zu schwimmen, verringert die Wettbewerbskräfte. Politik sollte die Dinge nicht aufhalten.

Man wird sehen, welche Akzente die neue Bundesregierung setzt. Mit den anderen sozialdemokratischen Regierungen Europas besteht jetzt in vielen Punkten Übereinstimmung.

Es ist zu hoffen, daß die innovativen Elemente überwiegen und nicht ein neuer Akzent gesetzt wird im Sinne einer Politik gegen die Leistungsträger.

Gestern und Heute weisen auf Morgen

Prof. Dr. Dr. h. c. Friedrich Kuhlmann
hat den Lehrstuhl für landwirtschaftliche Betriebslehre an der Justus-Liebig-Universität Gießen inne und ist u.a. auch Vorstandsmitglied der DLG.

Landwirte haben sich nachhaltig angepaßt

Landwirten wird von der Öffentlichkeit gerne ein mangelnder Anpassungswille an die neuen Zeiten unterstellt. Das Gegenteil ist der Fall. Und dies läßt sich auch an Zahlen belegen.

Welche Anpassungsstrategien haben landwirtschaftliche Unternehmer in den vergangenen Jahren verfolgt? Die Antwort auf diese Frage soll in zwei Teilen erfolgen.

Im ersten Teil wird die Landwirtschaft als ganzes in den Rahmen der Volkswirtschaft gestellt. Die Stichworte lauten unter anderem: Bruttoinlandsprodukt, Nettowertschöpfung, Arbeitsproduktivität.

Im zweiten Teil werden die Anpassungsstrategien innerhalb der Landwirtschaft, das heißt für die einzelnen Betriebsformen untersucht. Die Stichworte hierfür lauten: Marktfrucht-, Veredelungs- und Futterbaubetrieb.

Die Landwirtschaft »im großen Rahmen«

Das **Bruttoinlandsprodukt** hat sich in Deutschland seit 1970 nominal verfünffacht. Real (d. h. inflationsbereinigt) hat es sich nur verdoppelt. Dreiviertel des Zuwachses waren somit heiße Luft. Umgekehrt sieht es im Agrarbereich aus. Dort ist die reale Brutto-Wertschöpfung rascher angestiegen als die nominale. Mit anderen Worten: die Preise für Agrarprodukte sind gesunken.

Die Terms of Trade haben sich im Laufe dieser Jahre für die Landwirtschaft verschlechtert. Das hatte zur Folge, daß die am Markt erwirtschaftete **Nettowert-**

schöpfung der Landwirtschaft immer stärker abgenommen hat. In der Übersicht 1 stellt die Säule »Gesamt« den Bruttoproduktionswert der Landwirtschaft dar, sozusagen den Umsatz des Sektors Landwirtschaft. Wenn man davon die Vorleistungen und die Abschreibungen abzieht, dann bleibt die Nettowertschöpfung übrig.

Übersicht 1:

Entwicklung des Produktionswertes und der Nettowertschöpfung

1970/71-1995/96; in Mio. DM; gleitende 3-Jahresmittel

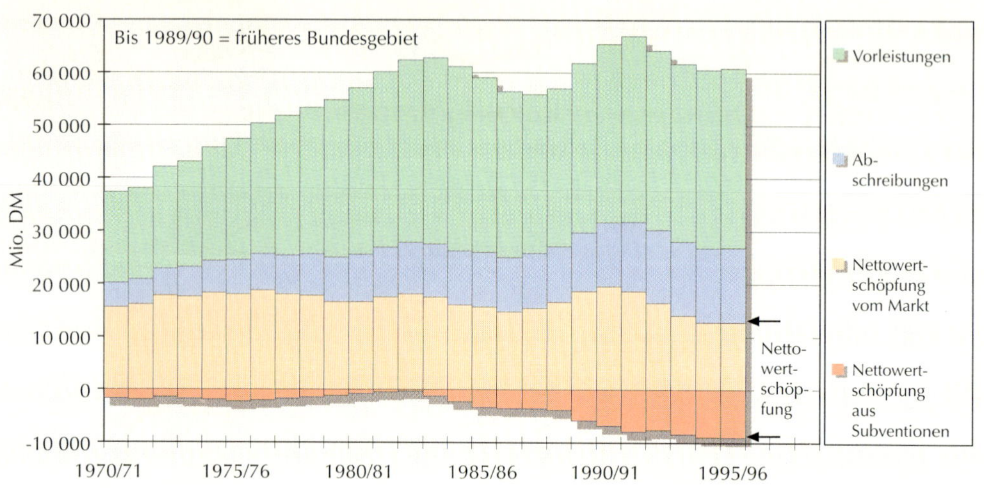

Die Nettowertschöpfung ist in der Übersicht 1 nochmals untergliedert, und zwar in den Teil der im Markt erwirtschaftet wird und den Teil, der aus Subventionen stammt. Daran ist ersichtlich, daß die Gesamt-Nettowertschöpfung im Lauf der Jahre ungefähr gleich geblieben ist. Der Anteil der Nettowertschöpfung, der nicht am Markt erzielt wird, hat jedoch ständig zugenommen.

Auch diese zunehmende Subventionierung konnte nicht verhindern, daß der **Gewinn** der landwirtschaftlichen Betriebe einen immer geringeren Anteil an der Wertschöpfung einnimmt. An der Übersicht 2 wird deutlich, wie zunehmende Anteile der Wertschöpfung zur Entlohnung von Faktormengen (Boden, Kapital und Arbeit) verwendet werden, die den Landbewirtschaftern von außerhalb des Agrarsektors zur Verfügung stehen. Die landwirtschaftlichen Betriebe sind immer weniger »schulden- und pachtfreie, nur mit familieneigenen Arbeitskräften bewirtschaftete Einheiten«.

Die Landwirte haben sich an diese Entwicklung durch systematische Nutzung biologischer und technologischer Innovationen angepaßt und dadurch die Kosten je Produkteinheit gesenkt, insbesondere die **Arbeits- und Bodennutzungskosten**. Dies läßt sich berechnen anhand der Netto-Nahrungsmittel-Produktion (NNMP), also der Lebensmittelproduktion des Inlandes abzüglich der Lebensmittelimporte. Zur Produktion einer Tonne NNMP wird im Vergleich mit 1970 heute nur noch 25% der Arbeit und 50% der Fläche eingesetzt.

Übersicht 2:

Struktur der Verwendung der Nettowertschöpfung der Landwirtschaft

1970-1995; gleitende 3-Jahresmittel

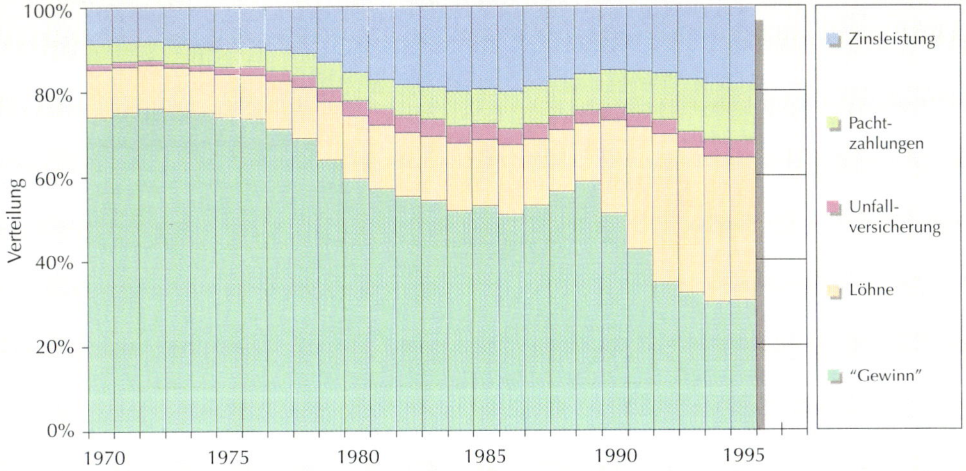

Infolgedessen stieg in dieser Zeit die (physische) Arbeitsproduktivität auf den vierfachen Wert, während sich wegen verschlechterter Preis-Kostenverhältnisse die Nettowertschöpfung je Arbeitseinheit nur verdoppelt hat. Ein Großteil der Produktivitätsfortschritte ist somit an nachgelagerte Sektoren weitergegeben worden.

Das Gleiche gilt prinzipiell für die **Bodenproduktivität**. Die Nahrungsmittelproduktion je Hektar hat sich seit 1970 etwa verdoppelt, während die Nettowertschöpfung (ohne Subventionen und Produktionssteuern) gerade mal um 20% angestiegen ist. Rechnet man Subventionen hinzu, dann stieg die Wertschöpfung pro Hektar um 40%.

Der Anpassungsdruck, unter dem der Agrarsektor steht, spiegelt sich auch im **Investitionsverhalten** wider. Tendenziell wird in der Landwirtschaft seit Anfang der 80er Jahre mehr Vermögen verbraucht als neu geschaffen. Die Nettoinvestitionen sind insbesondere in den letzten Jahren negativ. Kapital wandert in außerlandwirtschaftliche Verwendungen, soweit es nicht von den Landwirten konsumiert wird.

Entwicklungen nach Betriebstypen

Wie hat sich die wirtschaftliche Situation in den einzelnen Betriebszweigen entwickelt? Die Beantwortung dieser Frage soll anhand von drei konstruierten »Modellbetrieben« erfolgen: ein Marktfrucht-, ein Futterbau- und ein Veredelungsbetrieb. Ihre Entwicklung sei anhand der Standarddeckungsbeiträge des KTBL während der vergangenen 20 Jahre dargestellt.

Der erste Betrieb soll im Kreis Ostholstein liegen. Er baut auf 10 % seiner Ackerfläche Zuckerrüben an, auf 23,3 % Winterraps, auf 33,3 % Winterweizen und auf

33,3 % Wintergerste. Keine Nutztierhaltung. Die Arbeitskapazität in diesem Betrieb lag – bezogen auf 100 ha LF – 1977/78 bei 3,45 AK und mittlerweile bei 1,72 AK (Anhaltswerte aus dem Agrarbericht).

Der Futterbaubetrieb soll im Kreis Freising liegen. Die Hälfte seiner Fläche besteht aus Dauergrasland. Auf jeweils 16,7 % der Fäche werden Winterraps, Winterweizen und Wintergerste angebaut. Der Betrieb hält je 100 ha LF 100 Milchkühe ohne Nachzucht. Die Arbeitskapazität ist von 4,32 AK/100haLF im Jahr 1977/78 auf 2,57 AK/100haLF im Jahr 1996/97 gesunken.

Der Veredelungsbetrieb schließlich möge im Kreis Nienburg/Weser liegen. Er hat nur Ackerfläche und baut auf jeweils einem Drittel Winterraps, Winterroggen und Wintergerste an. Außerdem hat er 150 Zuchtsauen und 1000 Schweinemastplätze je 100 ha LF. Seine Arbeitskapazität ist von 5,41 auf 3,08 AK/100haLF zurückgegangen.

Marktfruchtbetrieb

Im Marktfruchtbetrieb gingen sowohl der (Standard-) Deckungsbeitrag als auch das (Standard-) Betriebseinkommen je ha LF um jeweils rund ein Viertel zurück. Die flächengebundenen Ausgleichszahlungen haben die Lage in den vergangenen drei Jahren allerdings stabilisiert.

Infolge des Abbaus von Arbeitskräften stiegen jedoch Deckungsbeitrag und Betriebseinkommen pro Arbeitseinheit um rund 50 % an (Übersicht 3).

Veredelungsbetrieb

Naturgemäß weisen Veredelungsbetriebe stärkere Schwankungen um den Entwicklungstrend auf, als die anderen beiden Betriebstypen. Insgesamt blieben jedoch der Deckungsbeitrag und das Betriebseinkommen seit 1977/78 in etwa konstant – bezogen auf den Hektar. In Zahlen ausgedrückt: ca. 3 500 DM/ha beziehungsweise ca. 2 500 DM/ha

Anders sieht die Sache je Arbeitskrafteinheit aus. Arbeitssparende Fortschritte haben bewirkt, daß sich der Deckungsbeitrag je AK in den Veredelungsbetrieben auf ca. 120 000 DM verdoppelt hat. Kurzfristig lag dieser Wert sogar absolut über denen der anderen Betriebstypen. Dies ändert sich jedoch immer wieder schnell (Schweinezyklus).

Die Schwankungen sind (obwohl in der Übersicht durch Drei- Jahres-Mittel geglättet) sehr viel stärker, als bei den anderen beiden Betriebstypen. So lag das Betriebseinkommen zwar am Anfang ebenso wie am Ende des Betrachtungszeitraumes bei 2500 DM je ha. Zwischenzeitlich allerdings gab es wesentliche Täler.

Die Veredelungsbetriebe tragen das höhere Risiko und deswegen sollten sie langfristig im Durchschnitt auch die höheren Einkommen erzielen (Übersicht 4).

Futterbaubetrieb

Im Futterbaubetrieb hat der Deckungsbeitrag je Hektar im Lauf der Jahre leicht, auf 2 500 DM, zugenommen. Gründe hierfür waren über längere Zeit stabile Milchpreise, nachgebende Futtermittelpreise und züchterische Fortschritte. Das Betriebseinkommen blieb mit ca. 1 500 DM/ha in etwa gleich.

Übersicht 3:

Standarddeckungsbeitrag und -betriebseinkommen eines Marktfruchtbetriebes

1977/78 - 1995/96; gleitende 3-Jahresmittel; Werte in DM/Voll-AK-

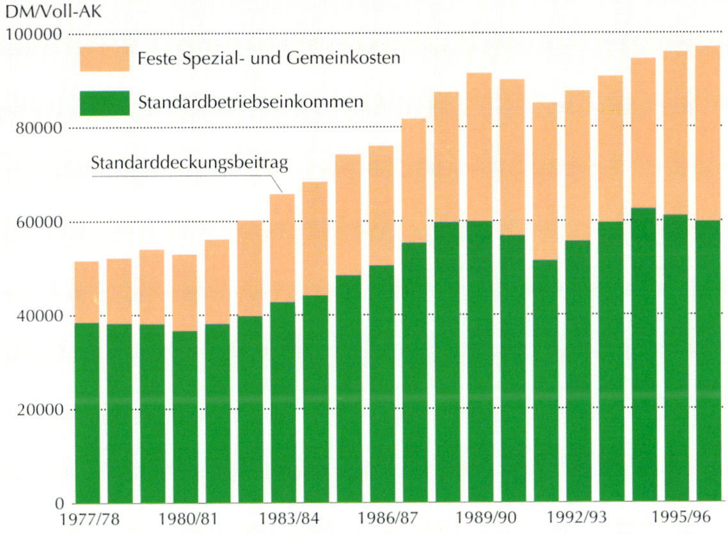

Übersicht 4:

Standarddeckungsbeitrag und -betriebseinkommen eines Veredelungsbetriebes

1977/78 - 1995/96; gleitende 3-Jahresmittel; Werte in DM/Voll-AK-

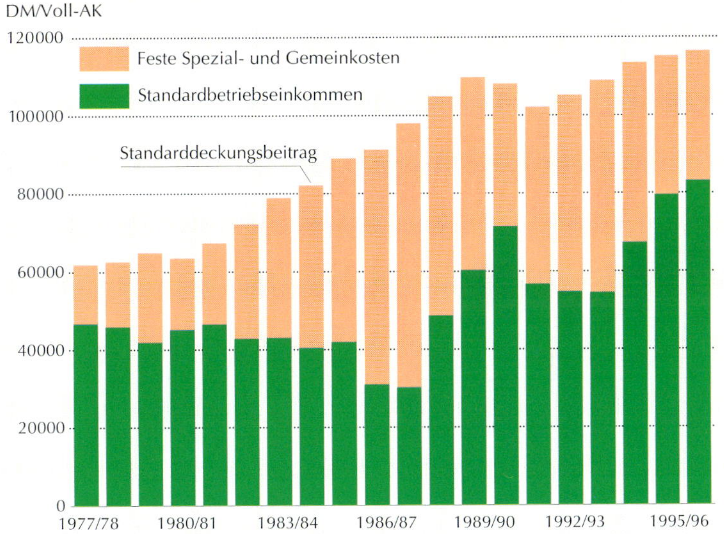

Auf den Arbeitsplatz bezogen, sind die Fortschritte deutlicher. Hier ergab sich eine Verdoppelung des Deckungsbeitrages und ein etwa 50 %iger Anstieg des Betriebseinkommens je AK. Im Vergleich zum Marktfruchtbetrieb hat sich die Wirtschaftlichkeit des Futterbaubetriebes, gemessen am Deckungsbeitrag – nicht jedoch am Betriebseinkommen – tendenziell leicht verbessert.

Übersicht 5:

Standarddeckungsbeitrag und -betriebseinkommen eines Futterbaubetriebes

1977/78 - 1995/96; gleitende 3-Jahresmittel; Werte in DM/Voll-AK-

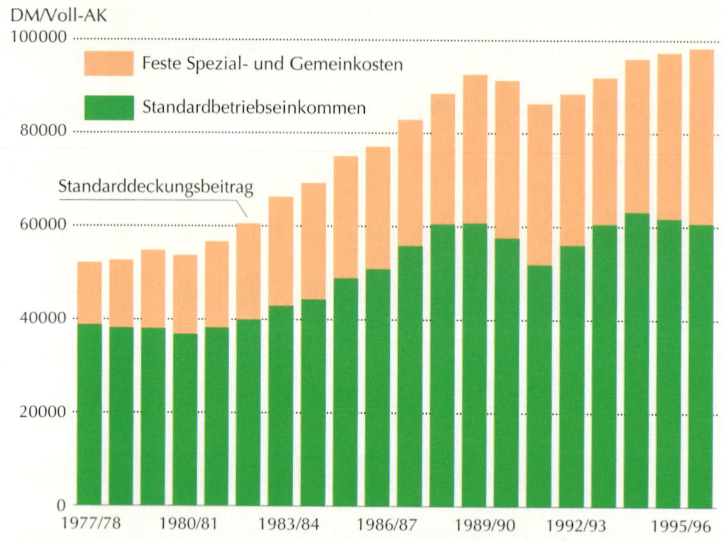

Zusammenfassung

Wenn man die drei Betriebstypen noch einmal miteinander vergleicht, ist folgendes festzuhalten: Es ist zwar in allen Betriebstypen ein Anstieg der Betriebseinkommen je Arbeitskraft zu verzeichnen. Dieser Anstieg ist jedoch relativ gering in Vergleich zum Durchschnitt der Volkswirtschaft. Die »alte Industrie« Landwirtschaft wird sich wohl auch weiterhin vornehmlich durch Gesundschrumpfen sanieren müssen. »Wachsen oder weichen« dürfte deshalb sicherlich auch morgen noch gelten.

II
Wege in die landwirtschaftliche Zukunft

Erwartungen aus Sicht eines Unternehmers

Dr. Harald Isermeyer
ist praktischer Landwirt aus Eickhorst in Niedersachsen. In der DLG ist er u. a. Mitglied des Vorstandes.

Die Unsicherheiten werden zunehmen

Die Rahmenbedingungen für landwirtschaftliche Unternehmen werden sich im kommenden Jahrzehnt weiter deutlich verändern. Es wird sich eine starke **Orientierung** der deutschen und europäischen Agrarmärkte **am Weltmarkt** vollziehen, eine Entwicklung, die mit der Reform der europäischen Agrarpolitik im Jahre 1992 eingeleitet wurde und die auf den Märkten für Schweinefleisch, Geflügelprodukte, Ölsaaten, Obst und Gemüse bereits längst zum Alltag gehört.

Diese stärkere Marktorientierung, die in Zukunft vor allem für Getreide, Rindfleisch und Milch und am Ende vielleicht auch für Zucker auf der Tagesordnung steht, findet ihre wesentliche Ursache vor allem in dem ständig wachsenden Exportanteil der heimischen Produktion. Trotz aller Befürchtungen beinhaltet sie aber nicht nur Risiken sondern längerfristig auch **Chancen** für Betriebe, die diese Herausforderung annehmen und ihre Produktion wettbewerbsorientiert ausrichten. Ein schrittweiser Abbau der Marktordnungen kann dabei zu einer bürokratischen Entflechtung führen und weitere unternehmerische Kräfte freisetzen.

Mit der zunehmenden globalen Marktöffnung geht jedoch eine größere **Unberechenbarkeit** einher: politische Instabilitäten, globale Wirtschaftskrisen, Kriege und Naturkatastrophen können zu vorher nicht gekannten Marktturbulenzen führen.

Unklar ist auch, ob ein Anstieg der Weltbevölkerung direkt zu einer gesteigerten **Nachfrage** nach Nahrungsmitteln und damit gleichzeitig zu einem Preisanstieg führen wird. Die unsichere Wirtschaftsentwicklung in vielen Teilen der Welt läßt kaum eine sichere Prognose der kaufkräftigen Nachfrage zu, und die rasche Mobilisierbarkeit offenbar erheblicher weltweiter landwirtschaftlicher Produktionsreserven lassen euphorische Erwartungen hinsichtlich der kurz- und mittelfristigen Preisentwicklungen als nicht angemessen erscheinen.

Hinsichtlich der direkten finanziellen Unterstützung der Landwirte durch die EU- Politik ist sicherlich mittelfristig wohl eher mit einer Reduzierung der **Beihilfen** zu rechnen, die entweder durch Kürzungen der absoluten Höhe oder aber durch die Koppelung an kostentreibende Auflagen erfolgen wird. Es läßt sich hier – wie auch in anderen Wirtschaftsbereichen – politisch vermutlich nicht länger vermitteln, einer immer kleiner werdenden Personengruppe, deren wirtschaftliche, gesellschaftliche und soziale Bedeutung rasch abnimmt, in erheblichem Umfang Gelder zukommen zu lassen. Ein Teil dieser Gelder wird dann auch ohnehin noch über die Märkte an die vor- und nachgelagerten Bereiche sowie an die Land- und Quoteneigentümer weitergeleitet.

Hinsichtlich der Gestaltung der nationalen Subventionen werden – wie es sich bereits abzeichnet – die **im Steuerrecht verdeckten Hilfen** vermutlich abgebaut werden. Dies trifft bei der Einkommensteuer in erheblichem Maße die Klein- und Mittelbetriebe sowie diejenigen, die in der Vergangenheit in der Viehhaltung erhebliche Wachstumsschritte unternommen haben. Ein Wegfall der Pauschalierung bei der Mehrwertsteuer trifft hingegen nahezu alle Betriebe und stellt eine wesentliche Einbuße nationaler Einkommenstransfers dar.

Die Diskussion um **Umweltstandards** wird in Zukunft wahrscheinlich mit weniger Emotionen geführt werden. Die Argumente sind weitgehend ausgetauscht und viele Themen hinsichtlich der Öffentlichkeitswirkung glücklicherweise auch verbraucht. Dennoch werden die bisherigen Reglementierungen wohl kaum gelockert werden, es werden vermutlich sogar im Hinblick auf die Tierhaltung noch einige hinzukommen. Es ist anzunehmen, daß es dabei weniger zu weiteren spektakulären, dem Image der Landwirtschaft wenig zuträglichen Diskussionen kommen wird, sondern die Vernunft auf beiden Seiten zu sachgerechten Lösungen führen wird. Dabei ist es auf Dauer unabdingbar, daß diese Standards auch international gelten, damit hier keine Wettbewerbsverzerrungen auf den Märkten entstehen. Dies ist um so wichtiger, als die kompensierenden Wohltaten nationaler Einkommenspolitiken zunehmend an Bedeutung verlieren werden.

Direktzahlungen werden stärker an Umweltleistungen gekoppelt werden.

Die **Gentechnik** wird in vielen Bereichen der Pflanzenproduktion Einzug halten. Kurz- und mittelfristig werden der Verbreitung dieser neuen Technologie zwar Grenzen gesetzt, wofür in erster Linie Vorbehalte auf Seiten von Politikern und Verbrauchern aber auch strategische Positionskämpfe auf den Märkten verantwortlich sind. Langfristig wird die Technik aber akzeptiert werden. Aufgrund der höheren ethischen Hürden wird die Gentechnik in der Tierproduktion vermutlich aber wesentlich verhaltener eingesetzt werden.

Das Beispiel USA zeigt, daß die Gentechnik zu neuen Abhängigkeiten führen wird, die sich von Fall zu Fall sowohl zu Gunsten als auch zu Lasten der Landwirtschaft auswirken können. Beispielsweise wird bereits die zweite Generation gentechnisch veränderter Pflanzen der Landwirtschaft auch neue Marktsegmente erschließen.

Langfristig wird die Gentechnik vom Verbraucher akzeptiert werden.

Gleichzeitig wird sich aber das Kräfteverhältnis in der **Wertschöpfungskette** ändern: Die Landwirtschaft wird viel stärker in den vor- und nachgelagerten Bereich integriert sein und damit ein weiteres Stück ihrer Selbständigkeit verlieren. Dadurch werden auch weitere Teile der üblicherweise von der Landwirtschaft realisierten Wertschöpfung in den vor- bzw. nachgelagerten Bereich verlagert werden. Dieser wird seinerseits stärker beratend und steuernd auf die Landwirtschaft einwirken und die Produktion so stärker prägen. Die Landwirtschaft wird als Teil der Wertschöpfungskette immer mehr ihren Sonderstatus verlieren.

Im vor- und nachgelagerten Bereich werden sich enorme **Konzentrationsprozesse** vollziehen. Vergleichbar wie in den USA werden gigantische horizontale und vertikale Konsortien entstehen. Es ist noch nicht abzusehen, in wieweit diese Konzentration zu einer unzumutbaren Ausübung von Marktmacht führen wird. Möglicherweise wird in Zukunft hier und da der Ruf nach ordnungspolitischen Korrekturen lauter werden.

Veränderungen in den Betrieben

Durch globalen Wettbewerb werden die Gewinnmargen für die Betriebe weiter sinken. Starker Kostendruck wird konsequent ein Ringen um Kostenführerschaft

Im Vergleich zu heute zeichnet sich bis zum Jahr 2010 eine Halbierung des Arbeiteinsatzes pro Output-Einheit ab.

auslösen. In dieser Folge wird der Rationalisierungsdruck zunehmen und eine Ausschöpfung der Potentiale bewirken. Besonders deutlich wird diese Entwicklung beim Arbeitseinsatz werden. Hier zeichnet sich – gemessen am heutigen Niveau – in den kommenden zehn Jahren eine Halbierung des Arbeitseinsatzes bezogen auf die Output-Einheit ab.

Ein starkes Wachstum hin zu größeren Bewirtschaftungs- und Managementeinheiten sind dabei ein wesentliches Ziel. Diese werden durch **verschiedenste Kooperationsformen** entstehen: Lohnbewirtschaftungen, Unternehmenszusammenschlüsse, Pacht und Kauf markieren die unterschiedlichsten Wege. Dabei werden in hohem Maße fremde Produktionsmittel (Boden, Quoten, Ställe) genutzt, und der Pachtlandanteil wird dann auch im im Westen weit über 50 % liegen.

Langfristige Planungen werden jedoch bei solchen Wachstumsschritten **erschwert**, da der Trend zu immer kürzeren und flexibleren Vertragsgestaltungen gehen wird. Es besteht die Gefahr der Entwicklung eines »short term business« mit den entsprechenden negativen Auswirkungen für langfristige Investitions- und Betriebsentwicklungspläne. Dieses höhere Investitionsrisiko hat sowohl Auswirkungen auf den Investor als auch auf die finanzierenden Banken.

Einhergehen mit diesen Entwicklungen wird eine zunehmende Teilung der unternehmerischen Aufgaben rund um die Landwirtschaft. Das Management des Eigentums an Produktionsfaktoren trennt sich zunehmend vom Management der landwirtschaftlichen Produktion selbst (**Eigentümer gegen Bewirtschafter**).

Die Folge davon ist eine unklare politische Interessenlage des Sektors aufgrund teilweise unterschiedlicher wirtschaftlicher Interessen. So nutzen Marktordnungen und landwirtschaftliche Privilegien eher den Resourceneigentümern als den Bewirtschaftern, wohingegen eine Stärkung der Wettbewerbsfähigkeit, der Zugang zu internationalen Märkten sowie strukturverbessernde Maßnahmen zumindest

Foto: hapo

längerfristig eher den Wirtschaftern zugute kommen. Es bleibt spannend, welche Sichtweisen sich hier in Zukunft in der Diskussion und in der Gestaltung der Politik durchsetzen werden.

Generell wird sich dabei eine weitere **Verschiebung der Einkommensverteilung** zugunsten der knappen Faktoren wie Land, Stallplätze und Quoten einstellen, denn die enormen Rationalisierungsfortschritte bewirken eine anhaltende Konkurrenz um diese Faktoren.

Eigentum an knappen landwirtschaftlichen Produktionsfaktoren (Boden, Produktionsrechte etc.) wird vermutlich auch für Nicht-Landwirte als Kapitalanlage immer interessanter werden. Dies gilt um so mehr, je mehr spezielle Landwirteprivilegien an Bedeutung verlieren, und je mehr es sich in der Landwirtschaft um ein standardisiertes durchschaubares »Business« handelt.

> »Eigentum an Boden oder Produktionsrechten wird vermutlich auch für Nicht-Landwirte immer interessanter werden.«

Bei den zukünftigen Betrieben ist zu unterscheiden zwischen Unternehmenseinheit und Managementeinheit. Ein landwirtschaftliches Unternehmen wird **immer mehr vernetzt sein** in große Managementkreise. Teile der Vermarktung und Produktionssteuerung werden großen integrierenden Wertschöpfungsketten verantwortlich überlassen, und spezielle Arbeiten in der Außen- und Innenwirtschaft werden an spezialisierte Dienstleister abgegeben, bzw. durch Betriebszusammenschlüsse erledigt. So werden dann auch größere Betriebe durchaus stabil im Nebenerwerb geführt werden können.

Die Zahl der Bewirtschaftungseinheiten nimmt also im Ergebnis viel schneller ab als die Zahl der Unternehmer, d. h. der Konzentrationsprozeß in der Landwirtschaft wird sich viel schneller vollziehen als anhand von Statistiken ablesbar sein wird, denn viele Landwirte bleiben auf dem Papier zwar Unternehmer, treten aber im Wirtschaftsleben kaum in Erscheinung.

Die **Vorteile größerer Managementeinheiten** liegen klar auf der Hand: Neben Kostensenkungen erhält die Landwirtschaft durch diese Zusammenschlüsse am ehesten die Chance, sich in der Wertschöpfungskette auch das nötige Marktgewicht zu verschaffen. Für die Vermarkter bzw. Zulieferer entstehen größere Ansprech- und Handelseinheiten mit den damit verbundenen Vorteilen für die Sicherung von Mengen und Qualitäten, die logistischen Anforderungen, und die Erschließung neuer Märkte im harten internationalen Wettbewerb.

»Von der häufig romantisch verklärten Einheit von Natur, Familie, Arbeit und Leben wird kaum etwas übrig bleiben.«

Auch die **Personalstrukturen** in den Wachstumsbetrieben werden sich ändern. An Stelle des »Ein-Mann-Betriebes« tritt immer öfter der Mehrpersonen-Betrieb. Es werden – wie bereits seit einigen Jahren absehbar – mehr und mehr familienfremde Arbeitskräfte in den Betrieben mitwirken, insbesondere im Niedriglohnbereich und innerhalb von Teilzeitbeschäftigungsverhältnissen.

Die Landwirtschaft wird bei all diesen skizzierten Entwicklungen immer mehr zu einem professionellen Business. Von der häufig romantisch verklärten Einheit von Natur, Familie, Arbeit und Leben wird kaum etwas übrig bleiben.

Neben der starken Orientierung auf die hart umkämpften internationalen Märkte, werden auch weiterhin viele landwirtschaftliche Unternehmer bemüht sein, kleinräumige Märkte mit **Spezialitäten und regionalen Besonderheiten** zu entwickeln und zu bedienen.

Dabei geht es dann weniger um Kostenführerschaft, sondern um pfiffige Ideen, individuelle Produkte und einen hohen kundenorientierten **Dienstleistungsanteil**. Auch werden sich mehr und mehr Landwirte bei Kommunalarbeiten, in der Landespflege oder in der Freizeitwirtschaft engagieren.

Vielfach wird aber, sobald sich mit diesen Betriebszweigen ein profitables Geschäft entwickelt hat, auch hier eine Professionalisierung zu beobachten sein. Das bedeutet, daß spätestens nach dem Generationswechsel immer wieder solche Bereiche als eigenständige Unternehmen aus den Ursprungsbetrieben ausgegliedert werden.

Umdenken in Politik und Verwaltung ist nötig

Die geschilderten zu erwartenden Rahmenbedingungen und die daraus resultierenden Anpassungsreaktionen fordern auch ein Umdenken im Umfeld der Landwirtschaft. Politik, Verbände, Behörden, Wissenschaft und Beratung müssen sich auf eine neue Sicht der Dinge und auf **neue Aufgaben** einstellen.

Dort, wo die deutsche und europäische Landwirtschaft offensichtlich natürliche oder politisch bedingte Nachteile hat, ist ein moderater **Außenschutz** der Märkte zum Schutz und zur Stärkung der Europäischen Landwirtschaft und der eigenen Produktion auch weiterhin zu rechtfertigen und einzufordern.

Von allzu starren **Marktordnungen** sollte man sich langfristig allerdings verabschieden. Sie stellen zwar ein kurzzeitiges Ruhekissen dar, entwöhnen allerdings von unternehmerischen Tugenden und verbauen zukünftigen Generationen die

Wege zu den existenziell wichtigen internationalen Märkten.

> Die Bürokratie sollte nicht verhindern und versagen, sondern als Dienstleister und Motor des Fortschrittes helfen und fördern.

Ebenso sollten **Beihilfen und steuerliche Erleichterungen** in fernerer Zukunft lediglich zum Ausgleich der Wettbewerbsnachteile, die die Gesellschaft der Landwirtschaft zur Erhaltung ihrer Lebensqualität auferlegt, eingefordert werden. Nationale Beihilfen und Privilegien, die darüber hinaus als eigenständige »Einkommenspolitik« gewährt werden, sollten langfristig kalkulierbar abgebaut werden. Sie verlieren nämlich über längere Sicht ihre Vorteile, da die damit verbundene Sonderrolle mit ihren konservierenden Auflagen effiziente Strukturen und marktorientierte Produktionsweisen erschweren, und Abhängigkeiten schaffen, deren damit verbundene Versprechen sich auf die Dauer ohnehin nicht halten lassen.

Investitionsförderung sollte weniger durch Finanzhilfe als durch den Abbau von bürokratischen Investitionshemmnissen geschehen, denn Investitionshilfen, die an Auflagen gekoppelt werden, sind bei der Landwirtschaft finanziell betrachtet oftmals nur durchlaufende Posten, und setzen falsche Signale im Hinblick auf zukünftige Produktionsstrukturen und unternehmerische Verantwortung.

Ein Ausgleich für Wettbewerbsnachteile, die durch nationale Auflagen entstehen, sollte auch weiterhin eingefordert werden.

Regelungen in der Steuer,- und Sozialpolitik, sollten moderne Strukturen und große Einheiten nicht benachteiligen oder behindern.

Eine zahlenmäßig kleinere Landwirtschaft, die sich dann auch noch auf freieren Märkten bewegt, braucht eine wesentlich kleinere **Agrarbürokratie**. Dies spart nicht nur Steuermittel, sondern erspart den Landwirten auch viel unproduktive Arbeitszeit und unnötige Kosten.

Darüberhinaus ist ein generelles Umdenken in den Amtsstuben dringend nötig: Nicht verhindern und versagen, sondern als Dienstleister und Motor des Fortschritts helfen und fördern sollte viel stärker zur Handlungsmaxime werden, nach dem Motto, alles was den Agrarsektor stärkt, stärkt letztlich auch die Volkswirtschaft.

Auch die agrarwissenschaftliche **Forschung und Beratung** ist wieder mehr auszurichten an dem Generalziel der Wettbewerbsstärkung der landwirtschaftlichen Unternehmen und des Agrarsektors.

Rahmen und Reaktionen

Zukünftige Rahmenbedingungen

- Mehr Markt
- Stärkere Preisschwankungen
- Weniger Subventionen
- Weiterhin hohe Umweltstandards
- Starke Konzentrationen der Industrie
- Neue Technik, neue Märkte, neue Abhängigkeiten

Anpassungsreaktionen

- Kosten senken durch Rationalisieren
- Wachsen und weichen
- Weitere Trennung von Eigentum und Bewirtschaftung
- Vielfältigste horizontale und vertikale Vernetzungen
- Mehr Marktnischen und Dienstleistungen

Forderungen an das Umfeld

- Keine besondere Einkommenspolitik
- Kompensation "politischer" Nachteile
- Abbau bürokratischer Hemmnisse
- Keine Behinderung moderner Strukturen und Produktionsweisen
- Forschung, Beratung und Verwaltung an den Unternehmen orientieren
- Bild des Landwirtes als Unternehmer

Statt einer derzeit überwiegenden Ausrichtung an ökologischen, agrarpolitischen, und Marktordnungsthemen sollten wieder mehr Impulse für neue Märkte, unternehmerische Betriebsführung sowie Anstöße zur Einführung neuer Technologien in die Betriebe gegeben werden. Auch die Integration der Landwirtschaft in den vor- und nachgelagerten Bereich ist ein lohnendes Forschungs- und Beratungsziel.

Schließlich ist es nicht notwendig, für den Berufsstand weiterhin besondere **Berufsleitbilder** zu pflegen, die sich schnell zu Leidbildern entwickeln können. Der Landwirt sollte sich als »normales« wirtschaftendes Mitglied der bürgerlichen Gesellschaft, als selbstbewußter Unternehmer, als Geschäftsmann und Manager präsentieren und als solcher auch angesprochen und behandelt werden. Dabei sollten auch in der Landwirtschaft Wachstum und Gewinn als normale Zeichen von Erfolg und Tüchtigkeit gelten.

Ebenso sollte eine Beendigung der aktiven Bewirtschaftung des eigenen Betriebes als etwas völlig normales betrachtet werden, nicht als persönliches Versagen oder schicksalhafte Fügung, sondern als Ausdruck weitsichtiger unternehmerischer Entscheidung zur besseren Nutzung der Familienvermögens und der eigenen Arbeitskraft.

Tendenzen in Pflanzenzucht und Pflanzenbau

Dr. Gisbert Kley
ist Geschäftsführer der Deutschen Saatveredelung GmbH (DSV), stellvertretender Vorsitzender des Bundesverbandes Deutscher Pflanzenzüchter e.V. (BDP) und der Gemeinschaft zur Förderung der privaten Pflanzenzüchtung (GFP).

Wir sollten die Chancen wahrnehmen!

Der Hintergrund, vor dem sich die weitere Entwicklung des europäischen Acker- und Pflanzenbaues abzeichnet, wird durch die folgenden drei Größen bestimmt:

Nachfrage nach Nahrungsmitteln

Bekanntlich stagniert die Inlandsnachfrage nach Nahrungsmitteln, sie nimmt nur noch im Verhältnis zum Bevölkerungszuwachs zu. Für Deutschland heißt das: Im Verhältnis zum Wanderungsgewinn (Einwanderer minus Auswanderer). Dieser Zuwachs wird aber noch dadurch gemindert, daß bei einem rückläufigen Fleischverzehr weniger Futtermittel verbraucht werden.

Weltweit gesehen steigt dagegen der Nahrungsmittelverbrauch – speziell in Ländergruppen mit steigendem Einkommen – mit weiterer Wachstumstendenz. Dies gilt trotz der momentanen Trend-Delle (global: Bevölkerungswachstum plus 1,7 %, Getreideproduktion plus 1,0 % pro Jahr).

Daraus leitet sich im Prinzip ein wachsender Weltmarkt für Nahrungsmittel ab, der – wie von Frankreich angestrebt – für Europas Pflanzenbauer Absatzchancen böte. Von den USA und Kanada wird dabei eine Strategie verfolgt, den Mehrwert aus der Veredelungsproduktion im eigenen Lande zu halten.

Ackerbaustandort

Europa hat – weltweit gesehen – mit die besten natürlichen Bedingungen für einen hochproduktiven Pflanzenbau. Zwei wesentliche Faktoren hierfür sind:

milde Winter und in der Regel ausreichende Niederschläge, und diese überwiegend zur rechten Zeit.

Aus der Übersicht 1 geht hervor, daß die Höhe der Naturalerträge, dargestellt für Raps und Weizen in Europa, allein aufgrund der natürlichen Bedingungen deutlich höher ist als jene in Nordamerika (USA/Kanada).

Aus diesen Gründen rentieren sich in der Regel relativ hohe Ausgaben für Saatgut, für Dünge- und Pflanzenschutzmittel, und zwar auch bei niedrigeren Erzeugerpreisen, als wir sie jetzt haben.

Zur Verdeutlichung sei dies an naturalen Daten festgemacht, weil Preisvergleiche angesichts unterschiedlicher Strukturen problematisch sind.

Übersicht 1:

Effizienz genetischen Potentials

im Vergleich Nordamerika und Europa

	Kanada/USA			Mittel-/Westeuropa			Verhältnis Nord-amerika: Europa
	Ertrag kg/ha	Saatstärke kg/ha	Verhältnis 1:	Ertrag kg/ha	Saatstärke kg/ha	Verhältnis 1:	
Sommerraps	1.500	6	250	2.500	6	417	1:1,7
Winterrraps	-	-	-	3.500	4	875	1:3,5
Sommer-/ Winterweizen	2.000	150	13	6.000	220	27	1:2,1

Quelle: Deutsche Saatveredelung

Wie aus der Übersicht 1 weiter hervorgeht, könnte bei etwa gleichen Saatstärken in Europa ein 1,7 bis 3,5 mal höherer monetärer Aufwand für Sorte und Saatgut gerechtfertigt werden. Das heißt, man kann Sorten kaufen, die mit höherem Aufwand gezüchtet worden sind, deren »genetische Ausrüstung« an Ertragspotential, Resistenzen und pflanzenbaulichen Eigenschaften (Standfestigkeit usw.) umfangreicher ist.

Was bedeutet mehr oder weniger Aufwand in der Pflanzenzüchtung? Im wesentlichen dieses:

- Berücksichtigung vieler, zum Teil gegenläufiger Zuchtziele, die es aber in einer Sorte zu vereinen gilt: Außer Ertrag zusätzlich Resistenz gegenüber möglichst vielen verschiedenen Krankheiten, Qualitätseigenschaften des Erntegutes, große ökologische Anpassungsfähigkeit.
- Einsatz neuester Techniken z. B. Gentechnologie, Hybridsysteme, molekulare Markerverfahren, um wirklich Durchbrüche d.h. Entwicklungssprünge bei neuen Sorten und nicht nur graduelle Verbesserungen zu erzielen.

Finanzielle Abstützung der Agrarpolitik

Vor allem die Ackerbaubetriebe haben in der vergangenen Zeit wesentliche finanzielle Unterstützung (Ausgleichszahlungen) erfahren.

Die scheint nun stark gefährdet, was folgendes Zitat belegt: »Unsere Gesellschaft hat flache Wurzeln. Sie kann in ökonomischen Krisenzeiten rasch ins Wanken geraten und ist durch das Nachlassen der industriellen Leistungsfähigkeit Deutschlands im Kern bedroht.« Diese Aussage von Arnulf Baring beinhaltet zwei im Hinblick auf die finanzielle Dotierung der Agrarpolitik negative Tendenzen:

- Die unstrittig nachlassende industrielle Leistungsfähigkeit (Abwanderung von high-tech Industrien; zu hoher Anteil von Auto- und Maschinenindustrie) verringert die verfügbaren Mittel.
- »Ökonomische Krisenzeiten« – und wir befinden uns seit Jahren in einer derartigen ökonomischen Strukturkrise – werden unsere Gesellschaft wegen ihrer »flachen Wurzeln« in heftige Verteilungskämpfe stürzen. Diese Verteilungskämpfe werden angesichts der derzeitigen Stellung der Landwirtschaft in der Gesellschaft nicht zugunsten der Landwirtschaft ausgehen.
- Hinzu kommen wird eine stärkere Ausrichtung der Agrarpolitik nach »Umwelt«gesichtspunkten.

Foto: agrar press

Das höhere genetische Potential – im Vergleich zu den USA – rechtfertigt in Westeuropa den höheren Aufwand für Sorten und Saatgut.

Aus meinen persönlichen Erfahrungen als Präsident eines EU-Verbandes mit der EU-Kommission kann ich sagen: Trotz Frau Bjerregaard, der engagierten Umweltkommissarin in Brüssel, war die EU-Kommission bisher noch relativ stark technologisch bestimmt bzw. von französischen, ostenglischen und holländischen/dänischen Vorstellungen beherrscht, wie man technologisch optimal Landwirtschaft betreibt.

Man überlegt derzeit in Brüssel, 25 % der Ausgleichszahlungen in die Kompetenz der nationalen Regierungen oder gar an regionale Körperschaften zu verlagern (Modulation) oder als Alternative zur Co-Finanzierung mit weiteren 25 % in die nationalen Verantwortungen zu überführen.

Wenn man in Zukunft den Einsatz wesentlicher Prozentsätze der EU-Finanzzuwendungen tatsächlich nationalen Politikern überläßt, wird das zu einer »Enttechnologisierung« der Agrarpolitik führen. Stattdessen werden Umwelt-Leitbilder die Verteilungsgrundsätze bestimmen. Gebote und Verbote werden Ausgleichszahlungen für Umweltleistungen oder umweltgerechte Bewirtschaftung ersetzen – kostenfrei für den Staat.

> Wer glaubt, die Zeiten der Grundsatzdiskussionen über Gentechnik seien vorbei, der täuscht sich.

In der Öffentlichkeit mag es so scheinen, als ob die Gentechnologie bei Pflanzen an Akzeptanz gewonnen hat und die Zeit der großen Grundsatzdiskussionen vorbei wäre. Wer als Pflanzenzüchter und als ehrenamtlicher Repräsentant der Pflanzenzüchter auf nationaler und europäischer Ebene tätig ist, kann nur sagen: Der Schein trügt.

GV-Sorten (Gentechnisch veränderte) Sorten stehen beim Bundessortenamt wertgeprüft zur Entscheidung an. Ihre Zulassung wird in einem jetzt schon dreijährigen Genehmigungsprozeß von Brüssel blockiert, wobei nicht nur die EU-Kommission, sondern auch die mangelnde Entscheidungskraft der Minister der Mitgliedstaaten die Schuld trägt.

Die vielfach angekündigte Erleichterung in den Zulassungsverfahren findet nicht statt. Im Gegenteil: Die Änderungungsentwürfe der Direktive 90/220 sind eine Verschlechterung des jetzigen Genehmigungsverfahrens für gentechnisch veränderte Pflanzen. Schlimmer noch sind die aktuellen Aktivitäten:

Frankreich hat für die Zulassung von GV-Raps ein zweijähriges Moratorium (Wartefrist) verhängt. England scheint zu folgen. Während also Nordamerika – exportorientiert – eine expandierende Landwirtschaft mit modernsten Pflanzensorten betreibt und Südamerika im Sog mitnimmt, scheinen wir uns in die Welt des Eichendorffschen »Taugenichts« zurückzuziehen.

Der Umweltausschuß des Europa-Parlamentes hat gerade in einem Brief die EU-Kommission gebeten, ein allgemeines Genehmigungsmoratorium für GV-Pflanzen zu erwirken. Dies wird die Nutzung der Gentechnologie in der Pflanzenzüchtung in Europa stark aufhalten.

Dann lägen wir gegenüber der nord- und südamerikanischen Landwirtschaft 20 Jahre zurück. Die Nachteile in Produktivität, Resistenzeigenschaften und Ernteproduktinnovation werden sehr schwer aufzuholen sein. Wir wiederholen freiwillig das Nachkriegsszenario USA gegen Europa im Jahre 1945.

Die Rolle des technischen Fortschrittes

Transgene Pflanzen

Prinzipiell ist davon auszugehen, daß transgene Pflanzen ganz normale Pflanzen wie jede andere heute angebaute sind und keine besonderen Maßnahmen erfordern. Sie weisen lediglich einige veränderte Eigenschaften auf, die sie graduell oder substanziell von anderen unterscheiden. Aber grundsätzlich erfordern sie keine speziell andersartigen acker- und pflanzenbaulichen Maßnahmen.

Das Zusammenwachsen klassischer Pflanzenzüchtung und gentechnologischer Verfahren wird nach Auffassung aller Fachleute zu vielen Verbesserungen führen:

- Ertragszuwächse durch Hybridzüchtung auch bei Arten, die dieser bisher nicht zugänglich sind, in einer Größenordnung, die dann auch eine entsprechende bedarfsangepaßte Steigerung des Einsatzes anderer Betriebsmittel erlaubt.
- Klare Vorteile in der Züchtung auf Krankheitsresistenz durch artenüberschreitende Nutzung von Resistenzquellen und damit in der Tendenz kostensenkende Einsparung von Pflanzenbehandlungsmitteln.
- Ertragssteigerung durch Einfluß auf den Stoffwechsel der Pflanze: Die Wissenschaft ist gerade erst dabei, im Zuge verschiedener Forschungsprojekte zur Kartierung ganzer Genome verschiedener Pflanzenarten die einzelnen Gene und ihre entsprechenden Funktionen zu entdecken.
- Erhöhung der Assimilatespeicherung, Beschleunigung des Assimilatetransportes in das Ernteprodukt (Korn, Knolle, Rübenkörper), Einflußnahme auf andere physiologische Eigenschaften wie die Vorverlegung des Blühzeitpunktes bei gleicher Reifeperiode wie bisher und damit Verlängerung der Assimilateeinlagerungsperiode.
- Die Kombination von Züchtung mit Einsatz chemischer Agenzien wie mit Herbiziden oder dem Ein- und Ausschalten bestimmter pflanzlicher Reaktionen wie z. B. in der Produktion von Hybridsaatgut.
- Die Wahrnehmung neuer Marktchancen durch grundlegend neue Produktqualitäten, d. h. der Veränderung der stofflichen Zusammensetzung der Ernteprodukte (Fette, Stärke, Eiweiß). Zu solchen neuen Produktqualitäten gehören auch Ernteprodukte, die Eiweiße, Antikörper oder Enzyme enthalten, die positive gesundheitliche Wirkungen haben und bisher – getrennt produziert – dem Endprodukt Nahrungsmittel beigemischt werden.

Foto: Hoechst

Der Einsatz von Gentechnologie hat die Züchtung einen großen Schritt weitergebracht.

Pflanzenbau und Organisation

Die Produktionstechnik wird durch den Anbau transgener Pflanzen keine Änderung erfahren, außer, daß bei besonders krankheitsresistenten Pflanzensorten ein geringer Pflanzenschutzeinsatz erwartet werden kann. Die daraus resultierenden Einsparungsvorteile werden in der amerikanischen und kanadischen Landwirtschaft heute mit 50 bis 130 DM/ha beziffert.

Bei speziellen Qualitäten wie besonderen Fettsäurezusammensetzungen bei Raps, Sonnenblumen und Lein oder Stärkequalitäten bei Kartoffeln, Mais und Weizen wird es zu speziellen vertraglichen Anbau- und Abnahmeverträgen mit der Industrie kommen.

Noch stärker wird dies der Fall sein bei der Produktion von speziellen Proteinen für die pharmazeutische oder auch die Ernährungsindustrie.

Sollte die Einführung von GV-Pflanzen weiterhin wegen der Verzögerung der Genehmigungsverfahren deutlich gegenüber Nordamerika zurückbleiben, ist mit folgendem zu rechnen: Die entsprechenden Handelsströme von Rohwaren werden sich verlagern und die heimische Landwirtschaft wird nicht mehr Hauptlieferant der hiesigen Verarbeitungsindustrie für Nahrungsmittel und nachwachsende Rohstoffe bleiben.

Dies hätte auch deutliche negative Auswirkungen auf die Lebensmittel- und die chemische Industrie in Deutschland. Denn die USA, Kanada und Südamerika wollen möglichst viel Wertschöpfung im eigenen Land erzielen und möglichst keine Rohstoffe, sondern verarbeitete Produkte exportieren.

Agrarchemie

Bei der Entwicklung von Düngemitteln und vor allem bei Herbiziden, Fungiziden und Insektiziden wird in Zukunft ein noch stärkeres Gewicht darauf gelegt werden, daß sie sich – noch stärker als bisher schon – in den Naturkreislauf einfügen und trotzdem hohe Effizienz bewahren.

Anbausysteme

Parallel dazu wird die Landwirtschaft alle Anregungen aufgreifen, die zu weiterer Reduzierung der Kosten führt, insbesondere im Bereich der Bodenbearbeitung.

Fruchtfolgeüberlegungen und optimale Bearbeitungszeitpunkte werden voraussichtlich dadurch erleichtert, daß zum Beispiel die Reifezeitpunkte bei Weizen durch Gentechnologie deutlicher als bisher von »früh« bis »spät« gestreckt werden können und damit z. B. leichter als heute Raps-Weizen-Fruchtfolgen erlauben werden.

Der Vertragsanbau wird bei gentechnisch veränderten Pflanzen an Bedeutung gewinnen.

Bewertung der Einflußgrößen

Zieht man ein Resümee aus dem Gesagten, so stellt man etwas konsterniert fest, daß aller Voraussicht nach »kurzfristig, bis 2010« eher politisch-ideologische Faktoren und Regulative den Acker- und Pflanzenbau bestimmen werden.

Erst in den Jahren 2000 bis 2010 dürften sich die Grundsätze der naturwissenschaftlich bestimmten Technologie und der global bestimmten Ökonomie durchsetzen. Dies hat auch mit Wahlperioden in Europa zu tun. Insofern ist vielleicht 2010 kein Jahr, für das man den erreichbaren Zustand des Pflanzenbaues beschreiben kann, sondern möglicherweise mehr ein Jahr des Umbruches.

Die so charakterisierte Bewertung der bestimmenden Einflußgrößen wird in der Übersicht 2 dargestellt.

Übersicht 2:

Entwicklung Pflanzenbau

Bewertung der Einflußgrößen
(1=sehr gering, 9=sehr stark)

	langfristig nach 2010	kurzfristig bis 2010
Natürliche Bedingungen	9	4
Technologie	9	6
Preis-/Kostenverhältnisse	9	4
"Umwelt"-Ideologie	2	9
Regulative	3	7
Gebote/Verbote	3	7
Verwaltungsvorgänge mit indirekter Wirkung	3	8

Kurzfristig – das heißt bis 2010 – sind es vorwiegend Umweltideologie, Ge- und Verbote und andere Regulative, z. B. Genehmigungen, die den Weg in die Grenzen europäischer »Kultur« zwängen.

Das Wort »Kultur« stammt in diesem Zusammenhang von dem englischen Vorsitzenden des Umweltausschusses des Europäischen Parlaments, der am 21. Oktober 1998 erklärt hat, die Einschätzung von gentechnisch veränderten Pflanzen dürfe nicht nach naturwissenschaftlichen Kriterien erfolgen, sondern nach kulturellen, weil die Kultur der Europäer von der der Amerikaner verschieden sei.

Langfristig dagegen werden folgende Kriterien die Gestaltung eines weltweit wettbewerbsfähigen europäischen Pflanzenbaues bestimmen: natürliche Bedingungen (optimal für Europa), Technologie (zehn Jahre Behinderung) sowie ökonomische Preis-/Kostenverhältnisse.

Drei Visionen für den Pflanzenbau

Dies alles zusammengenommen, sind drei Visionen für den deutschen/europäischen Pflanzenbau im Jahre 2010 vorstellbar (wie in Übersicht 3 skizziert):

Übersicht 3:

Visionen und Tendenzen

	Vision 1 internationaler Standard	Vision 2 Schutz vor der Herausforderung	Vision 3 Rückzug in den deutschen Wald
Öffentliche Zahlungen	strukturwandel-mildernd	strukturwandel-mildernd	sozialstützend
Wirtschaftliches Verhalten	Wettbewerb	Wettbewerb mit "Umwelt-komponenten"	Landschaft + "Umwelt"
Ökonomische Bestimmungs-faktoren	Preis-/Kosten-relationen	Preis-/Kosten-relationen mit Umweltausgleich	"Umwelt" leistungsgebunden
Produktions-technologie	höchster Standard, innovativ	Standard, trendfortschreibend	rückläufig
Produktmärkte	international, neue Produkte	national auf heutigem Standard	lokal, regional, "gesundheits"-bezogen
Input	sehr hoch	hoch, unter Ausschluß von high-tech	sehr niedrig
Wahrscheinlichkeit des Eintretens	niedrig	mittel-hoch	hoch

Vision 1

Die Vision 1 könnte einem Pflanzenbau in dem dann üblichen internationalen Standard entsprechen. Das heißt unter Einsatz aller technologisch hoch entwickelten Produktionsmittel auf der Basis von transgenen Pflanzensorten nach den Grundsätzen des »sustainable development« (Nachhaltigkeit). Subventionen werden noch als Anpassungshilfen gezahlt, der Strukturwandel ist fortgeschritten. Wettbewerb und weltweit gültige Preis/Kostenverhältnisse bestimmen die Produktionsrichtung und -ausrichtung. Der Input ist im übrigen angepaßt an die Produktivität des Standortes Europa und das genetische Potential der Sorten.

Vision 3

Mit einem gehörigen Schuß an Ironie könnte die Vision 3 »Rückzug in den deutschen Wald« lauten. Die Landwirtschaft ist auf sozial stützende Maßnahmen angewiesen. Landwirtschaft (10 % der deutschen Gesamtfläche, also auch viele heutige Ackerflächen, sollen unter Naturschutz gestellt werden) und Umweltvorstellungen bestimmen das Bild. Eine Anbautechnologie, die von bestimmten Naturvorstellungen ausgeht, wird durch Ge- und Verbote, die den Staat nichts kosten, erzwungen.

Vision 2

Die Vision 2 liegt im wesentlichen zwischen Vision 1 und Vision 3, sie ist allerdings durch den erzwungenen Verzicht auf transgene Pflanzensorten und infolge von »Umwelt«geboten und -verboten näher an Vision 3 als an Vision 1. Die Wahrscheinlichkeit, daß sie bis zum Jahr 2007/2008 vorherrschen wird, ist sehr hoch.

Für eine internationale Anbindung der deutschen Landwirtschaft wäre am günstigsten und mittelfristig durchaus denkbar ein Nebeneinanderbestehen von 70 bis 80 % der Vision 1 und 30 bis 20 % der Vision 2.

In Eichendorffs Novelle: »Aus dem Leben eines Taugenichts« sagt der Müller zu seinem Sohn, der faul in der Sonne liegt: »Der Frühling ist vor der Tür, geh` auch einmal hinaus in die Welt und erwirb Dir selber Dein Brot.«

Europas Landwirtschaft sollte an den Produktions- und Verbrauchschancen der Welt aktiv teilnehmen, nicht aber das Leben führen, das der junge Mann, dem dieser Rat galt, dann in Realität führte: Das Leben eines Taugenichts.

Entwicklung der Fruchtarten im Ackerbau

Unter den genannten Einflußfaktoren, also: liberalisierte und marktorientierte Agrarpolitik, forcierte Umweltpolitik sowie technischer Fortschritt durch gentechnologiegestützte Pflanzenzüchtung und Pflanzenschutzmittelentwicklung läßt sich die folgende Entwicklung der einzelnen Fruchtarten im Pflanzenbau abschätzen:

Getreide

Von allen Getreidearten ist für Weizen züchterisch und durch die gesteuerte Anwendung von Pflanzenschutz die größte Produktivitätssteigerung zu erwarten. Auch wenn die Hybridzüchtung bei Weizen gegenwärtig noch fern zu sein scheint, so gibt es doch vielversprechende Ansätze und erste Anwendungen in dieser Richtung. Darüber hinaus ist Weizen die einzige weltmarktfähige Getreideart in Deutschland. Größere potentielle Märkte eröffnen auch größere Möglichkeiten für höhere Vorleistungen.

Auch wenn die Leistungsfähigkeit der Wintergerstensorten züchterisch in den vergangenen Jahren immer wieder gesteigert werden konnte, so scheint doch ihr Potential nicht in gleichem Maße steigerungsfähig wie das des Winterweizens. Ihr mögliches Marktvolumen ist stark abhängig vom Umfang der Schweinemast in Deutschland, die in hartem, aber wahrscheinlich erfolgreichem Wettbewerb mit anderen europäischen Ländern und den USA steht.

Sommergerste wird ihren Platz als Rohstoff für Bier, dessen Verbrauch allerdings gegenwärtig mit 3 bis 5%igen Jahresraten abnimmt, behaupten. Als Futtergerste dürfte ihre Bedeutung abnehmen, weil es fraglich ist, ob die Böden, die ihren Anbau lohnen, künftig noch in Produktion gehalten werden.

Dagegen ist Winterroggen in seinem Ertragspotential auf der Masse der schwächeren Böden (Sand) unschlagbar im Hinblick auf Ertragsfähigkeit und vergleichsweise geringen Input. Seine Ausdehnung ist eher begrenzt durch mangelnde Verwertungsmöglichkeiten, falls es nicht gelingt, seinen Futterwert deutlich züchterisch zu verbessern.

Auf schwächeren Weizenstandorten dürfte Triticale wegen seines besseren Futterwertes als Roggen bzw. Weizen eine weitere Steigerung erfahren.

Ölsaaten

Von den Ölsaaten hat Winterraps bei langfristig zu erwartendem Preisverhältnis von 2:1 zu Getreide eine weitere positive Entwicklung zu erwarten. Dafür spricht die nur 50%ige Versorgung des heimischen Marktes, die Vielseitigkeit in der Verwendung (Nahrungsmittel und Nachwachsender Rohstoff) und die Tatsache, daß die Nachfrage nach Öl stärker steigt als die nach Eiweiß. Raps ist nun mal eine Ölfrucht, die konkurrierende Sojabohne dagegen eine Eiweißfrucht.

Neben Weizen ist auch Rapsöl weltmarktfähig. Dem züchterischen Fortschritt ist Raps, wie die jüngsten Erfolge in der Hybridzüchtung zeigen, sehr gut zugänglich. Ferner bleibt sein Fruchtfolgeeffekt in Getreidefruchtfolgen gerade bei enger werdenden Input/Output-Relationen ein wesentlicher Wettbewerbsvorteil.

Öllein dagegen wird nur als Fruchtfolgeglied in Roggenfruchtfolgen auf schwachen Böden bei ausreichendem Preis einen Platz behalten.

Hackfrüchte

Die Zuckerrübe behält ihre dominierende Stellung, solange kein politischer Anlaß für einen Marktordnungswechsel besteht.

Der Anbau von Speisekartoffeln hat sich auf gegenwärtigem Verbrauchsniveau eingependelt. Ausweitungsmöglichkeiten größeren Umfangs würden bei deutlichen Nachfragesteigerungen im Stärkesektor bestehen.

Mais

Der Maisanbau ist in Deutschland zu etwa 80 % von der Silagenutzung in der Milchviehhaltung abhängig. Bei rückläufiger Kuhzahl kann der jetzige Anbauumfang nicht gehalten werden. Der Übergang zu verstärktem Körnermaisanbau ist abhängig von verbesserten Spezialsorten. Er ist sinnvoll auf Standorten, auf denen Weizen nach Weizen schwächere Erträge als Körnermais nach Weizen bringt.

Ackerfutter

Der Ackerbau wird an grünlandnahen Standorten harte Konkurrenz durch den Ackerfutterbau mit Gräsern erhalten. Gerade auf schwächeren Getreidestandorten ist zudem sein Vorfruchtwert unübertroffen. In einer Zeit der Grünlandwirtschaft mit hohen Umweltauflagen, die notgedrungen mindere Futterqualität akzeptieren muß, bleibt der Ackerfutterbau als Futtergrundlage für eine erfolgreiche Milchviehhaltung unverzichtbar.

Solange die Branche in eine Beihilferegelung einbezogen bleibt, dürfte der Ackerfutterbau auf vielen Standorten mit niedrigeren Getreideerträgen bis zum Maximum (bis zu einem Drittel in der Fruchtfolge) ausgedehnt werden. Bei wachsendem Umfang hat der Futterbau für die Fruchtfolge eine Bedeutung, die eine regelmäßige Begrünung zwingend macht.

Foto: Hensch

Von den Getreidearten hat Weizen züchterisch noch das höchste Potential. Auch Ölsaaten werden vermutlich zu den Gewinnern zählen. Der Maisanbau zur Silagegewinnung wird bei rückläufigen Kuhzahlen an Boden verlieren.

Perspektiven für die Milchviehaltung

Prof. Dr. Folkhard Isermeyer
ist Präsident der Bundesforschungsanstalt für Landwirtschaft (FAL) in Braunschweig und Direktor des dortigen Institutes für Betriebswirtschaft.

Mit defensiver Strategie die Zukunft gewinnen?

Die Milchproduktion wird sich in den nächsten Jahrzehnten sehr stark verändern, da eine erhebliche Umwälzung der technologischen, wirtschaftlichen und politischen Rahmenbedingungen ins Haus steht.

In welche Richtung diese Veränderungen vermutlich gehen, soll im weiteren Verlauf dieses Beitrags beschrieben werden.

Im Hinblick auf das Thema »Vision 2010« soll gleich zu Beginn klargestellt werden, daß die meisten der nachfolgend skizzierten Effekte voraussichtlich erst nach dem Jahr 2010 voll strukturwirksam werden. Das hat zwei Gründe:

- Die technischen Fortschritte, die das Wesen der Milchproduktion nachhaltig verändern werden, erlangen erst im Laufe des nächsten Jahrzehnts allmählich Praxisreife.
- Selbst in den Fällen, in denen eine breite Praxiseinführung bereits im Jahr 2010 gegeben sein sollte, werden sich die wesentlichen strukturellen Anpassungen des Agrarsektors erst nach 2010 voll entfalten. Die Unternehmen müssen zunächst Erfahrungen mit den neuen Techniken sammeln, darauf aufbauend angepaßte Unternehmensstrategien entwickeln und last not least Kapital für die erforderlichen Investitionen beschaffen.

Die Milchviehhaltung in der Europäischen Union wird zur Zeit noch sehr stark durch politische Rahmenbedingungen geprägt, welche sich auf Unternehmertum, Innovation und Strukturwandel hinderlich auswirken. Wenn die Milchproduktion in der EU den Anschluß zum Rest der Welt nicht verlieren soll, sind Anpassungen des politischen Rahmens zwingend notwendig. Solche Anpassungen erfordern jedoch speziell in der EU sehr viel Zeit.

Aus diesen Gründen könnte man wohl zu einer recht verläßlichen Prognose für die Milchproduktion im Jahr 2010 gelangen, indem man einfach eine simple Fortschreibung der strukturellen Entwicklungen der vergangenen zehn Jahre vornimmt (Milchleistung, Betriebsgröße, etc.).

Diese Betrachtung würde jedoch insofern zu kurz greifen, als sie den Blick für die viel tiefgreifenderen Umwälzungen verstellt, die bis 2010 im Keim angelegt und sich danach voll entfalten werden.

Die Entwicklung der Märkte

Die von den weltweit führenden Institutionen herausgegebenen Marktprognosen gehen übereinstimmend von einem weiteren Wachstum der weltweiten Nachfrage nach Milch aus, wobei allerdings unterschiedliche Trends für die verschiedenen Molkereiprodukte gesehen werden.

So ergibt sich beispielsweise aus den kürzlich veröffentlichten Projektionen der OECD (1998) für den Zeitraum 1992/96 (Durchschnitt) bis 2003 folgende Einschätzung über die durchschnittlichen jährlichen Wachstumsraten des weltweiten Verbrauches:

- Käse: + 1,4 % pro Jahr
- Butter: - 0,4 % pro Jahr
- Vollmilchpulver: + 2,0 % pro Jahr
- Magermilchpulver: - 0,9 % pro Jahr

Die OECD-Experten gehen davon aus, daß sich die Weltmarktpreise ebenfalls leicht nach oben bewegen (Größenordnung von 1 % pro Jahr). Diese Projektion ist angesichts der moderaten Verbrauchszuwächse zunächst überraschend, da es den Milcherzeugern bei einer Rate des technischen Fortschritts von mindestens 1 % pro Jahr eigentlich leicht fallen müßte, den leichten Zuwachs der kaufkräftigen Nachfrage auch ohne zusätzliche Preisanreize zu befriedigen.

Der scheinbare Widerspruch löst sich auf, wenn man den großen Politikeinfluß auf die Milchproduktion in Rechnung stellt. Wichtige Produktionsstandorte wie die EU und die USA können ihre Produktion wegen der WTO-Vereinbarungen kaum ausdehnen, und an den Standorten mit dem größten Nachfragezuwachs (v. a. in Asien) sind die Expansionsmöglichkeiten für die Produktion begrenzt.

In den Übersichten 1 und 2 wird eine regional differenzierte Prognose der Angebots- und Nachfrageentwicklung wiedergegeben, die Prof. Hülsemeyer und Mitarbeiter in sehr anschaulicher Weise für die DLG-Wintertagung 1998 zusammengestellt haben.

Aus den Projektionen für die einzelnen Weltregionen ergibt sich für das Jahr 2005 auf dem Weltmilchmarkt eine rechnerische Versorgungslücke in der Größenordnung von 30 Mio. t Vollmilchäquivalent. Da in der Realität aber nicht mehr konsumiert werden kann als tatsächlich erzeugt wird, erwarten die Autoren einen deutlichen Anstieg der Weltmarktpreise. Dieser Preisanstieg würde dann einen verstärkten Anstieg der Milchproduktion und einen Ausgleich der weltweiten Versorgungsbilanz bewirken.

Aus Sicht der landwirtschaftlichen Betriebswirtschaft sind die Projektionen von Hülsemeyer und Mitarbeitern (1998) bezüglich der Angebotsentwicklung in den

Übersicht 1:

Versorgungsbilanzen auf dem Milchmarkt

1995 und 2005

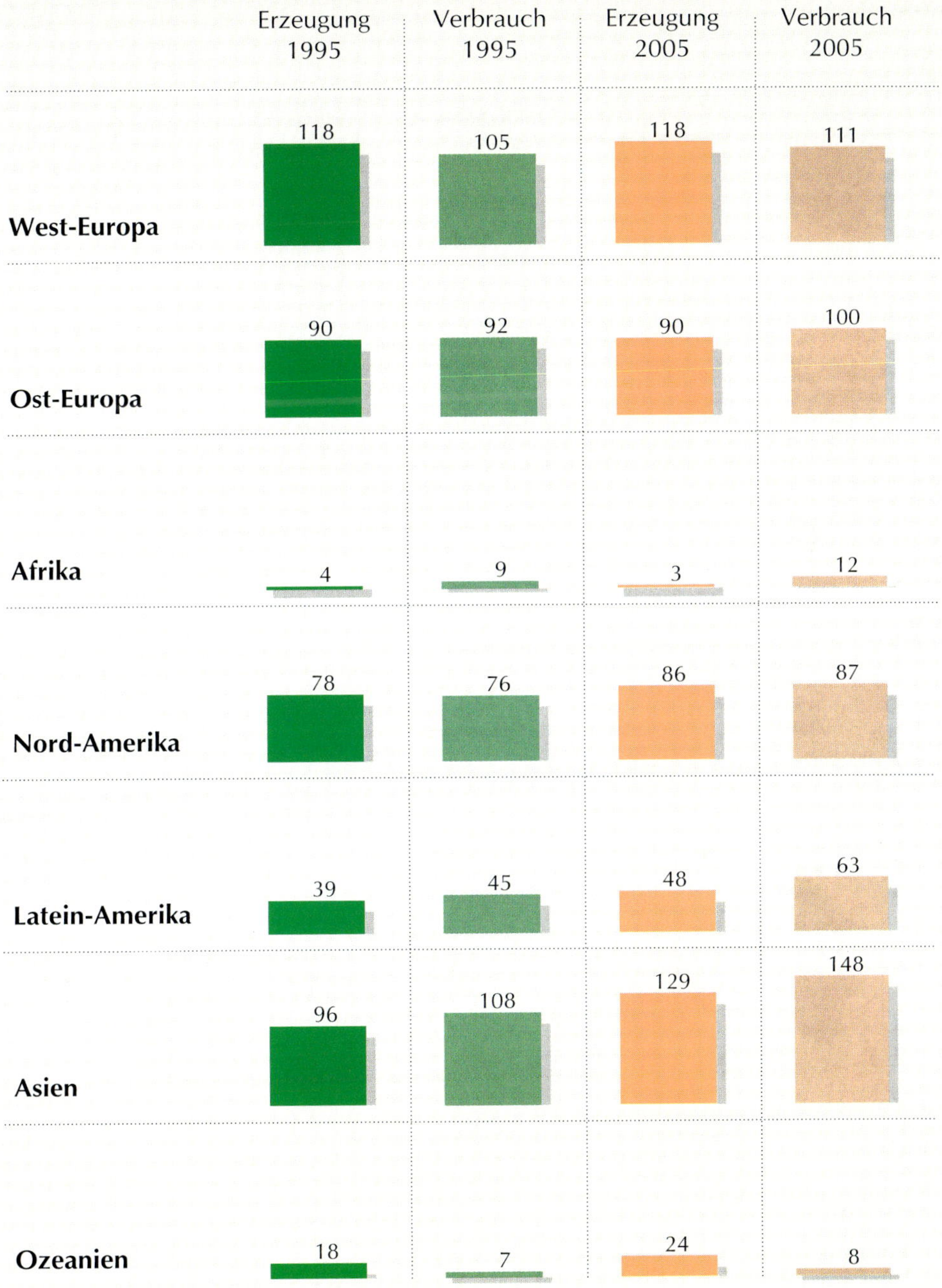

Quelle: Hülsemeyer 1998

verschiedenen Regionen der Welt als eine »eher pessimistische« Variante einzustufen. Um zu zeigen, daß auch eine »eher optimistische« Variante (verbunden mit anderen Schlußfolgerungen in bezug auf die Weltmarktpreise) durchaus plausibel begründet werden kann, sollen nachfolgend einige Annahmen, die der Übersicht 1 zugrundeliegen, kommentiert und alternativen Annahmen gegenübergestellt werden:

Westeuropa: In der Übersicht 1 wird ein deutlicher Rückgang der Überdeckung unterstellt. Demgegenüber erwartet die Kommission der EU (1997) in ihrer Projektion für das Jahr 2005 einen im Vergleich zu 1995 konstanten Überschuß in Höhe von 9 Mio. t.

Osteuropa: In der Übersicht 1 wird für Osteuropa eine deutliche Versorgungslücke vorhergesagt, da der steigenden Nachfrage auf der Angebotsseite ein Null-Wachstum gegenübergestellt wird. Würde ein Angebotswachstum von nur 1 % pro Jahr angenommen, ergäbe sich hier keine Deckungslücke. Die bisherigen Prognosen über die Wettbewerbsfähigkeit der Milchviehhaltung in den MOE-Ländern führen zu sehr unterschiedlichen Einschätzungen.

Die niedrigen Produktionskosten sprechen für eine hohe Wettbewerbsfähigkeit. Bei steigenden Weltmarktpreisen wäre eine hohe Rentabilität der Milcherzeugung gegeben und damit ein Anstieg der Produktion wahrscheinlich. Fraglich ist allerdings, ob die erforderlichen Investitionen im Verarbeitungs- und Distributionsbereich hinreichend schnell erfolgen. Ob sich im Saldo der vielfältigen Umstrukturierungen ein moderates Wachstum von 1 % pro Jahr einstellen wird oder nicht, läßt sich derzeit wohl kaum verläßlich vorhersagen.

Nordamerika: In der Übersicht 1 wird unterstellt, Nordamerika werde vom Nettoexporteur zum Nettoimporteur von Milchprodukten. Aus betriebswirtschaftlicher Sicht ist hierzu anzumerken, daß die US-Milchwirtschaft zur Zeit einen sehr starken Strukturwandel durchläuft, der zur Herausbildung außerordentlich wettbewerbsfähiger Einheiten führt. Die Produktionskosten dieser sehr leistungsfähigen Betriebe liegen in der Nähe der gegenwärtigen Weltmarktpreise. Daher ist es nicht auszuschließen, daß die US-Milchwirtschaft bis zum Jahr 2005 als zunehmend leistungsfähiger Exporteur von Milchprodukten auf den Weltmärkten von Molkereiprodukten auftritt.

Lateinamerika: In der Übersicht 1 wird für Lateinamerika ein Angebotswachstum von 2 % pro Jahr unterstellt. Da das erwartete Nachfragewachstum noch stärker ausfällt, steigt das Versorgungsdefizit in der Projektion kräftig an. Ein Angebotswachstum von 4 % pro Jahr wäre erforderlich, damit das Angebot mit dem Nachfragewachstum Schritt halten kann. Eine Wachstumsrate von 4 % ist gewiß nicht leicht zu erzielen, doch sollte berücksichtigt werden, daß

- das Angebotswachstum an Gunststandorten wie z. B. Argentinien in den letzten Jahren wesentlich höher lag (Übersicht 3),
- an diesen Standorten bei einem Weltmarktpreis in der Größenordnung von 0,35 DM/kg Vollmilch (VM) eine ausgezeichnete Rentabilität der Milcherzeugung gegeben ist (Übersicht 4) und
- im Unterschied zu Ozeanien große Expansionspotentiale vermutet werden. Angesichts des erheblichen Klärungsbedarfes, der in dieser Frage offenbar besteht, wird die FAL in den nächsten beiden Jahren die Einbeziehung Südamerikas in das International Farm Comparison Network (IFCN) gezielt vorantreiben.

Ozeanien: Die von Prof. Hülsemeyer in der Übersicht 1 unterstellte Wachstumsrate von 3 % pro Jahr ist in den letzten Jahren deutlich überschritten worden.

Übersicht 2:

Versorgungsbilanz auf dem Milchmarkt 1995 und 2005 in Mio. t Vollmilchäquivalent

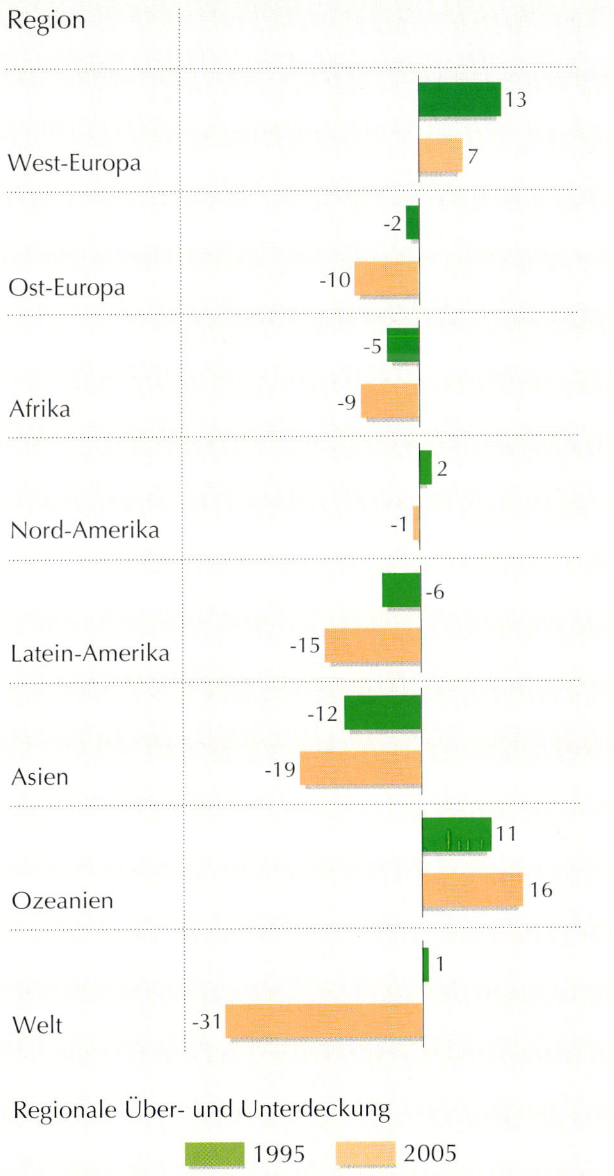

Quelle: Hülsenmeyer, 1998

Eine weitere Expansion der Milchproduktion ist rentabel. Grenzen des Wachstums kommen zwar in Sicht, werden jedoch wahrscheinlich in der näheren Zukunft noch nicht entscheidend greifen. Insofern ist es nicht unplausibel, auch für die Zeit bis 2005 ein Produktionswachstum von 6 % pro Jahr zu erwarten.

Übernimmt man für Afrika und Asien die Projektionen aus der Übersicht 1 (d. h. die Erwartung eines deutlichen Anstiegs der Versorgungslücke) und unterstellt auf der Grundlage der oben ausgeführten Argumente:

- für West-Europa und Nordamerika einen gleichbleibenden Überschuß,
- für Ost-Europa einen Produktionszuwachs von 1 % pro Jahr,
- für Latein-Amerika einen Produktionszuwachs von 4 % pro Jahr und
- für Ozeanien einen Produktionszuwachs von 4 % pro Jahr,

so ergibt sich weltweit die Erwartung eines Anstiegs der saldierten Angebotsüberschüsse von 1 Mio t VM (1995) auf 5 Mio t VM (2005), d. h. die Aussicht auf geringfügige Preissenkungen. Die aus den Übersichten 1 und 2 zu ziehende Schlußfolgerung (»Preissteigerungen sind unausweichlich«) ist also nur eine von mehreren plausiblen Zukunfts-Szenarien für den Weltmilchmarkt.

Für die Milcherzeuger und die Agrarpolitiker in der EU bleibt festzuhalten, daß bezüglich der Entwicklung des Weltmilchmarktes zwar durchaus positive Tendenzen erkennbar sind, daß die Prognose »steigende Weltmarktpreise« aber nach wie vor mit gewissen Fragezeichen zu versehen ist. Es ist davon auszugehen, daß sich Weltmarktpreis und EU-Inlandspreis zwar weiter aufeinander zubewegen, daß aber der EU-Inlandspreis in der absehbaren Zukunft immer noch erheblich über dem Weltmarktpreis liegen wird.

Übersicht 3:

Wachstum der Milchproduktion in ausgewählten Ländern 1992 bis 1997

Durchschnittliches jährliches Wachstum (in %)

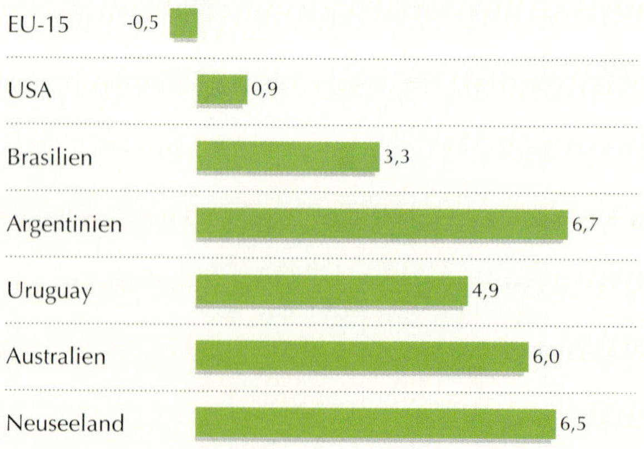

Quelle: MIV. 1998, eigene Berechnungen

Die Entwicklung der Produktionsstrukturen

In der Vergangenheit hat es – trotz des Milchquotensystems – sowohl in der Landwirtschaft als auch in der Molkereiwirtschaft einen sehr starken Strukturwandel gegeben. In den zurückliegenden zehn Jahren ist die Hälfte aller Milchviehhaltungen aufgegeben worden, und die freiwerdenden Marktanteile sind an die verbliebenen Betriebe gegangen, wo sie zu einer weiteren Betriebsvergrößerung geführt haben.

Es steht außer Zweifel, daß sich dieser Trend auch in der Zukunft fortsetzen wird. Unterschiedliche Einschätzungen gibt es allerdings zu der Frage, ob und in welchem Maße die Verfügbarkeit neuer Technologien zu Brüchen in den langfristigen Trends führen wird.

Die Einführung automatischer Melksysteme (AMS)

Die Hersteller von AMS verzeichnen inzwischen insbesondere in den Niederlanden eine rege Nachfrage, so daß hier mit einer weiteren zügigen Verbreitung der Technik gerechnet wird. Bis Ende 1998 wurden in der EU knapp 300 Anlagen installiert. Andererseits gibt es in der deutschen Fachpresse zahlreiche Meldungen über Einzelfälle, in denen sich die neue Technologie als noch nicht praxisreif erwiesen hat. Insofern ist davon auszugehen, daß eine Massenverbreitung der AMS wahrscheinlich erst in der zweiten Hälfte des nächsten Jahrzehnts erfolgen wird.

Zur Frage, ob die Verfügbarkeit der AMS-Technologie einen Bruch in der Entwicklung der Agrarstruktur auslösen wird, gibt es noch recht unterschiedliche Einschätzungen. Alle Wissenschaftler erwarten, daß die Verfügbarkeit der AMS den Strukturwandel in der Milchviehhaltung beschleunigen wird. Bezüglich der Frage, wer am stärksten profitieren wird, verweisen einige Kollegen auf die besonderen sozialen Vorteile der neuen Technologie und leiten daraus die Erwartung ab, sie werde die Wettbewerbsfähigkeit der mittelständischen Unternehmen gegenüber den Großbetrieben stärken.

Ich selbst habe demgegenüber die AMS bereits vor zehn Jahren als eine Innovation eingestuft, die geradezu als Musterbeispiel für einen betriebsgrößenabhängigen technischen Fortschritt gelten kann: ökonomisch-theoretische Überlegungen führen ebenso wie erste Rentabilitätskalkulationen zu der Einschätzung, daß Großbetriebe die neue Technologie auf Dauer leichter in Rentabilitätsvorteile ummünzen können als kleinere Betriebe.

Nach den gesamtdeutschen Erfahrungen der 90er Jahre mit der großbetrieblichen Milchproduktion ist ergänzend hinzuzufügen: Die AMS-Technologie wirkt dem wichtigsten Problem der großbetrieblichen Milchviehhaltung entgegen, indem die Unternehmen die Zahl der für das Melken erforderlichen Personen deutlich reduzieren können und damit Koordinations- und Motivationsprobleme besser in den Griff bekommen als bisher.

Weitere Hypothesen über die Strukturwirkungen der neuen Technologie sind:

- Die AMS werden das Produktionspotential je Arbeitskraft in der Milchviehhaltung deutlich erhöhen und die Arbeitskosten senken. Das kommt besonders den Standorten zugute, die ein hohes Lohnniveau aufweisen.

Melkroboter bieten große Möglichkeiten, die allerdings nur genutzt werden können, wenn die Politik günstige Rahmenbedingungen schafft.

- Produktionssysteme mit ganzjähriger Stallhaltung werden von den AMS stärker profitieren als Produktionssysteme, die auf Weidehaltung angewiesen sind.
- Die Vorteile der AMS werden sich nur dann voll ausschöpfen lassen, wenn sich die betrieblichen Strukturen an die neue Technologie anpassen können (Umbau- und Erweiterungsinvestitionen).

Aus diesen Hypothesen läßt sich nach dem gegenwärtigen Stand des Wissens die Erwartung ableiten, daß sich die neue Technologie AMS günstig für die Wettbewerbsfähigkeit der deutschen Milcherzeugung im internationalen Vergleich auswirken kann. Diese Potentiale werden allerdings nur dann zu erschließen sein, wenn von seiten der Politik günstige Rahmenbedingungen für betriebliches Wachstum, betriebliche Arrondierung und landwirtschaftliches Bauen geschaffen werden.

Fortschritte in der Biotechnologie

Die stürmische Entwicklung der Biotechnologie wird ebenfalls erhebliche Auswirkungen auf die künftige Struktur der Milchviehhaltung haben.

Die meisten Fortschritte, die kurz- und mittelfristig Praxisreife erlangen werden, sind für den Bereich der landwirtschaftlichen Urproduktion als typische betriebsgrößenneutrale Fortschritte anzusehen. So wird insbesondere von der markergestützten Selektion erwartet, daß sie zu einer deutlichen Beschleunigung des genetischen Fortschritts in den Bereichen »Milchleistung« und »Eutergesundheit« führt. Von diesem Fortschritt können prinzipiell alle milchviehhaltenden Betriebe in gleicher Weise profitieren, d. h. die Produktionskosten je Liter Milch sinken in allen Betrieben um ungefähr den gleichen Betrag.

Bei gegebener Nachfrage nach Molkereiprodukten führen solche leistungssteigernden technischen Fortschritte dazu, daß der Rückgang der Milchpreise weiter beschleunigt wird. Die leistungstarken Betriebe können im Rahmen ihrer Stallkapazitäten noch mehr Milch produzieren, und über den Milchpreis wird der Druck auf die leistungsschwächeren Betriebe wachsen, ihre Produktion aufzugeben. Insofern geht auch von dieser Technologie ein Impuls zur Verstärkung des Agrarstrukturwandels aus.

Weitere Strukturanpassungen werden auf der Ebene der Zuchtorganisationen erforderlich sein. Die Zuchtorganisationen werden erhebliche Anstrengungen unternehmen müssen, um eine schlagkräftige Infrastruktur aufzubauen, die eine Nutzbarmachung der neuen Technologien für das jeweilige Zuchtprogramm überhaupt ermöglicht.

In der langfristigen Perspektive deuten sich biotechnologische Fortschritte an, die möglicherweise eine grundlegende Umwälzung des landwirtschaftlichen Produktionssystems und der Vermarktungsstrukturen bewirken werden. Die neuen Methoden der Gentechnologie haben die Möglichkeit geschaffen, die Milchdrüsen von Kühen, Schafen oder Ziegen als »Bioreaktoren« für die Erzeugung von Proteinen zu nutzen. Diese Proteine sind Grundstoffe von Medikamenten, die für die Humanmedizin eine große Bedeutung haben. Bis diese neuartigen Produktlinien eine nennenswerte Bedeutung für das praktische Wirtschaftsleben erlangen, dürfte allerdings noch einige Zeit vergehen.

Eine Abschätzung des langfristig zu erwartenden Verbreitungsgrades solcher transgenen Tiere ist zur Zeit nicht möglich, zum einen, weil offene Fragen hinsichtlich der künftigen rechtlichen Regelungen bestehen, zum anderen, weil das Marktpotential nur sehr schwer einzuschätzen ist. Zur Zeit gehen die Experten davon aus, daß nur eine relativ kleine Zahl von Tieren benötigt wird, um den Bedarf eines Landes an lebensrettenden Grundstoffen für die Biomedizin zu decken. Insofern wäre nicht mit einer großen Praxiswirkung der neuen Technologie zu rechnen.

Andererseits kann derzeit niemand vorhersagen, wie sich hier die kaufkräftige Nachfrage »jenseits der Notfallmedizin« entwickeln wird. Die neue Technologie eröffnet die Möglichkeit, in der ferneren Zukunft praktisch alle Grundstoffe für die hormonelle Steuerung der menschlichen und tierischen Körperfunktionen relativ kostengünstig zu erzeugen. Da hier zentrale Bedürfnisse aller Menschen angesprochen werden, erscheint es nicht ausgeschlossen, daß die Landwirtschaft eines Tages eine sehr breite Palette von Grundstoffen für die pharmazeutische Industrie erzeugen wird. Es liegt auf der Hand, daß solche Produktionsketten gewinnträchtig sind, aber nur im Rahmen einer sehr straff organisierten Vertragslandwirtschaft erfolgreich aufgebaut werden können.

Fazit

Der Strukturwandel in Richtung auf weniger und größere Betriebe wird sich fortsetzen, infolge der Verfügbarkeit neuer Technologien wahrscheinlich sogar beschleunigen.

Wenn auch speziell die AMS-Technik die Standardisierbarkeit der Milchproduktion verbessert und damit arbeitsteilig organisierte Großbetriebe tendenziell begünstigt, ist unter deutschen Standortbedingungen auf absehbare Zeit nicht mit einer Dominanz »industrieller« Tierhaltungen in der Milchviehhaltung zu rechnen. Der Trend dürfte eher zum »erweiterten Familienbetrieb« gehen.

Die neuen Technologien werden in den Milchviehbetrieben zu einer erheblichen Erweiterung des Leistungspotentials je Arbeitskraft führen. Um diese Potentiale auszuschöpfen, sind Betriebserweiterungen, Flächenarrondierungen etc. in großem Stil notwendig.

Wenn sich dies am Standort Deutschland nicht umsetzen läßt, ist längerfristig ein erheblicher Verlust von Marktanteilen vorprogrammiert.

Die Entwicklung der Verarbeitungsstrukturen

Die milchverarbeitende Industrie hat in den vergangenen Jahrzehnten einen sehr starken Strukturwandel durchlaufen. Die Anzahl der Unternehmen nahm ab, und die Größe der Unternehmen wie auch der Betriebsstätten wuchs beständig.

Alle Anzeichen deuten darauf hin, daß sich dieser Strukturwandel auch künftig fortsetzen wird. Diese Entwicklung ist zum einen darauf zurückzuführen, daß auch in der milchverarbeitenden Industrie mit zunehmender Betriebs- und Unternehmensgröße Kostenvorteile zu realisieren sind. Zum anderen geht vom Strukturwandel im Lebensmittelhandel ein starker Impuls auf den Strukturwandel in der Molkereiwirtschaft aus.

Dies wird früher oder später dazu führen, daß für die landwirtschaftlichen Betriebe in bestimmten Regionen nur noch ein einziger Abnehmer in der Region zur Verfügung stehen wird. Der freie Wettbewerb um den Rohstoff Milch ist damit beeinträchtigt. Die Gefahr, daß die Molkereiunternehmen aufgrund ihrer marktbeherrschenden Stellung dann zu niedrige Milchpreise auszahlen, ist nicht von der Hand zu weisen.

Es ist zu bezweifeln, daß man diese Problematik mit den Mitteln des Kartellrechts nachhaltig in den Griff bekommen kann. Wenn der Staat mehr Molkereiunternehmen in einer Region zu halten versucht, als der Markt und die Kostenstrukturen eigentlich hergeben, so läuft er Gefahr, damit über kurz oder lang den gesamten Produktionsstandort aufs Spiel zu setzen. Erfolgversprechender erscheint hier die in der Zuckerwirtschaft erprobte Alternative, durch Lieferantenzusammenschlüsse eine starke Gegenmacht gegen den regionalen Monopolisten aufzubauen und die Preis- bzw. Lieferkonditionen dann nach den Regeln eines bilateralen Monopols auszuhandeln.

Die internationale Wettbewerbsfähigkeit

Über die internationale Wettbewerbsfähigkeit deutscher Milchviehbetriebe geben die Begleitforschungen der FAL zu den European Dairy Farmers sowie die ersten Ergebnisse des International Farm Comparison Network (IFCN) Aufschluß. Die wichtigsten Erkenntnisse lassen sich wie folgt zusammenfassen:

Wettbewerbsfähigkeit im EU-Vergleich

Größere Milchviehbetriebe am Standort Deutschland haben im Vergleich zu ähnlich großen Betrieben in den meisten anderen Mitgliedsstaaten der EU keine Kostennachteile.

Im Vergleich der größeren Betriebe untereinander verfügen innerhalb der EU nur die irischen Betriebe über nennenswerte Kostenvorteile. Die wichtigsten Ursachen hierfür sind niedrige Lohnsätze, niedrige Futterkosten sowie niedrige Gebäude- und Maschinenkosten. Es ist jedoch zu berücksichtigen, daß das Produktionspotential der irischen Milchviehhaltung, gemessen an der Gesamtproduktion der EU, relativ gering ausfällt.

Die Wettbewerbsfähigkeit milchviehhaltender Betriebe ist stark abhängig von der Betriebsgröße und von den betrieblichen Expansionsmöglichkeiten. Kleinbetriebe mit hohen Kosten können zwar kurz- und mittelfristig im Markt bestehen, haben aber langfristig nur eine Überlebenschance, wenn sie ein erhebliches betriebliches Wachstum realisieren können. Unter diesem Aspekt ist der Milchviehhaltung im früheren Bundesgebiet im Vergleich zu einigen anderen Mitgliedsstaaten der EU (v. a. Großbritannien, Niederlande, Dänemark) gegenwärtig ein deutlicher Wettbewerbsnachteil zu attestieren.

Wettbewerbsfähigkeit im weltweiten Vergleich

Milch wird an einigen wichtigen Produktionsstandorten auf der Südhalbkugel der Erde zu Produktionskosten erzeugt, die nur bei ungefähr 50 % der Produktionskosten in Mitteleuropa liegen (Neuseeland, Australien, Argentinien, Uruguay). Hauptgrund hierfür sind klimatische Standortvorteile, die eine ganzjährige Weidehaltung zulassen.

Übersicht 4:

Erlöse und Produktionskosten für Milch im weltweiten Vergleich

Erlöse und Kosten in DM/100 kg FCM (ohne anteilige Kuppelprodukte) 1996/97

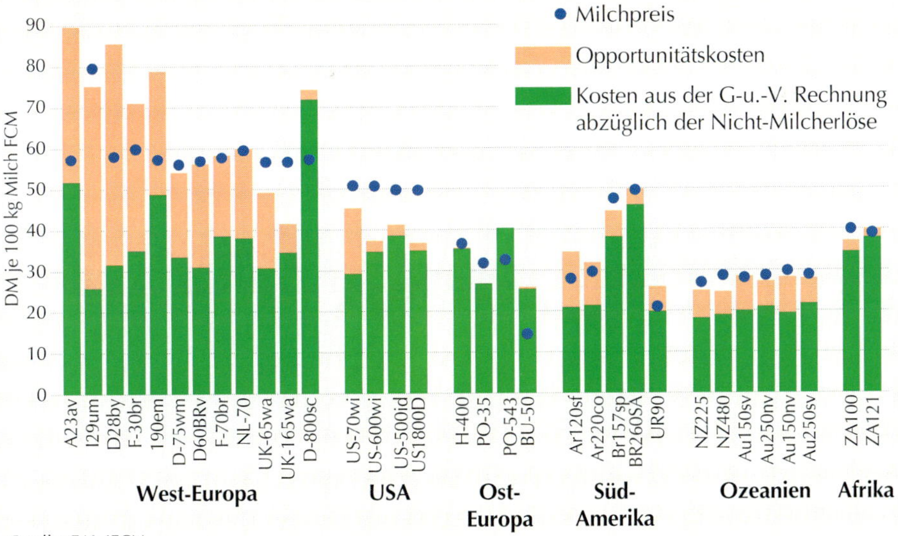

Quelle: FAL-IFCN

Diese erheblichen Kostenvorteile gegenüber der EU sind insofern von Bedeutung, als der Transport haltbarer Milchprodukte von der südlichen auf die nördliche Halbkugel sehr kostengünstig erfolgt. Der transportkostenbedingte Wettbewerbsvorteil der EU-Produzenten bei der Belieferung der EU-Konsumenten dürfte bei maximal 0,05 DM/kg Vollmilchäquivalent liegen.

Andererseits ist bei der Interpretation der betrieblichen Durchschnittskosten zu beachten, daß die Niedrigkostenländer bisher nur einen relativ geringen Anteil der Weltmilchproduktion erzeugen und in ihren Expansionsmöglichkeiten teilweise eng begrenzt sind. Letzteres gilt nach gegenwärtigem Erkenntnisstand insbesondere für Neuseeland und Australien, während hinsichtlich des Expansionspotentials südamerikanischer Standorte große Unsicherheiten existieren. Hier besteht erheblicher Forschungsbedarf.

Geht man davon aus, daß infolge der begrenzten Expansionspotentiale auf der Südhalbkugel der Grenzstandort für die Produktion gut transportabler Milchprodukte auch künftig auf der Nordhalbkugel liegen wird, so rückt der Vergleich zwischen Nordamerika und der EU in den Mittelpunkt des Interesses. Bezüglich der natürlichen und wirtschaftlichen Standortbedingungen verfügen die USA über keine wesentlichen Standortvorteile im Vergleich zur EU.

Zu beachten sind aber die dort günstigere Ausgangsstruktur und die – nach gegenwärtigem Erkenntnisstand – geringeren rechtlichen und politischen Hemmnisse für einzelbetriebliches Wachstum. Auch in diesem Punkt bestehen jedoch erhebliche Unsicherheiten, d. h. Forschungsbedarf.

Bezüglich der Standortbedingungen haben die US-Milcherzeuger keine wesentlichen Vorteile gegenüber der EU – wohl aber bezüglich der Größenstrukturen.

Zur Relevanz von Kostenvergleichen

Der Vergleich von durchschnittlichen Kosten der Milchproduktion in einer relativ geringen Anzahl von Betrieben kann selbstverständlich nur erste Hinweise zur Wettbewerbsfähigkeit der Standorte geben. Zu berücksichtigen sind ferner

- die Leistungsunterschiede zwischen verschiedenen Betrieben eines Standortes;
- die Leistungsfähigkeit der Unternehmen des Standorts, die in den Bereichen Verarbeitung und Distribution tätig sind;
- die Konsumentenpräferenz nach Milchprodukten aus bestimmten Herkünften.

Eine Arbeitsgruppe des Wissenschaftlichen Beirats beim Bundesministerium für Landwirtschaft ist zur Zeit dabei, eine stufenübergreifende Untersuchung der Wettbewerbsfähigkeit der deutschen Milchwirtschaft anzufertigen. Ohne diesen Ergebnissen vorgreifen zu wollen, kann nach den bisherigen Beratungen als Zwischenergebnis festgehalten werden:

Bei den Molkereiprodukten kommt den Rohstoffkosten mit einem Kostenanteil von deutlich über 50 % der Gesamtkosten eine große Bedeutung zu (Hülsemeyer 1998). Zweifellos gibt es eine gewisse Käuferpräferenz für heimische Produkte. Die Möglichkeiten, Preisaufschläge durch Markenartikel zu erzielen, sind jedoch begrenzt; der überwiegende Teil der Produktion wird auch künftig »über den Preis« verkauft werden müssen.

Zudem bringt die zunehmende Etablierung von Handelsmarken (im Unterschied zu Herstellermarken) für die Erzeuger an einem bestimmten Standort keinen Vorteil, weil der Markenartikler seinen Rohstoff relativ einfach von kostengünstigeren Anbietern an anderen Standorten beziehen kann. Hinsichtlich der Verarbeitungsspanne ist der deutschen Molkereiwirtschaft bisher kein außergewöhnlich gutes Ergebnis zu attestieren.

Fazit:

Die Hypothese, die deutsche Molkereiwirtschaft werde infolge außergewöhnlich großer Leistungsfähigkeit in der Lage sein, Kostennachteile der Milchproduktion auszugleichen und könne damit auch unter Liberalisierungsbedingungen den Milcherzeugungsstandort Deutschland sichern, dürfte kaum aufrechtzuerhalten sein. Die landwirtschaftlichen Betriebe müssen versuchen, ihre Wettbewerbsfähigkeit aus eigener Kraft sicherzustellen. Die Agrarpolitik steht in der Verantwortung, ihnen dabei zu helfen.

Schlußfolgerungen für die Agrarpolitik

Alle Anzeichen sprechen dafür, daß es in den nächsten 20 Jahren zu einer recht weitgehenden Liberalisierung des internationalen Agrarhandels kommen wird. Dieser Prozeß wird maßgeblich von wirtschaftlichen und politischen Kräften gesteuert, die außerhalb des Agrarbereichs liegen. Insofern ist es angebracht, den Beteuerungen mancher Agrarpolitiker mit einer gewissen Vorsicht zu begegnen.

Wenn die Liberalisierung kommt, d. h. die Exporterstattungen wegfallen und auch der Importschutz allmählich abgebaut wird, dann hängt das Schicksal der deutschen Landwirtschaft in entscheidendem Maße davon ab, wie gut es ihr bis dahin gelungen ist, ihre internationale Wettbewerbsfähigeit zu verbessern.

Die entscheidende Frage lautet somit:

Nutzen wir die uns noch gewährte »Galgenfrist« (dies könnte etwa der Zeitraum der kommenden 15 Jahre sein), um uns optimal auf den künftigen internationalen Wettbewerb vorzubereiten, oder wollen wir uns auch weiterhin vorrangig damit beschäftigen, mit aufwendigen politischen Programmen die (geringer werdenden) Renten der bisherigen Agrarschutzpolitik »gerecht« zu verteilen, um dann irgendwann von der »unerwarteten« Attacke auf den europäischen Schutzwall überrascht zu werden?

Wenn wir uns für den letztgenannten Weg entscheiden, d. h. an der bisherigen Agrarpolitik festhalten, so bedeutet dies eine Schwächung der internationalen Wettbewerbsfähigkeit und damit längerfristig ein Verlust an Marktanteilen und Arbeitsplätzen für den ländlichen Raum.

> »Zur Vorbereitung auf den internationalen Wettbewerb haben wir eine Galgenfrist von ca. 15 Jahren.«

Soll hingegen der erstgenannte Weg beschritten werden, d. h. eine nachhaltige Verbesserung der internationalen Wettbewerbsfähigkeit unserer Landwirtschaft erreicht werden, so ist ein deutlicher Politikwechsel erforderlich.

Eine stärker auf die Verbesserung der Wettbewerbsfähigkeit ausgerichtete Politik wäre wie folgt zu umreißen:

- Verzicht auf Mengensteuerung (Milchquote, gestaffelte Rindfleischprämien),
- Mittelfristiger Erhalt des Importschutzes,
- Aktive Weiterentwicklung der Landnutzungstruktur,
- Rückführung von staatlichen Auflagen, stattdessen Stärkung der freiwilligen Anreizprogramme.

Diese Eckpunkte sollen in den nächsten vier Abschnitten des Beitrages kurz erläutert werden.

Verzicht auf Mengensteuerung (keine Milchquote, keine gestaffelten Rindfleischprämien)

Der einkommenspolitische Zweck der **Milchquotenregelung** wird im Laufe der Zeit immer weniger erreicht, weil der Abfluß der Quotenrente an Personen, die keine aktiven Milcherzeuger mehr sind, im Zuge des Strukturwandels immer mehr ansteigt.

Auf der anderen Seite werden die negativen Wirkungen der Quotenregelung auf die internationale Wettbewerbsfähigkeit der europäischen Milchwirtschaft immer gravierender. Diese Wirkungen sind überwiegend langfristiger Natur und lassen sich nicht leicht in Mark und Pfennig fassen:

- Der überregionale Strukturwandel wird nachhaltig beeinträchtigt.
- Da die Quotenregelung immer nur befristet verlängert und von Zeit zu Zeit verändert wird, erzeugt sie eine permanente Politikunsicherheit. Fehlinvestitionen und Investitionszurückhaltung sind die Folge.
- Die permanente Beschäftigung mit der Quotenregelung beansprucht in allen Bereichen (Landwirtschaft, Industrie, Beratung, Wissenschaft) wertvolle Managementkapazität. Diese wird dem Ziel »Verbesserung der Wettbewerbsfähigkeit« entzogen. Es handelt sich hierbei um ein »Milliarden-Vermögen«!

Bei dieser Ausgangslage ist es vorhersehbar, daß auch aus Kreisen der praktischen Landwirtschaft immer mehr Druck in Richtung auf einen Ausstieg aus dem Quotensystem entwickelt werden wird. Aus volkswirtschaftlicher Sicht ist die Milchquotenregelung ohnehin abzulehnen.

Eine Abschaffung des Quotensystems zum Jahr 2000 dürfte politisch kaum zu verkraften sein. Zum einen ist zu berücksichtigen, daß viele Landwirte im Vertrauen auf Aussagen der Agrarpolitiker in den vergangenen Monaten umfangreiche Quotenkäufe getätigt haben. Zum anderen wäre bei einem abrupten Ausstieg aus dem Quotensystem mit einem sehr starken Absinken des Milchpreises zu rechnen.

Um so wichtiger ist es, bei einer Verlängerung der Quotenregelung bis zum Jahr 2006 die entstehende Übergangsphase zu nutzen, damit im Jahre 2006 der Ausstieg aus der Mengenregulierung auch tatsächlich vollzogen werden kann.

Das bedeutet im einzelnen:

- Der Ausstieg zum Jahr 2006 sollte möglichst frühzeitig angekündigt werden, um allen Beteiligten klare Rahmenbedingungen zu setzen und einen preisdämpfenden Effekt auf den Quotenmärkten zu erzielen.
- Der Vorschlag der Agenda 2000 zur Absenkung der administrierten Milchpreise sollte umgesetzt werden.
- Die Kompensation dieser Milchpreissenkung sollte möglichst produktionsneutral ausgestaltet werden, damit die Milchpreissenkung auch zu einer entsprechenden Senkung der Quotenpreise führt. Die Ausgleichszahlungen sollten nicht an die jeweils von einem Betrieb gehaltene Zahl der Kühe gekoppelt werden. Sinnvoller ist es, die Zahlungen entweder an die Milchproduktion in einem bestimmten Referenzjahr zu koppeln oder sie in eine allgemeine Flächenprämie einzubinden.

Die Vorschläge der Agenda 2000 bezüglich des **Rindfleischmarktes** sind unter dem Aspekt »Verbesserung der internationalen Wettbewerbsfähigkeit« als halbherzig anzusehen.

Der Vorschlag, die Preise zu senken und auf diese Weise die Intervention weitgehend überflüssig zu machen, bedeutet eine Annäherung an marktwirtschaftliche Grundsätze. Der Politikeinfluß und das Politikänderungsrisiko könnten dadurch grundsätzlich gesenkt werden.

Auf der anderen Seite will die Kommission aber bei den Prämien offensichtlich weiter am Prinzip der staatlichen Mengensteuerung festhalten, d. h. auch künftig mit Besatzdichtefaktoren, Prämienobergrenzen, nationalen Prämienplafonds usw. großen Einfluß auf die Wettbewerbsfähigkeit unterschiedlicher Betriebe und Regionen nehmen.

Die Bedeutung der politisch gesetzten Grenzen würde bei einer Umsetzung der Agenda 2000 noch deutlich zunehmen, da die Wettbewerbsfähigkeit der Rindfleischerzeugung nach der vorgesehenen Preissenkung praktisch allein von der Frage abhängt, ob ein Rind in einem bestimmten Unternehmen prämienberechtigt ist oder nicht.

Weil davon auszugehen ist, daß in der Vergangenheit vor allem die wettbewerbsfähigen Betriebe ihre Produktion ausgedehnt haben und nunmehr jenseits der 90-Tier-Grenze liegen, führt der Politikvorschlag der Agenda 2000 zu einer unmittelbaren, erheblichen Benachteiligung der wettbewerbsfähigen Betriebe.

Außerdem führt der Politikvorschlag der Agenda 2000 zu einer erheblichen Verunsicherung aller potentiellen Investoren:

Die eigentlich wettbewerbsfähigen Unternehmen investieren nicht, weil die Rentabilität ihrer Produktion vom Staat gemindert wird (Zusatzkosten durch Zupacht; Zusatzkosten durch Betriebsteilung; Produktpreissenkung durch staatliche Unterstützung der eigentlich unwirtschaftlichen Produzenten) und weil sie nicht wissen können, wie weit der Staat die Bevorzugung der eigentlich weniger wettbewerbsfähigen Konkurrenten künftig noch treiben wird.

Die eigentlich weniger wettbewerbsfähigen Unternehmen nehmen ebenfalls keine größeren Erweiterungsinvestitionen vor, weil sie wissen, daß die Rentabilität der Investition im Falle eines Politikwechsels mit einem Schlage nicht mehr gegeben wäre.

Der Vorschlag der Agenda 2000, an der Politik der Mengensteuerung festzuhalten, ist also für die Entwicklung der internationalen Wettbewerbsfähigkeit der EU-Rindermast als sehr ungünstig anzusehen. Auf der anderen Seite verlieren die Argumente, mit denen die Politik der Mengensteuerung im Rindfleischbereich bisher begründet wurden, allmählich an Überzeugungskraft:

Bisher stand zum einen das Ziel der Marktentlastung im Vordergrund. Dieses Ziel verliert aber an Bedeutung, wenn die Agenda 2000 umgesetzt wird. Das Getreidepreisniveau der EU wird dann voraussichtlich dem Weltmarktniveau entsprechen, und die EU wird ohne jegliche Haushaltsbelastung so viel Getreide exportieren können, wie sie will.

Deshalb sind Futterflächen, die nicht weiter für die Rindfleischerzeugung benötigt werden, dann nicht mehr als lästige und für den EU-Haushalt kostenrächtige »Überschußflächen« anzusehen. Generell kann das Ziel »Rückführung der Überschüsse« aus dem Vokabular der praktischen Agrarpolitik gestrichen werden.

Umweltaspekte können ebenfalls nicht mehr überzeugend ins Feld geführt werden, um die marktpolitische Bevorzugung extensiver Produktionsverfahren zu rechtfertigen. Für den Schutz der Umwelt gibt es inzwischen im Bereich der Umweltpolitik umfangreiche Regelungen.

Wird eine weitere Verringerung der Umweltbelastungen durch die Landwirtschaft angestrebt, so sollte die Politik bei den zielgerichteten umweltpolitischen Maßnahmen ansetzen und nicht versuchen, mit dem untauglichen Mittel der Marktpolitik auch noch umweltpolitische Ziele zu erreichen.

Aus den genannten Gründen wird empfohlen, die Prämien im Rindfleischbereich von der Produktion zu entkoppeln (durch Wahl einer historischen Referenzperiode oder durch Bindung an die landwirtschaftliche Fläche).

Mittelfristiger Erhalt des Importschutzes

Für investitionsbereite Milchviehhalter wäre es ein sehr wichtiges Signal, daß parallel zu dem Abbau der Binnenmarktstützung (Milchquoten, Intervention) ein hinreichend hoher Importschutz für einen Zeitraum von zehn bis 20 Jahren festgeschrieben würde.

Im Falle einer ungünstigen Entwicklung der Weltmarktpreise wäre dann sichergestellt, daß sich – unabhängig vom Weltmarktpreisniveau – ein Binnenmarktpreis herausbildet, der die volle Selbstversorgung in der EU garantiert.

Solch eine Politik (freie Marktwirtschaft innerhalb einer nach außen geschützten EU) ist den deutschen Landwirten nicht unbekannt; sie fand über Jahrzehnte

Freie Marktwirtschaft innerhalb der EU und ein gemeinsamer Außenschutz. Dieses Konzept hat sich für die deutschen Landwirte bewährt.

hinweg Anwendung auf dem Markt für Schweinefleisch und hat sich in den Augen der hier tätigen Produzenten im großen und ganzen bewährt.

Das »Sicherheitsnetz« (100 % Selbstversorgung) ermöglicht es den Landwirten, auch größere Investitionen zumindest für eine Abschreibungsperiode einigermaßen verläßlich kalkulieren zu können, indem sie die Wettbewerbsfähigkeit ihres Betriebes in einen Vergleich mit Betrieben in anderen Regionen der EU stellen. Gerade in Zeiten, in denen sich die Rahmenbedingungen turbulent verändern, ist die Einschätzung der eigenen Wettbewerbsfähigkeit gegenüber den Mitbewerbern in einem überschaubaren Markt eine wichtige Orientierungshilfe für Investoren. Deutsche Milchviehhalter vermögen ihre Wettbewerbsposition innerhalb der EU inzwischen recht sicher abzuschätzen. Die Abschätzung der eigenen Wettbewerbsposition im weltweiten Kontext ist demgegenüber für die EU-Landwirte viel schwieriger.

Vor diesem Hintergrund stellt sich die Frage, ob man die Anpassungsfähigkeit der EU-Landwirtschaft nicht überfordert, wenn man ihr in einem relativ kurzen Zeitraum das Sicherheitsnetz »100 % Selbstversorgung« entzieht und ihr die schnelle und unmittelbare Konkurrenz mit den Low-Cost-Ländern der Südhalbkugel in Aussicht stellt.

Es ist anzunehmen, daß die meisten EU-Landwirte unter derartigen Bedingungen erst einmal abwarten werden und von größeren baulichen Investitionen (Wachstumssprüngen) Abstand nehmen. Bleiben aber diese einzelbetrieblichen

Die Unsicherheiten verzögern oftmals die nötigen Investitionen.

Erweiterungsinvestitionen aus, so besteht auch langfristig keine Aussicht auf Verbesserung der internationalen Wettbewerbsfähigkeit der Rinderhaltung in der EU-Landwirtschaft, deren Hauptproblem bekanntlich die zu kleinen Betriebsgrößen sind.

Anders als in der Pflanzenproduktion besteht in der Tierproduktion nicht die Perspektive, daß in einem Freihandelsszenario eine »passive Sanierung«, d. h. das Ausscheiden kleinerer Erzeuger, automatisch zu größeren Einheiten und damit zu verbesserter Wettbewerbsfähigkeit führt. In der Tierproduktion sind umfangreiche Erweiterungsinvestitionen erforderlich, andernfalls wird der Standort über kurz oder lang zu einem viehlosen Standort. Hierfür gibt es inzwischen zahlreiche Beispiele.

Ist die Viehhaltung aus einer Region erst einmal abgewandert, dann siedelt sie sich bei einer späteren globalen Preissteigerung nicht zwangsläufig wieder in den Traditionsgebieten an. Vielmehr erfolgt in der Regel eine Aufstockung der Bestände an den verbliebenen, noch aktiven Konzentrationsgebieten, weil die Standortfaktoren »Know how« und »Agglomeration« im allgemeinen größere Bedeutung haben als die Standortfaktoren »natürliche Bedingungen« und »Marktnähe«.

Der Versuch, einer unkontrollierten Abwanderung der Rinderhaltung durch vorübergehenden Importschutz entgegenzuwirken, ist natürlich nur dann sinnvoll, wenn langfristig überhaupt eine Chance besteht, daß sich dabei in der EU international wettbewerbsfähige Unternehmen herausbilden. Diese Chance wird in der Tat gesehen. Der Grenzstandort für die Milcherzeugung wird aller Voraussicht nach auch künftig auf der Nordhalbkugel liegen. Weder die natürlichen noch die wirtschaftlichen Rahmenbedingungen verschaffen den USA prinzipielle Standortvorteile gegenüber der EU.

Eine Chance für die EU-Landwirtschaft besteht in ihren Problembranchen Milch und Rindfleisch allerdings nur dann, wenn die EU-Agrarpolitik in den nächsten Jahren konsequent auf das Ziel »Verbesserung der internationalen Wettbewerbsfähigkeit« ausgerichtet wird.

Die mittelfristige Aufrechterhaltung eines Importschutzes wird sich in den WTO-Verhandlungen selbstverständlich nur durchsetzen lassen, wenn die EU Zugeständnisse in anderen Bereichen macht. Dies müßte in erster Linie der

Bereich der Exporterstattungen sein, der ohnehin stark unter Druck kommen wird.

Ein zweiter Bereich wäre die Intervention; fehlt die Möglichkeit des subventionierten Exports, ist es ohnehin wenig sinnvoll, Produkte zu gestützten Preisen aufzukaufen und einzulagern.

Eine deutliche Preissenkung in der EU ist in jedem Fall vorprogrammiert; der Vorteil der Strategie »Priorität auf Importschutz« liegt lediglich darin, daß

- das Risiko des »Durchschlagens« eines möglichen Verfalls der Weltmarktpreise gemindert wird (z. B. im Falle einer Nachfragekrise in Asien oder Südamerika),
- die EU den »Gleitflug« des internen Preisniveaus in Richtung Weltmarktpreis besser steuern kann,
- den landwirtschaftlichen Investoren in der EU somit für eine gewisse Zeit sicherere Rahmenbedingungen geboten werden.

Aktive Weiterentwicklung der Landnutzungsstruktur

Internationale Vergleiche zeigen, daß die Betriebe in weiten Landstrichen des früheren Bundesgebietes infolge der agrarstrukturellen Nachteile erheblich höhere Produktionskosten aufweisen als Betriebe in Übersee. Die Betriebe sind zu klein, die Betriebsstätten sind ungünstig gelegen, und die Betriebsflächen sind schlecht arrondiert.

Bei dieser Ausgangssituation und angesichts der künftigen Herausforderungen, den Agrarstrukturwandel nicht zu beschleunigen, kommt der Weiterentwicklung der Agrarstrukturpolitik eine erhebliche Bedeutung für die künftige Wettbewerbsfähigkeit der deutschen Milchviehhaltung zu.

Die einzelbetriebliche Investitionsförderung ist in ihrer gegenwärtigen Form allerdings nur sehr begrenzt in der Lage, die internationale Wettbewerbsfähigkeit der EU-Landwirtschaft zu verbessern. Insofern ist eine gründliche Überprüfung angeraten.

Bei der Weiterentwicklung der Agrarstrukturpolitik sollte beachtet werden:

- Die gegenwärtige Agrarstruktur läßt nicht nur in puncto »Wettbewerbsfähigkeit«, sondern auch in puncto »Freizeitwert«, »Landschaftsästhetik« und »Naturschutz« viele Wünsche offen.
- Die Bevölkerung in Deutschland würde eine Agrarstrukturpolitik, die einseitig auf die Verbesserung der Wettbewerbsfähigkeit und die Vergrößerung der Betriebe ausgerichtet wäre, nicht akzeptieren.
- Die agrarstrukturellen Defizite können durch einzelbetriebliche Anpassungsmaßnahmen nur zu einem relativ geringen Teil gelöst werden. Vielmehr sind betriebsübergreifende Maßnahmen erforderlich.
- Benötigt werden Konzepte für eine aktive Veränderung der Landnutzungsstrukturen, die darauf abzielen, die Wettbewerbsfähigkeit der Landwirtschaft, den Naturschutz und den Freizeitwert der Landschaft gleichermaßen zu verbessern.

Diese Aufgabe ist »auf dem Papier« einfach lösbar. Jedenfalls fällt es einigermaßen sachkundigen Personen überhaupt nicht schwer, für konkrete Agrarlandschaften Vorschläge zu erarbeiten, die zu allen drei Zielen größere Beiträge leisten als die gegenwärtige Landnutzungsstruktur dies vermag.

Die eigentliche Herausforderung besteht darin, solche überlegenen Lösungen auch tatsächlich zu realisieren. Hierfür ist es zum einen erforderlich, die Agrarstrukturdebatte aus der »ideologischen Ecke« herauszuführen und eine grundsätzliche Gesprächsbereitschaft zwischen den verschiedenen Landschaftsnutzern herzustellen. Zum anderen müssen unter Einbeziehung der relevanten Nutzergruppen praktikable Verfahrensabläufe entwickelt werden, die geeignet sind, für alle Beteiligten spürbare Vorteile hervorzubringen.

Die Kunst der Politik besteht darin, ihren Mitteleinsatz so zu steuern, daß dieser Prozeß wirkungsvoll unterstützt wird.

Rückführung von staatlichen Auflagen – stattdessen Stärkung der freiwilligen Anreizprogramme

Es steht außer Zweifel, daß die Wettbewerbsfähigkeit der deutschen Landwirtschaft durch die besonders hohe staatliche Regelungsdichte in Deutschland, insbesondere durch die Vielzahl kostenträchtiger Auflagen beeinträchtigt wird.

In den 70er und 80er Jahren hat die europäische Politik versucht, die steigenden gesellschaftlichen Anforderungen an die Landwirtschaft vorrangig mit Hilfe immer neuer Verordnungen umzusetzen. Das konnte man sich leisten, weil die EU-Agrarwirtschaft nach außen abgeschottet war und im Inneren die Möglichkeit bestand, die politisch gesetzten Agrarpreise anzuheben und dadurch letztlich die Verbraucher mit auflagenbedingten Mehrkosten der Agrarproduktion zu belasten.

> „Die staatliche Regulierungsdichte behindert die Wettbewerbsfähigkeit deutscher Landwirte."

Bei wachsender Liberalisierung des Agrarbereichs wird dies nicht mehr möglich sein. Es besteht dann zunehmend die Gefahr, daß die kostenträchtigen Auflagen zu einer mittel- und langfristigen Verlagerung der Produktion in Drittländer führen wird. Aus diesem Grund sollte die inzwischen erreichte, sehr hohe Regelungsintensität in den verschiedenen Politikbereichen kritisch überpüft werden.

Hilfreich wäre in diesem Zusammenhang eine systematische Analyse der wettbewerbsrelevanten rechtlichen Rahmenbedingungen und ihrer betriebswirtschaftlichen Wirkungen im internationalen Vergleich. Hierzu hat die FAL mit dem International Farm Comparison Network (IFCN) ein geeignetes Instrument geschaffen; dieses kann aber zur Zeit wegen finanzieller Engpässe nicht mit dem nötigen Tempo ausgebaut werden.

Bei der Weiterentwicklung der verschiedenen Politikbereiche, die auf die Beeinflussung der externen Effekte der Landwirtschaft abzielen, sollte neben einer verstärkten Deregulierung auch über eine verstärkte Umstellung auf Anreizmechanismen nachgedacht werden. Als ein geeigneter Orientierungsrahmen bieten sich hier die 1992 in der EU eingeführten gemeinsamen Agrarumweltprogramme an.

Diese Programme stellen grundsätzlich eine gute Ergänzung, teilweise auch eine erwägenswerte Alternative zur herkömmlichen Auflagenpolitik dar. Mit diesen Programmen wird der gesellschaftliche Bedarf an positiven externen Effekten der Landwirtschaft in kaufkräftige Nachfrage verwandelt. Landwirte, die sich an diesen Programmen beteiligen, vermarkten zusätzlich zu ihren Agrarprodukten auch noch Dienstleistungen und können auf diese Weise ein zusätzliches Einkommen erzielen. Dadurch wird die Wettbewerbsfähigkeit vieler Betriebe stabilisiert.

Kostenträchtige Auflagen erhöhen die Gefahr einer Verlagerung der Produktion in Drittländer.

Außerdem werden die umweltpolitischen Akteure besser in die Lage versetzt, Kosten und Nutzen ihrer Politikmaßnahmen gegeneinander abzuwägen. Für die Landwirte ist ferner bedeutsam, daß die in diesen Programmen gezahlten Einkommenstransfers von der Gesellschaft grundsätzlich eher akzeptiert werden als die gegenwärtig dominierenden »leistungslosen« Ausgleichszahlungen.

Bei der künftigen Weiterentwicklung der Agrarumweltprogramme sollte das Spektrum der vom Staat nachgefragten und bezahlten Dienstleistungen der Landwirtschaft weiter gefaßt werden als das bisher der Fall war. Bisher sind vorrangig solche Dienstleistungen in die Agrarumweltprogramme einbezogen worden, die die Agrarmärkte von Überschüssen entlastet haben und/oder dem Umweltschutz im engeren Sinne zuzurechnen sind (biotischer und abiotischer Umwelt- und Naturschutz).

Die Landwirtschaft produziert aber eine wesentlich größere Vielfalt von nichtmarktfähigen Dienstleistungen in den Bereichen Umwelt- und Naturschutz, Tierschutz, Landschaftsbild und Lebensqualität im ländlichen Raum, wobei die Grenzen zwischen diesen Bereichen fließend sind.

Sollen die erhöhten Anforderungen unserer Bevölkerung in bezug auf diese Aspekte erfüllt werden, so sind erhöhte Produktionskosten unausweichlich. Ob es gelingen wird, in den WTO-Verhandlungen mit dem Hinweis auf die erhöhten Produktionskosten einen dauerhaften Importschutz herauszuhandeln, ist nach den bisherigen Erfahrungen äußerst fraglich. Man wird die EU auf die Möglichkeit verweisen, die vermeintlich »wertvolleren« Produkte zu kennzeichnen und auf diese Weise die Mehrkosten über höhere Preise an die Verbraucher überzuwälzen.

Dieser Weg hilft den Landwirten in der EU aber nicht viel weiter, da der Marktanteil für Markenartikel nur auf deutlich unter 50 % zu veranschlagen ist. Die Masse muß über den Preis verkauft werden. Damit bleibt letztlich wohl nur der oben skizzierte Weg über die (erweiterten) Agrarumweltprogramme, so schwer sich der Berufstand und die praktische Agrarpolitik daran auch gewöhnen können.

Zusammenfassung

In diesem Beitrag wird die voraussichtliche Entwicklung der Milchviehhaltung im nächsten Jahrzehnt vorgezeichnet, und es werden Schlußfolgerungen für die Agrarpolitik abgeleitet.

Die Marktentwicklung wird durch die weltweit wachsende Nachfrage nach Milchprodukten bestimmt. Zur Frage, ob das Angebotswachstum in den verschiedenen Erdteilen hiermit Schritt halten kann, werden unterschiedliche Einschätzungen vorgetragen. Aus diesem Grunde gibt es auch abweichende Bewertungen der künftigen Entwicklungen der Weltmarktpreise.

Die Produktionsstrukturen werden sich zunächst in den bekannten Mustern weiterentwickeln: Kleinbetriebe geben auf, und der erweiterte Familienbetrieb wird weiter an Bedeutung gewinnen. Mit der verbreiteten Einführung automatischer Melksysteme (AMS) kann es jedoch zu Strukturbrüchen kommen.

Auch zu dieser Frage gibt es noch unterschiedliche Auffassungen der Experten. Einige erwarten von der neuen Technologie eine Stabilisierung der Familienbetriebe, andere eine Stärkung der arbeitsteilig organisierten Großbetriebe. Es ist anzunehmen, daß auch die Fortschritte in der Biotechnologie zu einer weiteren Beschleunigung des Strukturwandels führen. Ob sich im Bereich der Biomedizin ganz neue Produktionsrichtungen in nennenswertem Umfang etablieren werden, kann derzeit noch nicht zuverlässig eingeschätzt werden.

Die internationale Wettbewerbsfähigkeit größerer deutscher Milchviehbetriebe ist innerhalb der EU als günstig einzuschätzen.

Bei den Verarbeitungsstrukturen wird sich der Trend zur Zusammenlegung und Vergrößerung von Unternehmen ebenfalls fortsetzen. Hier gehen die entscheidenden Impulse vom Lebensmittelhandel aus. In bestimmten Regionen werden Landwirte ihre Milch nur noch an einen einzigen Abnehmer liefern können. Diesem Trend mit den Mitteln des Kartellsrechts entgegenzutreten, erscheint wenig erfolgversprechend. Lieferantenzusammenschlüsse werden unverzichtbar.

Die internationale Wettbewerbsfähigkeit größerer deutscher Milchviehbetriebe ist innerhalb der EU günstig einzuschätzen. Gegenüber den Standorten auf der Südhalbkugel der Erde, an denen ganzjährige Weidehaltung möglich ist, bestehen deutliche Wettbewerbsnachteile.

Infolge der unzureichend entwickelten Produktionsstrukturen weist die Mehrzahl der deutschen Betriebe allerdings auch Kostennachteile gegenüber Standorten auf, die über keine klimatischen Vorteile verfügen (z. B. Großbritannien, USA). Zur Frage, inwieweit rechtliche Rahmenbedingungen für Kostennachteile am Standort Deutschland verantwortlich sind, besteht Forschungsbedarf.

Welche Schlußfolgerungen für die Agrarpolitik man aus diesen Einschätzungen zieht, hängt unter anderem davon ab, welche Vorhersage über die Geschwingigkeit des Liberalisierungsprozesses im Agrarbereich getroffen wird. Wenn die Liberalisierung umgesetzt wird (und darüber wird auch von Nicht-Agrariern entschieden), dann hängt das Schicksal der deutschen Landwirtschaft in erster Linie von ihrer künftigen Wettbewerbsfähigkeit ab.

Aus diesem Grunde werden Grundzüge einer auf Wettbewerbsfähigkeit ausgerichteten Agrarpolitik dargestellt:

- Verzicht auf Mengensteuerung (keine Milchquote; keine gestaffelten Rindfleischprämien),
- mittelfristiger Erhalt des Importschutzes (dafür Zugeständnisse bei den Exporterstattungen und bei der Intervention),
- Aktive Weiterentwicklung der Landnutzungsstruktur (zur gleichzeitigen Verbesserung der Wettbewerbsfähigkeit, des Naturschutzes und des Freizeitwertes),
- Rückführung von staatlichen Auflagen, statt dessen Stärkung der freiwilligen Anreizprogramme.

Anmerkungen:

In diesen Beitrag wurden verschiedene externe Quellen eingearbeitet, die hier aus Gründen der Lesbarkeit nicht genannt werden können. Ein umfangreiches Literaturverzeichnis ist beim Autor zu beziehen.

Das Kapitel »Schlußfolgerungen für die Agrarpolitik« wurde teilweise aus dem Gutachten »Integration der Landwirtschaft der Europäischen Union in die Weltagrarwirtschaft« des Wissenschaftlichen Beirats beim BUL (1999) übernommen.

Ein neues Leitbild für die Fleischproduktion

Prof. Dr. Hans-Wilhelm Windhorst
ist Direktor des Institutes für Strukturforschung und Planung in agrarischen Intensivgebieten (ISPA) der Hochschule Vechta.

Neue Herausforderungen kommen auf uns zu

Der gesamte Rotfleischsektor (Rind, Schwein) muß sich in den kommenden Jahren einer Reihe von neuen Herausforderungen stellen:

- Veränderungen der handelspolitischen Rahmenbedingungen (Liberalisierung des Weltagrarmarktes)
- Neustrukturierung der Agrarpolitik der EU (Agenda 2000)
- Ost-Erweiterung der EU
- Veränderung der Alters- und Sozialstruktur der Bevölkerung und der Konsumentenanforderungen
- Rückläufige Marktanteile für Rind- und Schweinefleisch
- Konzentrationen in Ernährungsindustrie und Lebensmitteleinzelhandel
- Wachsende Bedeutung von Produktsicherheit, Umweltverträglichkeit und Tierschutz
- Neuorientierung der Agrarproduktion unter dem Aspekt Nachhaltigkeit.

Deutschland im europäischen Rahmen

Deutschland ist nicht in der Lage, den Eigenbedarf an Schweinefleisch zu decken. Für mehr als 16 Mio. Menschen muß Fleisch eingeführt werden. Rindfleisch dagegen wird im Übermaß erzeugt. Trotzdem wird Rindfleisch importiert, deutsche Übermengen dagegen exportiert.

In Deutschland, Belgien, Frankreich, Dänemark und Spanien sind bei der Nettoerzeugung von Schweinefleisch zwischen 1987 und 1997 gegenläufige Entwicklungen zu beobachten. Während in Deutschland die Produktion um nahezu 27 %

abgenommen hat, weisen die anderen Staaten hohe Zuwachsraten auf (Übersicht 1). Die hohe Unterversorgung Deutschlands macht umfangreiche Importe notwendig.

Übersicht 1:

Entwicklung der Anteile ausgewählter Staaten an der Rinder- und Schweineproduktion der EU bzw. Veränderung der Rinder- und Schweinebestände

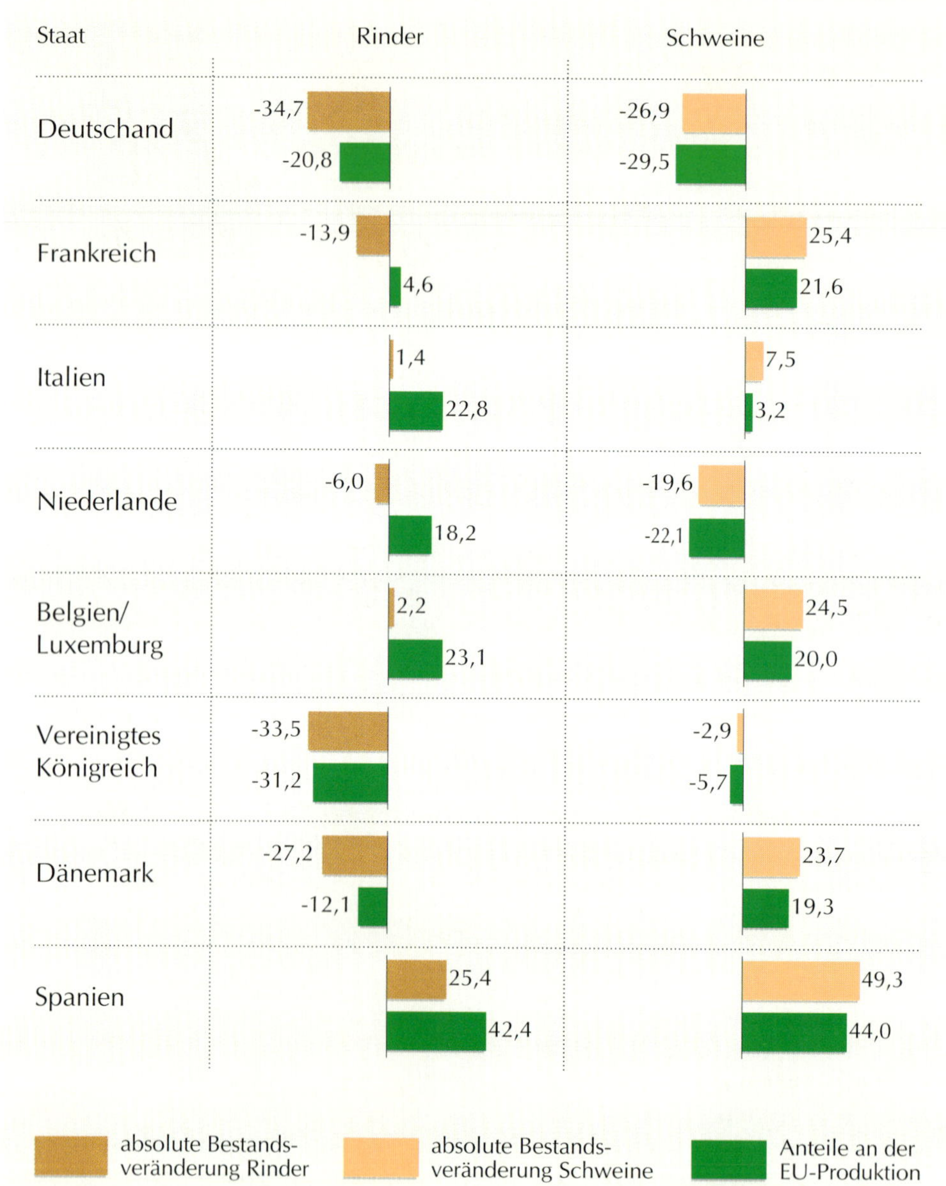

Quelle: eigene Berechnungen nach ZMP Bilanz: Vieh und Fleisch, verschiedene Jahrgänge

Zwischen 1988 und 1997 sind die Einfuhren um rund 71 % gestiegen, die großen Gewinner waren Belgien und Dänemark. Die Niederlande hatten schon vor dem Ausbruch der Schweinepest Anteile auf dem deutschen Markt verloren.

Der Erfolg der Produzenten und Vermarkter aus Dänemark, Belgien und den Niederlanden erklärt sich zum einen aus der günstigeren Bestandsgrößenstruktur, mit der nur die deutschen Hochburgen konkurrieren können.

Ein weiteres Plus ist die Organisationsstruktur. Geschlossene Produktionsketten mit abgestimmten Einzelelementen und eingeführte Herkunfts- und Qualitätssicherungssysteme sind Standard. Es versteht sich von selbst, daß große Partien gleichbleibender Qualität fristgerecht und zu attraktiven Preisen an jeden Standort geliefert werden. Das sind die Vorgaben für Markterfolg, an denen sich auch deutsche Produzenten ausrichten müssen.

Anders sieht es beim Rindfleisch aus. Von wenigen Staaten abgesehen, kam es zwischen 1987 und 1997 zu einer durchgängigen Reduzierung des Produktionsvolumens; Stichwort: BSE. Dies trug zwar etwas zur Verminderung der Überschüsse bei, diese sind jedoch weiterhin gegeben und müssen auf dem Weltmarkt abgesetzt werden.

Hinsichtlich der durchschnittlichen Bestandsgrößen sind die Unterschiede zu den anderen EU-Staaten bei weitem nicht so gravierend wie in der Schweinehaltung. So stellen Bayern, Niedersachsen und Nordrhein-Westfalen über 56 % der deutschen Rindviehbestände. Bayern allein nahezu 27 %. Damit verbunden sind ganz andere Strukturprobleme, auf die weiter unten noch eingegangen wird.

Deutschland im internationalen Rahmen

In Deutschland hat, wie oben beschrieben, die Nettoerzeugung von Rindern und Schweinen in den vergangenen zehn Jahren stark abgenommen, der Verlust bedeutender Marktanteile war die Folge. Können wir in Zukunft den Anschluß besser halten? Die Beantwortung dieser Frage ist nur im größeren Zusammenhang möglich. Internationale Trends in der Veredlungswirtschaft und Globalisierung der Märkte beeinflussen die zukünftige Struktur der deutschen Rind- und Schweinefleischproduktion.

Folgende sieben internationale Trends waren in der vergangenen Dekade festzustellen:

- Übergang zu größeren Produktionseinheiten
- Ausbildung agrarischer Intensivgebiete
- Verbundsysteme zwischen Produktion, Be- und Verarbeitung sowie Vermarktung
- Herkunfts- und Qualitätssicherungssysteme in den Verbundsystemen
- Größere Veredlungstiefe und damit erhöhte Wertschöpfung bei den Erzeugern
- Riskomanagement durch Diversifikation und Globalisierung in internationalen Agrarkonzernen
- Diversivizierung des Angebotes und damit Möglichkeit des one point purchase (Einkauf des Lebensmittelhandels an einer Stelle) wobei völlig neue logistische Strukturen entstehen

In den USA zeigen sich diese Trends bereits jetzt. Eine extreme Vergrößerung der Produktionseinheiten auf dem Mastschweinesektor hat stattgefunden. Die 50 größten Produzenten vereinigen mehr als 50 % der Gesamtproduktion auf sich. Gesteuert wird diese Entwicklung in hohem Maße von wenigen großen Schlachtunternehmen (Übersicht 2). Ihre Schlachtzahlen liegen zum Teil weit über denen deutscher und europäischer Unternehmen, wenn man z. B. die Daten für die NFZ (5,5 Mio. Schlachtungen/Jahr), Dumeco in den Niederlanden (6,2 Mio.) oder die Westfleisch (3,2 Mio.) betrachtet. Einzig die Fusion von Vestjyske und Danish Crown in Dänemark ließ ein Unternehmen entstehen, das mit 15,5 Mio. Schlachtungen an die amerikanischen Größenordnungen heranreicht.

Übersicht 2:

Die zehn führenden Unternehmen der USA mit Schweineschlachtungen 1998

Unternehmen	Zahl der Schlachtbetriebe	Schlachtkapazität (Tiere) Pro Tag	Pro Jahr (in Mio.)
Smithfield/Morrell	5	82.000	22,2
IBP	7	72.600	19,6
Swift	3	39.400	10,6
Excel/Tyson	3	37.800	10,2
Hormel	3	34.700	9,4
Farmland/FDL Foods	4	33.800	9,1
Seaboard	1	15.000	4,1
Thorn Apple Valley	1	14.000	3,8
Indiana Packers	1	8.000	2,2

Quelle: National Pork Producers Council, Pork Facts 98/99

Die Produktion dieser neuen amerikanischen Unternehmen ist auf den Weltmarkt ausgerichtet. Die Ausweitung der Produktion hat die USA innerhalb von zehn Jahren von einem Importland zum zukünftig wohl wichtigsten Exportland werden lassen. Die Stoßrichtung auf die NAFTA (Nordamerikanische Freihandelszone) und ostasiatischen Märkte ist dabei deutlich (Übersicht 3).

Aber auch für Mitteleuropa wird das Konsequenzen haben, weil damit die Exportmärkte für Dänemark und die Niederlande enger werden. Sie werden dann verstärkt auf den EU-Markt drängen. Ein anhaltender Fleischüberschuß mit Tiefpreisphasen ist zu befürchten.

Insgesamt zeigt sich, daß deutsche Schweinefleisch-Erzeuger und die nachgelagerte Industrie in einigen Bereichen den Anschluß an diese internationalen Entwicklungen verloren haben. In besonderem Maße gilt dies z. B. für die Einführung von Herkunfts- und Qualitätssicherungssystemen, den Aufbau vertikal integrierter Produktionssysteme und die Produktentwicklung.

Übersicht 3:

Prognostizierte Entwicklung der Schweinefleischexporte der USA 1996, 1998, 2000 und 2002 in ausgewählten Staaten, Angaben in 1000 t

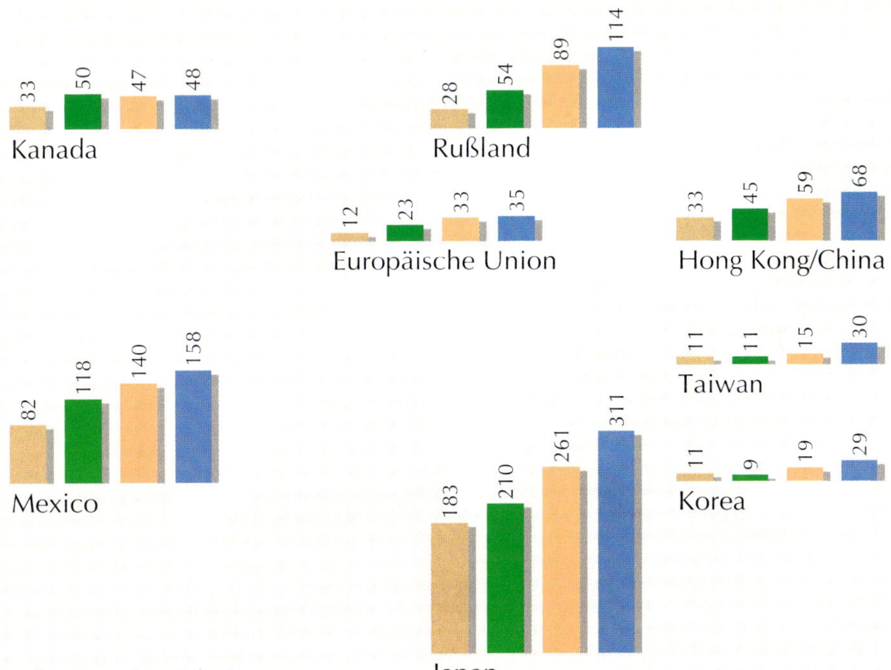

Quelle: U.S. Meat Export Federation

Stichwort Osteuropa

Wie entwickelt sich die Schweinefleisch-Produktion in Osteuropa? Gegenwärtig ist der Abwärtstrend in der Schweinehaltung, der seit der durchgreifenden Wirtschaftsreform zu beobachten ist, erst in wenigen Staaten zum Stillstand gekommen (Übersicht 4). Teilweise sind jedoch wieder Steigerungsraten zu beobachten (Ungarn, Litauen).

Es wird noch eine Reihe von Jahren dauern, bis die osteuropäische Schweinehaltung zu einer ernsthaften Konkurrenz für die bisherigen Hochburgen der EU wird bzw. werden kann. Umfangreiche Investitionen in den letzten beiden Jahren deuteten zunächst an, daß in einigen Staaten die Weichen für den EU-Beitritt gestellt werden, mit der abzusehenden Verschiebung des Beitritts auf 2005 oder 2006 geht aber neuerdings ein deutlicher Rückgang der Innovationsbereitschaft einher.

Übersicht 4:

Entwicklung der Schweinebestände in ausgewählten osteuropäischen Staaten zwischen 1990 und 1996

Staat	1990	1992	1994	1996	Veränderung in Prozent
Polen	19464	22086	19466	17963	-7,7
Tschechische Republik	4790	4609	4071	4048	-15,5
Slowakische Republik	2521	2269	2037	1985	-21,3
Ungarn	8000	5364	4356	5289	-33,9
Rumänien	11671	10954	9262	7960	-31,8
Litauen	2730	2180	1196	1270	-53,5

Quelle: ZMP: Agrarmärkte in Zahlen, Osteuropa verschiedene Jahrgänge

Die Zukunft der Veredelungswirtschaft

Wie könnte sich die Struktur der deutschen Rotfleischproduktion in den kommenden zehn bis zwölf Jahren entwickeln? Vier Schauplätze sind hierfür maßgeblich:

(1) Globalisierung der Fleischmärkte,
(2) Produktsicherheit,
(3) Tiergesundheit und Tierschutz,
(4) Umweltverträglichkeit der Produktion.

Über Erfolg und Mißerfolg der Erzeuger und der nachgelagerten Industrie entscheiden die Antworten, die auf diese Herausforderungen gegeben werden.

Bei der Entwicklung der Marktprodukte (1) ist die Orientierung auf die Zielgruppe entscheidend. Hier muß der geänderten Alters- und Sozialstruktur der Bevölkerung ebenso Rechnung getragen werden wie der Globalisierung der Märkte. Die Notwendigkeit der Anpassung ergibt sich aus:

- der wachsenden Zahl älterer Bevölkerungsgruppen,
- einer zunehmenden Zahl von Single-Haushalten,
- einem Trend, immer mehr Mahlzeiten außer Haus einzunehmen,
- einer steigenden Nachfrage nach vorgefertigten Komponenten für Großverbraucher,
- einem wachsenden Nahrungsmittelmarkt für Bevölkerungsgruppen unterschiedlicher ethnischer Prägung,
- guten Absatzmöglichkeiten für qualitativ hochwertige Produkte auf dem Weltmarkt.

Hinsichtlich der Produktsicherheit (2) sowie Herkunfts- und Qualitätssicherung bestehen zum Aufbau vertikal integrierter Produktionsketten mit Herkunfts- und Qualitätssicherungssystemen keine Alternativen. Das zeigen aktuelle Diskussionen um Schweinepest, BSE und Hormonfütterung in der Kälbermast. Daraus entstehen Forderungen nach einer größeren Produktsicherheit und einer lückenlosen Dokumentation der Herkunft.

Es gibt keine Alternativen zur Herkunfts- und Qualitätssicherung.

Tiergesundheit, Tierschutz und Umweltverträglichkeit (3) und (4) sind Forderungen, die gerade von der nachwachsenden Generation immer deutlicher artikuliert werden. Wer als Erzeuger und Vermarkter von tierischen Nahrungsmitteln auf Dauer nicht in der Lage ist, den Nachweis einer umweltverträglichen und tiergerechten Produktion zu organisieren, kann diese Kunden nicht gewinnen. Hier nehmen die großen Einzelhandelsketten in Großbritannien eine Vorreiterrolle ein. Es ist nur eine Frage der Zeit, bis die dort formulierten Standards auch in anderen Staaten der EU gefordert werden. Die Devise heißt, sich rechtzeitig auf solche Entwicklungen einzustellen.

Szenarien für das Jahr 2010

Für das Jahr 2010 zeichnen sich für die Schweine- und Rindfleischproduktion folgende Szenarien ab. Für die **Schweineproduktion** kann dabei von folgender These ausgegangen werden:

> **These:** Der internationale Wettbewerb ist für die deutschen Schweinefleischproduzenten nicht über den Preis zu gewinnen. Produktsicherheit, Tiergesundheit, Tierschutz und Umweltverträglichkeit sollten daher Basis einer Marktstrategie werden.

Fünf Handlungsfelder sind vorrangig zu bearbeiten:

- Schaffung von ausreichenden Bestandsstrukturern zur Sicherung hinreichender Einkommen unter Nutzung der Vorteile großer Einheiten
- Neuorganisation der Zuchtsauenhaltung zur Sicherstellung der Versorgung mit großen Partien qualitativ hochwertigen Ferkelmaterials aus einem oder zwei Sauenhaltungsbetrieben und Vermeidung langer Tiertransporte.
- Anpassung der Kapazitäten bei Schlacht- und Zerlegebetrieben in abgegrenzten Produktionsräumen auf die Mastschweine-Erzeugung.
- Installation von Verbundsystemen zur Etablierung von Herkunfts- und Qualitätssicherungssystemen.
- Ausweitung der Kapazitäten auf der Verarbeitungsstufe im Bereich der Selbstbedienungs-Ware und der Convenience-Produkte.

Szenario für die Zuchtsauen- und Mastschweinehaltung

Die folgenden Übersichten für die Zuchtsauen- und Mastschweinehaltung zeigen ein mögliches Szenario für 2010. Je nach Entwicklung des Pro-Kopf-Verbrauches an Schweinefleisch im Jahre 2010 dürften nur noch etwa 9 000 bis 11 000 ferkelproduzierende Betriebe und 23 000 bis 29 000 Mastschweinehalter vorhanden sein. Angesichts der sich in den Niederlanden oder auch Dänemark abzeichnenden Entwicklungen erscheint das Szenario trotz vieler Unwägbarkeiten nicht ganz abwegig.

Dem Szenario für die Mastschweinehaltung liegen folgende Annahmen zugrunde:

– Bevölkerung:	80 Millionen
– Pro-Kopf-Verbrauch:	
untere Schätzung:	44 kg
obere Schätzung:	50 kg
– Selbstversorgungsgrad:	75 %
– Einkommen (Vollerwerb):	200 000 DM
– Gewinn:	40 DM/Tier
– 20 % der Betriebe erzeugen 80 % der Mastschweine	

Das **Ergebnis** würde sich folgendermaßen darstellen:

- Bei einem Pro-Kopf-Verbrauch von 44 kg Schweinefleisch sind im Jahre 2010 noch 4591 Vollerwerbsbetriebe mit jeweils 2 100 Stallplätzen notwendig, um

80 % der benötigten Mastschweine zu erzeugen. Die restlichen 18 364 Betriebe halten im Mittel etwa 130 Mastschweine. Insgesamt sind in Deutschland noch etwa 23 000 marktorientierte Betriebe mit Mastschweinehaltung vorhanden.

- Bei einem Pro-Kopf-Verbrauch von 50 kg Schweinefleisch sind im Jahre 2010 noch 5 739 Vollerwerbsbetriebe mit jeweils 2 100 Stallplätzen notwendig, um 80 % der benötigten Mastschweine zu erzeugen. Die restlichen 22 956 Betriebe halten jeweils 130 Mastschweine. Insgesamt sind in Deutschland noch etwa 29 000 Betriebe mit Mastschweinehaltung vorhanden.

Dem Szenario für die Zuchtsauenhaltung liegen folgende Annahmen zugrunde:

- Ein Mastschweinhalter darf nur noch von zwei Zuchtsauenhaltern Ferkel beziehen
- Abgesetzte Ferkel pro Sau: 22
- Einkommen (Vollerwerb): 200 000 DM
- Gewinn: 800 DM/Sau
- 20 % der Betriebe erzeugen 80 % der Ferkel

Das **Ergebnis** würde sich folgendermaßen darstellen:

- Wenn Mastbetriebe maximal von zwei Zuchtsauenhaltern Ferkel beziehen dürfen, ergibt sich für die 4 591 Vollerwerbsbetriebe mit jeweils 2 100 Mastplätzen ein Bedarf von etwa 23 Mio. Ferkeln. Geht man von 9 182 Sauenhaltungsbetrieben aus, dann müßten diese im Mittel 114 Zuchtsauen halten.
- Geht man von der oberen Schätzung beim Pro-Kopf-Verbrauch aus, dann ergibt

Foto: Schiffer

Die Zuchtsauenhaltung sollte so organisiert werden, daß große Partien hochwertiger Ferkel bereitgestellt werden können.

sich für die 5 739 Vollerwerbsbetriebe mit Mastschweinehaltung ein Bedarf von 28,7 Mio. Ferkeln. Bei 11 478 Betrieben mit Zuchtsauenhaltung ergäbe sich auch hier eine durchschnittliche Bestandsgröße von 114 Sauen.

- Vorausgesetzt, ein Betrieb mit Zuchtsauenhaltung soll ein Einkommen von 200 000 DM erwirtschaften, ergibt sich bei einem durchschnittlichen Gewinn von 800 DM/Sau eine Bestandsgröße von 250 Zuchtsauen.
- Unter der Annahme, daß 20 % der Zuchtsauenhalter 80 % der benötigten Ferkel erzeugen, ergibt sich ein durchschnittlicher Sauenbestand von 227 Tieren.

Die Abschätzung der Entwicklungsmöglichkeiten in der deutschen **Rinderhaltung und Rindfleischproduktion** führt zu folgender These:

These: Die deutschen Rindfleischproduzenten werden nur dann erfolgreich sein, wenn es gelingt, das Vertrauen in das Produkt beim Konsumenten zurückzugewinnen. Gelingt dies nicht, ist von weiteren Marktverlusten auszugehen, auch wegen der Regelungen in der Agenda 2000.

In der Mastrinderhaltung und Rindfleischproduktion sind folgende sechs Handlungsfelder von vorrangiger Bedeutung:

- Durch gezielte Aufklärungsarbeit und Werbestrategien muß versucht werden, das Vertrauen der Verbraucher in das Produkt Rindfleisch zurückzugewinnen.
- Es müssen Bestandsgrößen geschaffen werden, die neben der Sicherung hinreichender Einkommen für die Betriebe auch in der Lage sind, die Vorteile großer Einheiten zu nutzen. Dies setzt eine entsprechende Einflußnahme auf die Regelungen in der Agenda 2000 voraus.
- Die Milchviehhaltung muß so organisiert werden, daß einerseits die Herdbuchbetriebe weiterhin wertvolles Tiermaterial zur Remontierung der Milchviehbetriebe und für den Export bereitstellen können und andererseits aus den reinen Abmelkbetrieben durch Einkreuzen von Fleischrassen Kälber und Jungrinder für die intensive Stallmast von Rindern zur Verfügung stehen.
- Die Kapazitäten der Schlacht- und Zerlegebetriebe müssen in abgegrenzten Produktionsräumen der Zahl der bereitstehenden Schlachtrinder angepaßt werden, um die Stückkosten zu senken.
- Auch in der Rindfleischproduktion müssen Verbundsysteme installiert werden, weil nur so Herkunfts- und Qualitätssicherungssysteme möglich sind, die zu einer Erhöhung der Produktsicherheit beitragen.
- Auf der Verarbeitungsstufe müssen neue Produkte entwickelt werden, die den veränderten Marktbedingungen Rechnung tragen, und entsprechend die Kapazitäten im Bereich der Selbstbedienungs-Ware und der Convenience-Produkte ausgeweitet werden.

Wegen der zahlreichen Unwägbarkeiten, insbesondere auch der endgültigen Regelungen in der Agenda 2000, ist es ausgesprochen schwierig, ein Szenario für die Mastrinderhaltung im Jahre 2010 zu erstellen. Die Aussagen sind deshalb sehr viel weniger präzise als bei der Schweinehaltung. Insgesamt ist jedoch wegen der sich abzeichnenden Abänderung der Förderrichtlinien und der Standortvorteile Südwesteuropas von einem Bedeutungsverlust auszugehen, der durch die Beitrittsländer Osteuropas noch verstärkt werden könnte.

Die Entwicklung des Rindfleischverbrauches wird entscheidend davon abhängen, ob es gelingt, das Vertrauen der Verbraucher zurückzugewinnen.

Szenario für die Mastrinderhaltung

Ein konkretes Szenario läßt sich gegenwärtig kaum erstellen, weil:

- nicht abzusehen ist, wie lange der Abwärtstrend beim Pro-Kopf-Verbrauch noch anhält und
- die endgültigen Regelungen in der Agenda 2000 noch nicht abzuschätzen sind.
- Außerdem ist nicht zu erkennen, daß Initiativen in Richtung auf vertikal integrierte Produktionssysteme mit Herkunfts- und Qualitätssicherung eingeleitet werden (von wenigen Ausnahmen abgesehen).
- Ebenso ist noch nicht zu beobachten, daß sich die Branche bzgl. der Produktentwicklung auf die veränderten Rahmenbedingungen des Marktes ausrichtet.

Ein **Ergebnis** würde sich folgendermaßen darstellen:

- Die mögliche Entwicklung bis zum Jahr 2010 ist äußerst schwer abzuschätzen.
- Eine Beibehaltung der Fördergrenze von 90 Prämien/Jahr und eine verstärkte Förderung der Extensivmast wird für die meisten deutschen Betriebe mit intensiver Stallmast das Aus bedeuten.
- Die Versorgung der Mastbetriebe in Norddeutschland mit Jungtieren geeigneter Rassen stellt ein zusätzliches Problem dar.
- Die Errichtung großer Mastanlagen in Südwesteuropa bzw. in den vorgesehenen Beitrittsländern Osteuropas kann zu einem weiteren Bedeutungsverlust der intensiven Stallmast in Deutschland führen.

Um den genannten Herausforderungen begegnen zu können, ist nicht nur auf der Ebene der Einzelbetriebe eine Strukturanpassung notwendig, sondern eine grundlegende Veränderung der Organisationsstruktur unabdingbar.

Die Entwicklung des Pro-Kopf-Verbrauches beim Rotfleisch wird ganz entscheidend davon abhängen, ob es gelingt, das zum Teil verlorene Vertrauen des

Konsumenten zurückzugewinnen und zu einer größeren Produktsicherheit zu gelangen. Letztere wird sich nur dann entscheidend verbessern lassen, wenn vertikal integrierte Produktionssysteme geschaffen werden, die Voraussetzung sind für die Einführung von Herkunfts- und Qualitätssicherungssystemen.

These: Ökonomisch erfolgreich wird man in der Schweinefleischerzeugung nur dann sein, wenn es gelingt, Verbundsysteme mit Herkunfts- und Qualitätssicherung aufzubauen. Dies sind unbedingte Voraussetzungen für die Erhöhung der Produktsicherheit und der Tiergesundheit.

Die oben aufgestellte These setzt einen Umdenkungsprozeß bei vielen Betriebsleitern in der Schweine- und Rinderhaltung voraus, weil sie erkennen müssen, daß sie sich als Teil solcher Produktionssysteme vertraglich binden müssen. Ohne solche vertraglichen Bindungen, die Einhaltung bestimmter Standards und die Festlegung klarer Lieferbeziehungen wird es nicht gelingen, der wachsenden Konkurrenz aus Belgien, Dänemark oder den Niederlanden zu begegnen. Dort sind solche Organisationsstrukturen inzwischen bereits zum Standard geworden.

Regional autarke Produktionssysteme

Sollen gleichzeitig noch das Seuchenrisiko gesenkt, die Tiertransporte über größere Distanzen möglichst ausgeschlossen und die Umweltbelastungen in der Produktionskette minimiert werden, müssen auch neue Organisationsstrukturen in räumlicher Hinsicht gefunden werden. Hier kann das Konzept der regional autarken Produktionssysteme, die als räumliche Verbundsysteme zu organisieren sind, einen erfolgversprechenden Weg aufzeigen.

Diese räumlich autarken Produktionssysteme unterscheiden sich deutlich von den gegenwärtig sehr kontrovers diskutierten niederländischen Vorstellungen zu geschlossenen Produktionsräumen. Hier wird ausgegangen von ein oder zwei Schlachtunternehmen mit einer Gesamtkapazität von etwa 2 Mio. Schlachtungen pro Jahr.

An diese Schlachtunternehmen sollten Mastbetriebe, z. B. in Form von Erzeugergemeinschaften, die pro Jahr mindestens 400 000 Schweine liefern können, vertraglich gebunden werden. Diese sollten wiederum ihre Ferkel von Erzeugergemeinschaften beziehen, die in der Lage sind, alle benötigten Ferkel bereitzustellen. Auch die Mischfutterindustrie sollte fest in das Produktionssystem eingebunden werden.

Eine solche Organisationsstruktur würde in Verbindung mit einer leistungsfähigen Systemberatung ohne Zweifel zu einer deutlichen Verbesserung der Tiergesundheit beitragen und durch Herkunfts- und Qualitätssicherungssysteme die Produktsicherheit verbessern.

Das Produktionssystem ist weiterhin so zu organisieren, daß die anfallenden tierischen Exkremente und sonstigen biogenen Rest- und Abfallstoffe auf lokaler bzw. regionaler Ebene umweltverträglich verwendet bzw. entsorgt werden können. Auch sollte angestrebt werden, einen möglichst hohen Anteil des benötigten

Mischfutters aus in der Region erzeugtem Getreide herzustellen, um weitgehend geschlossene Stoffkreisläufe zu erreichen.

Ein regional autarkes Produktionssystem ist im einzelnen gekennzeichnet durch folgende Eigenschaften:

- Alle Elemente, die an der Erzeugung, Be- und Verarbeitung von Schweinefleisch beteiligt sind, sind so im Raum anzuordnen, daß die zwischen den Elementen notwendigen Materialflüsse minimiert werden können.
- Ein räumliches Verbundsystem in der Erzeugung von Schweinefleisch sollte Mischfutterwerke, Zucht- und Vermehrungsbetriebe, Mastanlagen, Schlacht-, Zerlege- und Verarbeitungsbetriebe umfassen.
- Die Kapazitäten der einzelnen Elemente des Verbundsystems sollten so ausgelegt sein, daß ein möglichst hoher Versorgungs- bzw. Auslastungsgrad der einzelnen Elemente einer Produktionsschiene erreicht wird.
- Insbesondere sollte in der Schweinehaltung aus seuchenhygienischen Gründen ein ausgewogenes Verhältnis zwischen der Anzahl von Zuchtsauen- und Mastschweinplätzen angestrebt werden, um eine umfangreiche Einfuhr von Ferkeln in solche räumlichen Verbundsysteme auszuschließen.
- In einem solchen Verbundsystem sind Herkunfts- und Qualitätssicherungssysteme zu installieren, die eine lückenlose Dokumentation des Produktionsprozesses gestatten. Die Einhaltung der definierten Produktionsstandards ist durch eine flächendeckend eingerichtete Systemberatung sicherzustellen.
- Die Produktion muß auf allen Stufen umweltverträglich sein und die Einhaltung der Richtlinien des Tierschutzes gewährleisten. Insbesondere ist auch sicherzustellen, daß eine umweltverträgliche Verwertung und/oder Entsorgung der anfallenden organischen Rest- und Abfallstoffe auf lokaler bzw. regionaler Ebene erfolgt.

Eine Reihe von Unternehmen fährt bereits Pilotprojekte zur »Integrierten Fleischproduktion«.

Hierbei sind auch andere Formen der Verwertung als die direkte Einspeisung in geschlossene Stoffkreisläufe denkbar, z.B. die thermische Verwertung.

In Verdichtungsräumen, wie sie z. B. im Grenzgebiet des nordwestlichen Niedersachsens und des nördlichen Westfalens vorliegen, könnten sich mehrere solcher Produktionssysteme räumlich überlagern. Ein anderer Weg erscheint bei den dort vorliegenden Strukturen gegenwärtig wenig realistisch.

Eine Reihe von Unternehmen (EGO, Westfleisch, NFZ, Premium Fleisch) ist auf einem guten Weg, die hier vorgestellte Konzeption zu verwirklichen, in eine ähnliche Richtung zielt auch das Pilotprojekt »Integrierte Fleischproduktion«, das von Landwirten und der vor- und nachgelagerten Industrie mit Unterstützung der niedersächsischen Landesregierung auf den Weg gebracht worden ist und zur Zeit in einer Pilotphase erprobt wird.

Ein neues Leitbild: Nachhaltige Tierproduktion

Die vorgestellten Konzeption hat ein anderes Leitbild zum Inhalt. Auch in Zukunft wird es darauf ankommen, Betriebe zu entwickeln, die in der Lage sind, ohne umfangreiche Subventionen hinreichende Einkommen zu erwirtschaften.

Der Aspekt der Nachhaltigkeit muß jedoch eine stärkere Berücksichtigung finden. Insbesondere unter dem Gesichtspunkt der zunehmenden Globalisierung der Märkte, der Öffnung der EU nach Osteuropa und der damit wachsenden Konkurrenz könnte aus dem Leitbild des nachhaltig produzierenden Veredelungsbetriebes ein Marktvorteil erwachsen.

Größere Produktsicherheit in Einklang mit verbessertem Tier- und Umweltschutz werden zukünftig nicht nur von deutschen Verbrauchern honoriert.

Hierzu folgende These:

These: Eine weitere Verdichtung der Nutztierbestände in den Zentren der Veredelungswirtschaft ist aus seuchenhygienischen und ökologischen Gründen nur noch begrenzt möglich. Ein neues Leitbild muß entwickelt und in ein Strategiekonzept einbgebunden werden.

Eine solche Neuorientierung ist unumgänglich, weil die Schweineproduzenten in der EU den Wettbewerb auf den internationalen Märkten über den Preis nicht gewinnen können, hierauf wurde bereits hingewiesen. In den USA, Kanada, gegebenenfalls auch einigen osteuropäischen Staaten und Brasilien wird man wegen der deutlich geringeren Futter- und Lohnkosten sowie geringerer Umweltauflagen Schweinefleisch entsprechend günstiger produzieren können.

Ein solcher Schritt mag auf den ersten Blick eine Gefährdung des Wohlvertrauten sein, doch können gerade unkonventionelle Gedanken weitere Horizonte eröffnen. Die Erfahrungen der vergangenen Jahre in einer Reihe hochverdichteter Veredlungsregion haben gezeigt, daß eine Fortsetzung des bislang beschrittenen Weges in eine Sackgasse führt. Dort kann man nur noch mit außergewöhnlichen Anstrengungen die Tiere gesund erhalten und die Umweltbelastungen begrenzen.

So stellt sich das neue Leitbild konkret dar

- Nachhaltige Tierproduktion kennzeichnet Formen der Nutztierhaltung, die darauf ausgerichtet sind, qualitativ hochwertige Produkte für den menschlichen Verzehr und/oder die nachgelagerte Industrie zu erzeugen.
- Bei der Produktion werden das natürliche Verhalten der Nutztiere und ihr Wohlergehen berücksichtigt. Alle Schritte des Produktionsvorganges werden kontrolliert und dokumentiert, um die Herkunft des Produktes nachvollziehen und seine Sicherheit garantieren zu können. Die Produktion findet in regional autarken Produktionssystemen statt, um lange Tiertransporte unnötig zu machen und das Seuchenrisiko zu minimieren.
- Die Aufrechterhaltung der Tiergesundheit ohne Einsatz von Antibiotika ist anzustreben. Hierbei sind neue Wege in der Haltung der Nutztiere, der Seuchenhygiene und der Impfprophylaxe (Einsatz gentechnische hergestellter Impfstoffe) zu beschreiten.
- In Verbindung mit der pflanzlichen Erzeugung werden geschlossene Nährstoffkreisläufe auf lokaler - bzw. regionaler Ebene angestrebt. Die Produktion innerhalb der gesamten Produktionskette ist so zu organisieren, daß negative Auswirkungen auf Boden, Wasser und Luft möglichst gering gehalten werden, um eine langfristige Bodenfruchtbarkeit zu sichern und den Lebensraum der Menschen nicht zu gefährden.

Der ländliche Raum: wird er »Sieger« bleiben?

Dr. Heinrich Becker
ist wissenschaftlicher Mitarbeiter in der Forschungsgesellschaft für Agrarpolitik und Agrarsoziologie e.V, Bonn.

Die Unterschiede werden größer . . .

. . . zwischen den Regionen

Bis zum Jahr 2010 werden sich die Unterschiede zwischen den ländlichen Regionen weiter verschärfen. Das Spektrum der Entwicklungen wird an den beiden folgenden Endpunkten deutlich:

- Auf der einen Seite stehen ländliche Räume, die aus eigener Kraft die Zukunftschancen zu nutzen vermögen. Dies findet seinen Ausdruck etwa in einem weitgefächerten gewerblichen Wirtschaftsspektrum und Entwicklungsdaten, mit denen diese Räume auch vielen Stadtgebieten den Rang abgelaufen haben. Die direkte Bedeutung der Landwirtschaft für die Entwicklung dieser Räume hat sich weiter verringert und ist gering.
- Ihnen »gegenüber« stehen ländliche Räume, die nicht oder kaum in der Lage sind, auch nur Anschluß an die Entwicklung zu halten. Diese Regionen sind gekennzeichnet von einem geringen wirtschaftlichen Entwicklungspotential und von Abwanderung bedroht. Überzeugende politische Konzepte für eine grundlegende Verbesserung von deren Situation sind nicht in Sicht. Obwohl auch hier die Arbeit in Unternehmen des produzierenden Gewerbes und in Dienstleistungstätigkeiten im Vordergrund steht, kommt der Landwirtschaft hier ein ungleich größerer Stellenwert zu.

. . . innerhalb der Regionen

Eine zweite Differenzierungslinie findet sich innerhalb der einzelnen Regionen: In

allen ländlichen Gebieten haben eine Reihe von Orten, auch Dörfer, sich besser entwickelt als andere. Diese Unterschiede sind zum Teil Folge der Entscheidungen politischer Gremien vor Ort.
Eine Grundtendenz ist den ländlichen Räumen gemeinsam: Die Landwirtschaft hat sich in der Realität des Jahres 2010 auf zweierlei Art vom Dorf getrennt:

- An die Stelle der früher die Dörfer auszeichnenden Gemengelage von Hofstellen und Wohnhäusern ist eine Trennung getreten; nicht nur die Viehställe sind nach draußen gewandert, ausgesiedelt, auch die übrigen Betriebsstätten sind, wenn nicht direkt im Außenbereich, so doch in Gewerbegebieten nicht unähnlichen Sonderbereichen angesiedelt.
- In einer Art »Ring« um die Wohnbebauung hat sich die Bewirtschaftung den veränderten Ansprüchen an das Wohnumfeld angepaßt. Mit den sich in diesem Ring abzeichnenden (belastungsmindernden) Nutzungsänderungen ist eine Art Pufferzone zwischen dem Wohnort und der Landwirtschaft im Entstehen begriffen.

Die Ansprüche der Gesellschaft gegenüber der Landwirtschaft gehen über diese örtlichen Ausprägungen noch weit hinaus und greifen direkt in die landwirtschaftliche Produktion ein.

So gehören viele frühere Formen der landwirtschaftlichen Produktion 2010 der Vergangenheit an, wie beispielsweise die der Güllewirtschaft. Die von der Güllewirtschaft der Gegenwart ausgehenden Belästigungen werden in Zukunft nicht mehr toleriert werden. Unter dem öffentlichen und zunehmend juristischen Druck werden sie durch Änderung der Produktionsweise oder durch grundlegende technische Neuerungen abzustellen sein.

Soweit die »Prognose«. Nun sind, um ein Bonmot des dänischen Physikers und Nobelpreisträgers Niels Bohr aufzugreifen, Prognosen »schwierig, vor allem, wenn sie die Zukunft betreffen.« Der visionäre Charakter der in diesem Beitrag präsentierten Bilder der ländlichen Räume im Jahr 2010 hält sich in Grenzen. Allein der kurze Betrachtungszeitraum von zwölf Jahren setzt Visionen eines tiefgreifenden Umbaus enge Grenzen. Es handelt sich daher um eine Fortschreibung heutiger sozialer Prozesse für runde zehn Jahre.

Wege in diese Zukunft

Die Entwicklungspfade, die zu der geschilderten Vision führen,
lassen sich wie folgt gliedern:

- Differenzierungen zwischen ländlichen Räumen
- Wohnen
- Wirtschaften
- Ansprüche an das Wohnumfeld
- Gesellschaftliche Ansprüche an die Landwirtschaft.

Differenzierungen zwischen ländlichen Räumen

Zur Verdeutlichung der heute bereits bestehenden Unterschiede zwischen ländlichen Räumen soll die Bevölkerungsdichte dienen.

Die tiefgreifenden Unterschiede zwischen ländlichen Räumen mit mehr als 200 oder 300 Menschen/km^2 oder mit weniger als 60 Menschen/km^2 sowie die

Übersicht 1:

Bevölkerungsdichte 1995

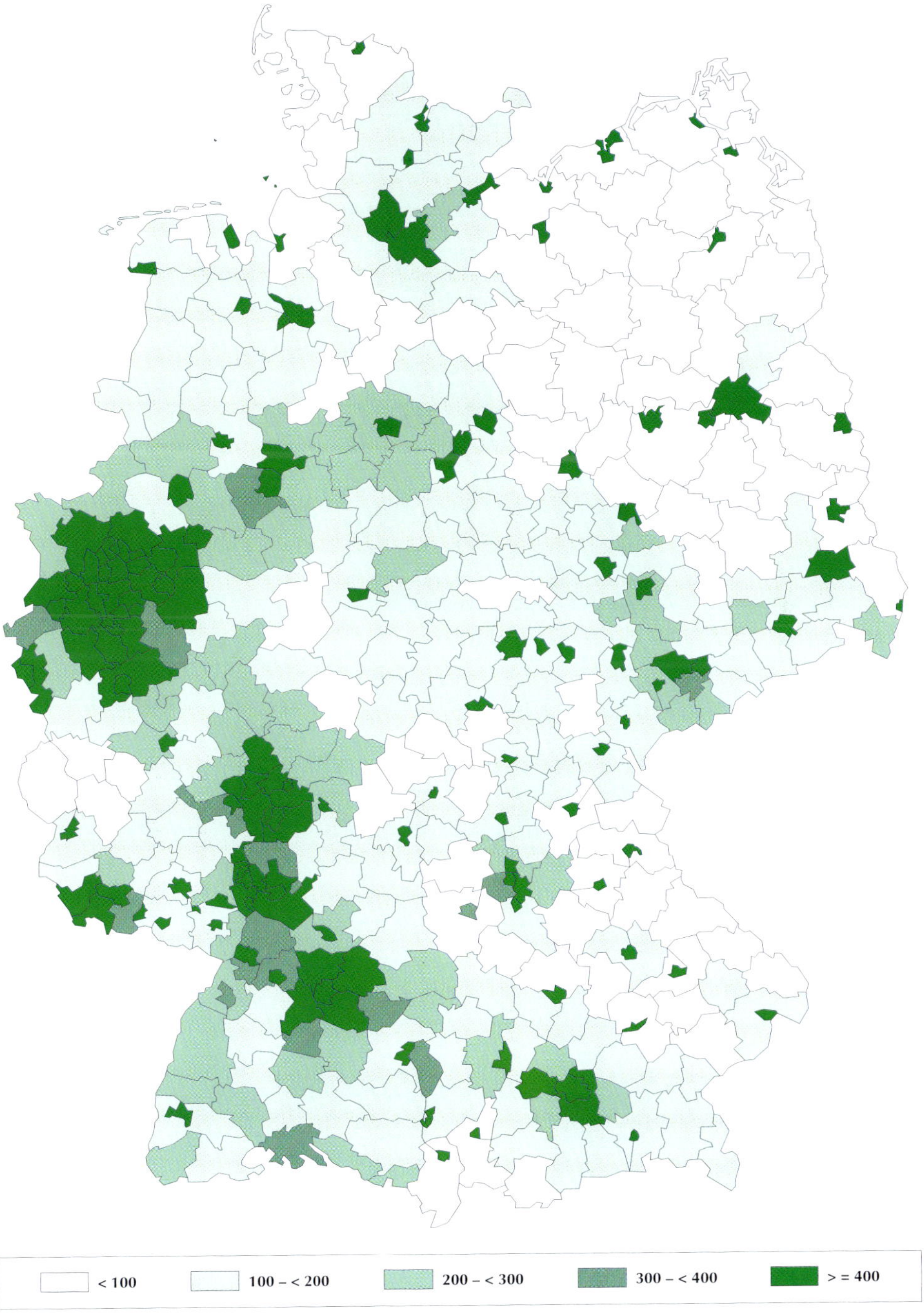

Quelle: FAA 1998

dahinterstehenden unterschiedlichen Wirtschaftsstrukturen sind Ausgangsbedingung jener Entwicklung, die zu den vorgestellten »Visionen« führt.

Bevölkerungsdichte ist ein allgemeiner Indikator der Siedlungsstruktur, der in direkter Beziehung zu anderen Strukturmerkmalen steht. Sie liefert u. a. Hinweise auf die vergangene bzw. gegenwärtige »Tragfähigkeit« einer Region an Einwohnern, den Umfang des Bevölkerungspotentials, die Wirtschaftsstruktur und die Möglichkeiten zur Bereitstellung einer leistungsfähigen Infrastruktur.

In der Übersicht 1 sind deutliche Differenzierungen zwischen ländlichen Räumen zu erkennen. Die Kreise Wesel, Bergstraße und Minden-Lübbecke zum Beispiel haben eine deutlich größere Einwohnerdichte als die Bundesrepublik insgesamt (1995: 229 Menschen/km²). Trotzdem haben sie in weiten Teilen einen ländlichen Charakter und gelten auch nach dem Verständnis ihrer Bewohner als ländlich. Andere ländliche Kreise weisen dagegen eine Bevölkerungsdichte von unter 200 oder unter 100 Personen/km² auf.

Foto: Archiv

Die Bevölkerungsdichte ist ein Indikator für die wirtschaftliche Stärke einer Region

Der Bevölkerungsdichte als Indikator für die wirtschaftliche Entwicklung hat auch bei der Reform der EU-Strukturpolitik eine zentrale Bedeutung. In den Vorschlägen der EU-Kommission kommen nur ländliche Räume mit weniger als 100 Einwohner/km² in den Genuß von Strukturförderung (falls sie nicht besondere Problemkriterien erfüllen). Der Blick auf die Karte 1 zeigt, daß nur wenige westdeutsche Landkreise eine Bevölkerungsdichte von weniger als 100 Einwohner/km² haben. Die neuen Bundesländer werden mit Ausnahme von Ostberlin auch in Zukunft flächendeckend als Ziel-1-Gebiete gefördert werden.

Besondere Beachtung soll an dieser Stelle noch den Regionen gelten, die extrem dünn besiedelt sind. Schließlich werden ihnen ganz erhebliche Strukturprobleme attestiert. Es sind Gebiete mit einer Bevölkerungsdichte unter 60 Personen/km² (vgl. Übersicht 2). Der zurückliegende Zeitpunkt der Übersicht 2 – der 30. Juni 1991 – wurde gewählt, um Gebiete mit einer geringen Bevölkerungsdichte vor der kommunalen Neuordnung in den neuen Bundesländern abbilden zu können.

Diese sehr dünn besiedelten Regionen konzentrieren sich im Norden der neuen Bundesländer, zu denen räumlich auch der westdeutsche Kreis Lüchow-Dannenberg (42 Personen/km²) gehört, und auf einen Streifen südlich von Berlin. In Westdeutschland weist abgesehen von Lüchow-Dannenberg nur noch der Kreis Bitburg-Prüm eine Bevölkerungsdichte von weniger als 60 Personen/km² (59 Einwohner/km²) auf.

Übersicht 2:

Einwohner je km^2 am 30. Juni 1991 in dünn besiedelten Landkreisen

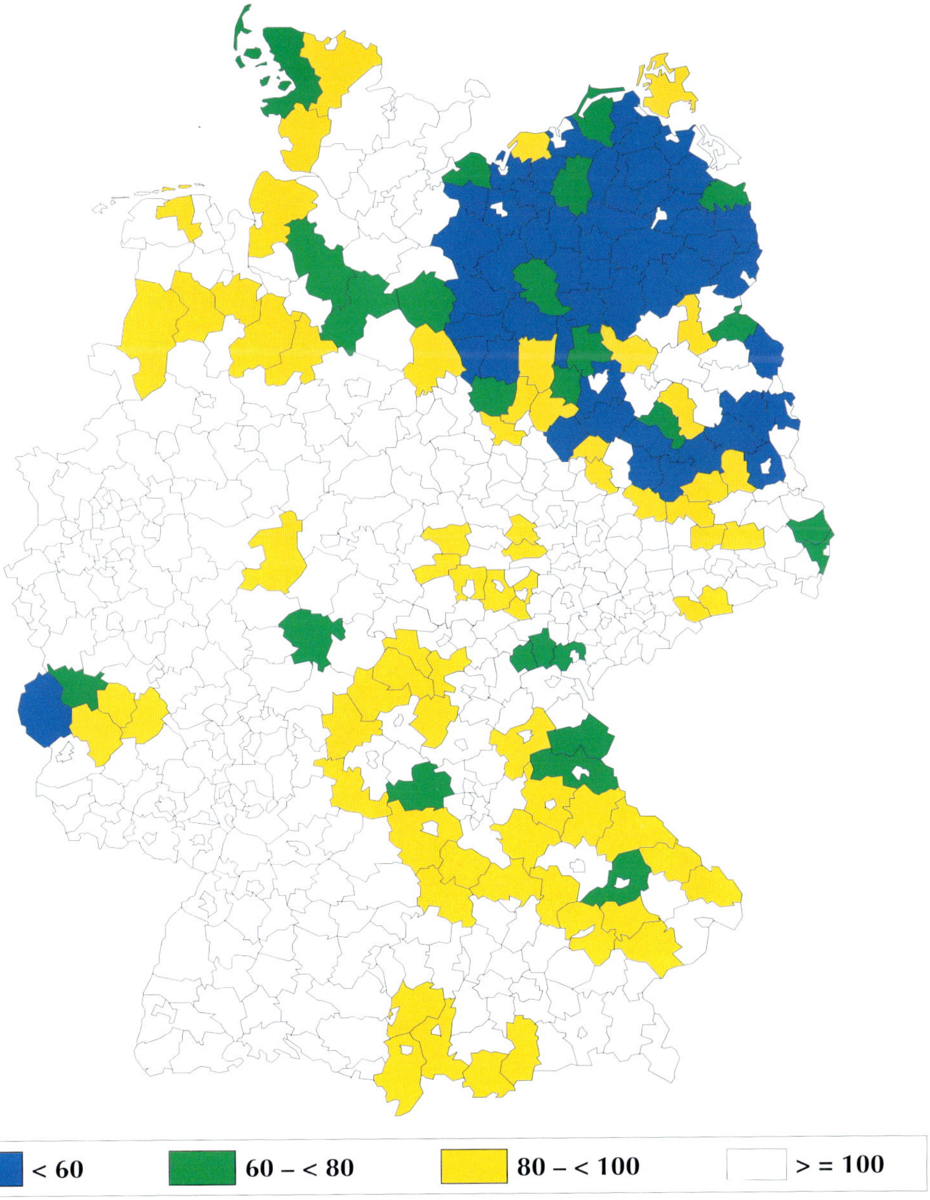

Quelle: FAA 1997, nach Daten aus Statistisches Jahrbuch 1993

Wohnen

Der Veränderung der Wohnbevölkerung kommt bei der Analyse der Entwicklung ländlicher Räume ein besonderer Stellenwert zu. Die These von der Entleerung ländlicher Räume ist bekannt. Diese These einer massenhaften Abwanderung vom Land diente nicht zuletzt dazu, Maßnahmen zur Verbesserung der Lebensverhältnisse im ländlichen Raum einzufordern.

> »Die ländlichen Räume in Westdeutschland haben sich als Sieger im Wettbewerb um neue Einwohner erwiesen.«

In der Tat deutet die Binnenwanderung auf Unterschiede in der regionalen Attraktivität hin, da zu erwarten ist, daß nur jemand die Kosten der Wanderung auf sich nimmt, um seine Lebensverhältnisse zu verbessern. Ein Zuzug in größerem Umfang ist in wirtschaftliche Krisenregionen kaum vorstellbar. In diesem Sinn ist die Binnenwanderung als Anhaltspunkt für die Einschätzung der wirtschaftlichen Entwicklung und die Versorgung mit Infrastruktureinrichtungen in den Quell- und Zielregionen durch die wandernden Personen zu interpretieren.

Wie sieht nun die Entwicklung der Binnenwanderung in ländlichen Räumen aus? Anders als die These von der Entleerung ländlicher Räume befürchten läßt, haben sich gerade ländliche Räume in Westdeutschland als Sieger im Wettbewerb um neue Einwohner erwiesen. Die Zuwanderungsgewinne haben einen wichtigen Beitrag zum Anstieg der Bevölkerung in diesen Regionen in den letzten zehn Jahren geleistet.

Wer sind die Zuwanderer? Zwei Personengruppen bevorzugten deutlich die ländlichen Räume. Zum Einen Familien kurz vor der Kinderphase oder mit Kindern. Zum Anderen Personen kurz vor Eintritt in oder schon im Ruhestand und deren Familien. Beide Gruppen verbindet in erster Linie der Wunsch nach dem Wohnen im eigenen Haus und in der Natur.

In den neuen Bundesländern ist der Binnenwanderungsprozeß differenzierter. Nach Abflauen der direkten Nachwende-Wanderungen greifen allem Anschein nach andere Prozesse:

Ländliche Räume im Umland größerer Städte profitieren vom »Aufholvorgang« der Suburbanisierung. Augenfälliger Ausdruck dieses Prozesses sind die vielen Neubaugebiete im vordem agrarischen Umland von Berlin und anderen Großstädten. Im dünn besiedelten Norden der neuen Bundesländer deutet sich durch den Zuzug von Personen in Regionen um Schwerin, Rostock und Neubrandenburg (bei gleichzeitigen Bevölkerungsverlusten in anderen Kreisen) eine Konzentration der Bevölkerung an. Die Abwanderung von Personen im Alter von 18 bis 25 Jahren gerade aus dünn besiedelten Kreisen dürfte Folge der geringen Ausbildungsplatzdichte und des eingeschränkten Ausbildungsplatzspektrums sein. Der sich damit abzeichnende Verlust an »Humankapital« wird die Entwicklungsprobleme dieser Räume zusätzlich verschärfen.

Die »Triebkräfte« der aufgezeigten Binnenwanderungsprozesse dürften in Zukunft weiter wirken. Es ist in den Zuwanderungsgebieten in erster Linie der Wunsch nach einem eigenen Haus in einer ansprechenden Umgebung, in der Natur. Allerdings sind Dorfbewohner in allen ländlichen Räumen zur Nutzung der vielfältigen Möglichkeiten in ihren Regionen weitgehend auf das Auto angewiesen.

Der Wunsch nach Wohnen im eigenen Haus und in der Natur kann kaum für eine immer wieder geforderte Entlohnung der Kulturlandschaftsleistungen der Landwirtschaft herangezogen werden. Untersuchungen zeigen, daß die konkrete Art der Landnutzung kaum eine Rolle bei den Zuzugsentscheidungen spielt und die Landwirtschaft, wenn überhaupt, eher negativ wahrgenommen wird.

Auf dem Land finden sich oftmals die sogenannten »hidden champions«. Das sind Unternehmen, die in speziellen Marktsegmenten zur Weltspitze zählen.

Foto: Archiv

Wirtschaften

Das Erwerbsleben in ländlichen Räumen hat sich weitgehend von der Landwirtschaft gelöst. Selbst in Dörfern liegt die Bedeutung der Landwirtschaft für die Erwerbstätigkeit der Dorfbevölkerung weit hinter den anderen Wirtschaftssektoren zurück und wird im Zuge des Strukturwandels noch weiter zurückgehen.

Träger der Wirtschaft in den ländlichen Räumen Westdeutschlands ist ein breites Spektrum an Unternehmen des produzierenden Gewerbes und der Dienstleistungen. Es handelt sich bei diesen Unternehmen keineswegs nur um Ansiedlungen städtischer Unternehmen auf dem Lande oder gar um die berüchtigten »verlängerten Werkbänke«, sondern vielfach um Entwicklungen aus den ländlichen Räumen selbst. Sie sind in ihrem Handeln keineswegs generell nur auf regionale Märkte in den ländlichen Räumen ausgerichtet. Vielmehr stellen sich diese Unternehmen in großem Umfang erfolgreich dem Wettbewerb auf überregionalen Märkten. Dies geht hin bis zu Unternehmen, die als »hidden champions« Marktführer in speziellen Weltmarktsegmenten tätig sind.

In ländlichen Räumen werden die Arbeitsplätze allgemein eher in Unternehmen des produzierenden Gewerbes vermutet. Dienstleistungsarbeitsplätze werden in erster Linie mit größeren Ballungsgebieten in Verbindung gebracht.

Die Übersicht 3 zeigt entgegen dem vorherrschenden Bild eine durchaus differenzierte Entwicklung, in der auch viele ländliche Regionen etwa in Niederbayern, in Schwaben oder in Nordwestdeutschland einen hohen Zuwachs der Dienstleistungstätigkeiten zwischen 1980 und 1994 verzeichnen konnten.

In der Konsequenz der wirtschaftlichen Entwicklung stehen ländliche Räume in Westdeutschland bezogen auf den zentralen politischen Indikator, der Arbeitslosenquote, vergleichsweise gut da. Übersicht 4 vermittelt, etwa im Vergleich der Landkreise in der Eifel mit dem Ruhrgebiet oder mit anderen Stadtkreisen, darüber einen Eindruck.

Die Ursachen für die gute wirtschaftliche Lage in den ländlichen Räumen sind vielfältig. Besondere Bedeutung weisen Experten einem wirtschaftsfreundlichen Klima, der Notwendigkeit der Bevölkerung, aktiv zu werden, und geringeren bürokratischen Hürden zu. Auch staatliche Hilfen haben zu dieser Entwicklung beigetragen. In weit überwiegenden Teilbereichen vollzog sich der wirtschaftliche Entwicklungsprozeß jedoch ohne eine direkte staatliche Unterstützung.

Die entstandene Struktur leistungsfähiger gewerblicher Unternehmen ist eine gute Voraussetzung für die weitere wirtschaftliche Entwicklung. Sie hat, wie die vergangene Entwicklung, an die Straße gebundene Mobilität zur Voraussetzung – in der Regel jedenfalls.

Parallel zur wirtschaftlichen Entwicklung wird der landwirtschaftliche Strukturwandel weiterlaufen und sich zum Teil beschleunigen. Der Prozeß wird von vielen Landwirten bzw. auch ehemaligen Landwirten und ihren Familien wie eine Selbstverständlichkeit hingenommen. In der übrigen Bevölkerung der Dörfer findet der Strukturwandel in der Landwirtschaft üblicherweise wenig Aufmerksamkeit, zumal nach eigenem Bekunden deren Interesse für landwirtschaftliche Belange in der Regel gering ist.

Die Arbeitsmarktsituation in den neuen Bundesländern ist immer noch durch Besonderheiten geprägt. Die Disparitäten des Arbeitsmarktes treten in der Übersicht 4 deutlich hervor.

Übersicht 3:

Zunahme der Erwerbstätigen in Dienstleistungen 1980 bis 1994

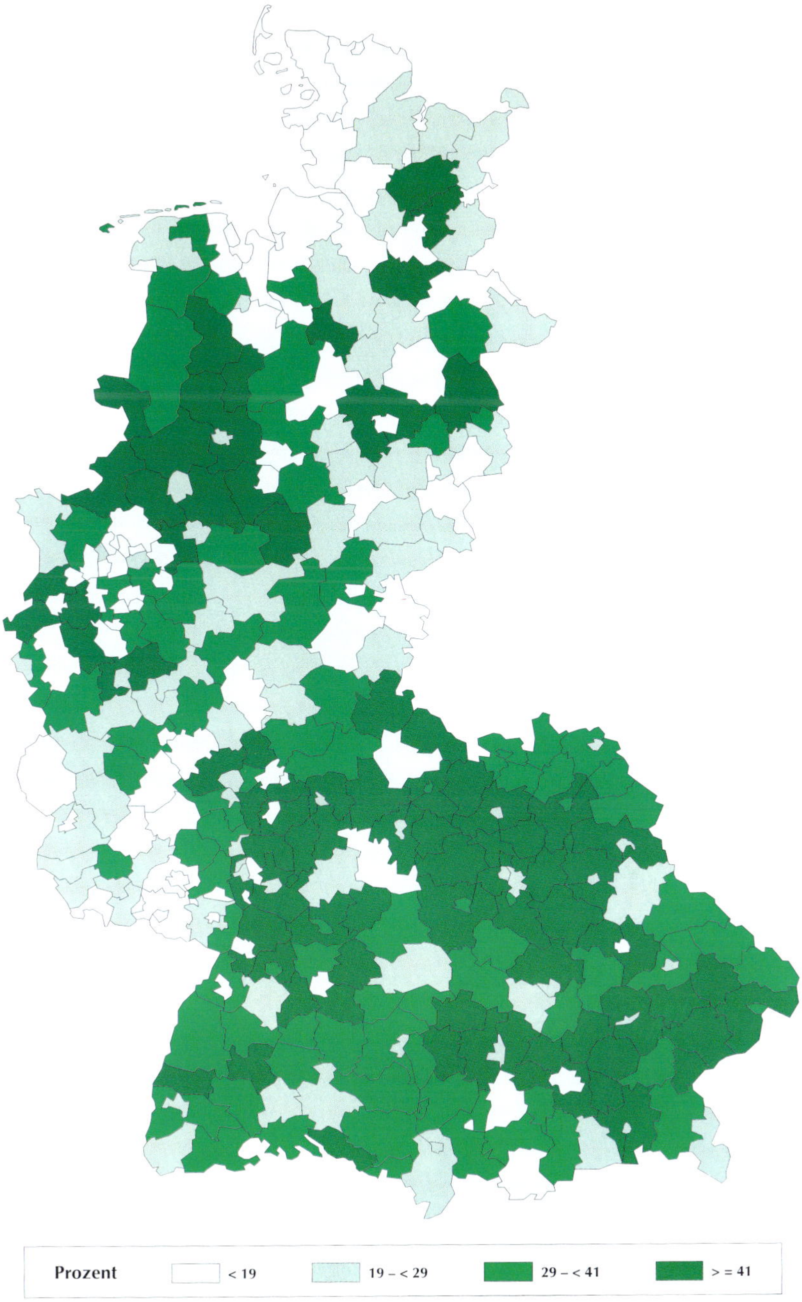

Quelle: FAA 1998

Übersicht 4:

Arbeitslosenquote im September 1995

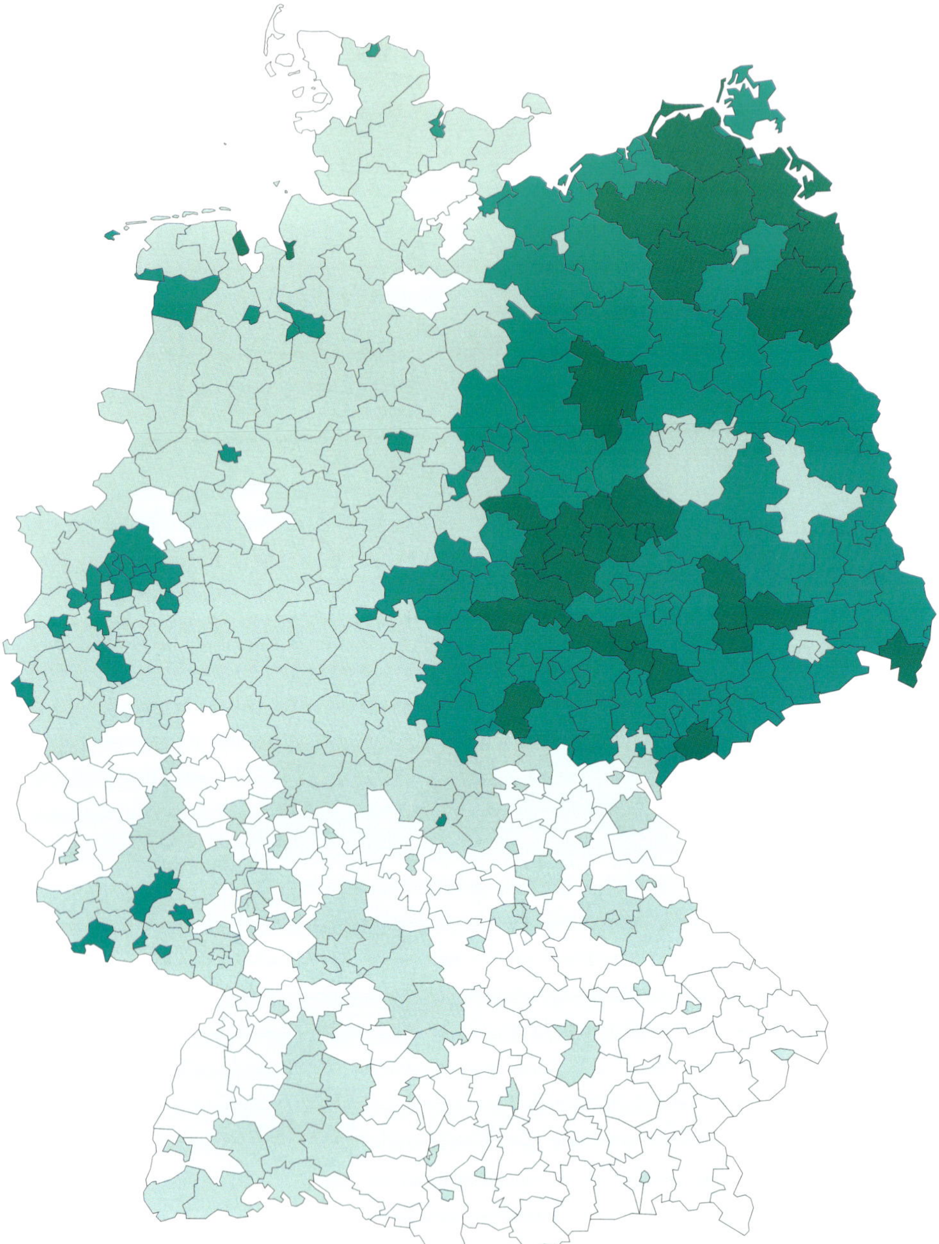

Prozent		< 7		7 – < 12		12 – < 17		> = 17

Quelle: FAA 1997 nach Daten der BfLR

Die dünn besiedelten Regionen im Norden der neuen Bundesländer, deren besondere Bedingungen ein kurzer Blick auf die geringe Bevölkerungsdichte zeigt, weisen im Vergleich mit anderen Regionen der neuen Bundesländer mit die höchsten Arbeitslosenquoten auf.

Sie sind auf eine Entwicklung außerhalb der Landwirtschaft angewiesen. Will man den Menschen ähnliche berufliche Entfaltungsmöglichkeiten wie in anderen Räumen bieten, müssen sich diese Räume nicht nur mit der einseitigen Wirtschaftsstruktur und den Transformationsfolgen auseinandersetzen. Sie sehen sich darüber hinaus auch einem verschärften Wettbewerb mit anderen ländlichen Räumen im Süden und Westen der Bundesrepublik und im Ausland ausgesetzt.

Die staatliche Förderung des wirtschaftlichen Aufbaus wird die Entwicklung nur an einigen Schwerpunktorten unterstützen können. Die Förderungen werden aber nicht ausreichen, um in diesen ländlichen Räumen einen grundsätzlich anderen Entwicklungsweg zu ermöglichen. Dies gilt umso mehr, als diese im Zieljahr dieser Betrachtung, 2010, bereits der Konkurrenz aus den neuen EU-Mitgliedsländern, insbesondere der aus Polen, ausgesetzt sein werden.

Mit anderen Worten: der Entwicklungsweg vormals dünn besiedelter ländlicher Räume in Westdeutschland ist, da die Rahmenbedingungen (z.B. Globalisierung der Wirtschaft) sich geändert haben, nicht einfach wiederholbar. Und auch der Prozeß im Westen dauerte deutlich länger als die hier betrachteten zehn bzw. zwölf Jahre.

In den dünn besiedelten Regionen Ostdeutschlands kommt daher der Landwirtschaft eine deutlich gewichtigere Bedeutung für die gesamte wirtschaftliche Entwicklung zu. Die Landwirtschaft ist dort ein zentraler Teil des wirtschaftlichen Fundaments der Region.

Ansprüche an das Wohnumfeld

Die Entwicklung in den ländlichen Räumen und die damit einhergehende Veränderung der Lebenseinstellungen definieren heute schon einen Teil des Rahmens der landwirtschaftlichen Möglichkeiten. Gegenüber der Landwirtschaft macht sich dies zuerst in einem Wandel der Ansprüche an das Wohnumfeld bemerkbar.

In allen ländlichen Räumen (nicht nur in jenen mit einem starken Zuzug) sehen sich die Landwirte den Ansprüchen der Dorfbevölkerung ausgesetzt, die Belästigungen durch die Landwirtschaft weitgehend vermeiden will. Aktuelles Beispiel für die Furcht vor Belästigungen sind die Auseinandersetzungen um die Ansiedlung von Großbetrieben der Schweineproduktion in Mecklenburg-Vorpommern.

Landwirte gehen bereits heute durch Anpassung auch der Produktion auf die veränderten Lebensverhältnisse ein. Die Palette der Reaktionen reicht von der Information der Anwohner über die anstehende Ausbringung von Gülle über die zeitliche Anpassung etwa der Gülleausbringung an die Lebensgestaltung der übrigen Bewohner (keine Gülleausbringung an Samstagen) bis hin zur Veränderung der Bewirtschaftung ortsnaher Flächen.

Es ist wenig wahrscheinlich, daß sich der aus dem Wandel der Lebensverhältnisse in der Gesellschaft herleitende Druck bis 2010 vermindern wird. Weit eher dürfte sich der Wandel der Lebensverhältnisse in einen umfassenden Anspruch, Art und Weise der generellen Agrarproduktion zu bestimmen, erweitern.

Jenseits des Belästigungsmomentes werden Veränderungen der Art der Bewirtschaftung dagegen kaum wahrgenommen. Für diese Einschätzung spricht das bereits erwähnte verbreitete Desinteresse der nichtlandwirtschaftlichen Dorfbevölkerung an landwirtschaftlichen Belangen. Darüber hinaus zeigen Untersuchungen zur Frage der Wahrnehmung von Flächenstillegungen, daß diese selbst in unmittelbarer Nachbarschaft nicht als eine besondere Veränderung wahrgenommen wird.

> „Jenseits des Belästigungsmomentes werden Veränderungen in der Art der Landbewirtschaftung kaum wahrgenommen."

Diese Befunde legen den Schluß nahe, daß ein mögliches Brachfallen von landwirtschaftlichen Flächen, abgesehen von wenigen neuralgischen Punkten (Zuwachsen enger Täler, Verbuschung von Tourismusflächen) kein bedeutsames Thema für die Bevölkerung der ländlichen Räume ist. Die Schlußfolgerung wird auch durch den Charakter eines möglichen Brachfallens vormals genutzter landwirtschaftlicher Flächen gestützt: Bei einer Bracheentwicklung dürfte es sich auch in diesem Zeitraum um einen schleichenden, zuerst »Randflächen« betreffenden, Prozeß handeln. Die Diskrepanz dieser Ableitungen zu der aktuellen Konjunktur des Themas »Kulturlandschaft und ihre Erhaltung« in der Politik ist offensichtlich.

Gesellschaftliche Ansprüche

Der vorhergesagte Ersatz der »guten fachlichen Praxis« durch zunehmende gesellschaftliche Ansprüche resultiert aus den bekannten Nutzungsansprüchen, wie sie sich in den Auflagen des Natur- oder Grundwasserschutzes bereits niedergeschlagen haben. So stellte die EU-Kommission 1997 fest, daß sich während des letzten Jahrzehnts »die Fläche für Schutzgebiete« gemäß der »Vogelrichtlinie« verfünffacht habe.

Die Schutzpolitik findet mit der Umsetzung der FFH-Richtlinie ihre Fortsetzung. Von der Gesamtfläche von etwa 1 Mio. ha, die unter die FFH-Richtlinie fallen werden, darunter ca. 700 000 ha landwirtschaftlicher Fläche, dürfte rund die Hälfte mit zusätzlichen Auflagen belegt werden. Die Neuausweisung der aus ökologischen Gründen mit Bewirtschaftungsauflagen versehenen Flächen ist sicherlich nicht einfach linear fortzuschreiben. Der Anteil dieser Flächen an der Gesamtfläche dürfte jedoch bis 2010 weiter steigen.

Die Flächen mit Bewirtschaftungsauflagen werden weiter zunehmen.

Die gesellschaftliche Einflußnahme auf die landwirtschaftliche Produktion beschränkt sich in Zukunft nicht allein auf bestimmte Bewirtschaftungsvorschriften für einzelne Flächen und einen möglichen finanziellen Ausgleich. Eine neue zusätzliche Dimension der Steuerung der landwirtschaftlichen Produktion deutet sich mit der Diskussion der Umweltindikatoren an. Sie werden derzeit z. B. im Rahmen der OECD und im Hinblick auf die WTO-Verhandlungen als Teil der Globalisierung der Umweltdiskussion geführt.

Mit diesen Umweltindikatoren erhebt die Gesellschaft für alle Flächen, auch für jene, die bisher frei von Bewirtschaftungsauflagen waren, den Anspruch, Art und Weise der landwirtschaftlichen Produktion mitzubestimmen. Denn die Erarbeitung von Umweltindikatoren und ihr Einbau in das politische Steuerungssystem macht nur dann Sinn, wenn sie auch kontrolliert werden.

Die gleichen satellitengestützten Systeme, die in Zukunft in der Landwirtschaft zur Steigerung der Produktivität eingesetzt werden können, werden es gestatten, diese Art von Kontrollen durchzuführen. Dem Vernehmen nach setzt Frankreich schon heute bei seinen Weltraumaktivitäten große Hoffnungen auf die Vermarktung entsprechender satellitengestützter Kontrollsysteme.

Umfassender als in der schon heute angewendeten Subventionskontrolle aus dem Weltraum wird hier allen gegenteiligen Beteuerungen zum Trotz zukünftig die gesamte Agrarproduktion »durchsichtig«.

Die zukünftige europäische Landwirtschaft

Dr. Uwe Latacz-Lohmann
lehrt Umwelt- und Agrarökonomie am Wye College der Universität London.

Neue Konkurrenten und neue Möglichkeiten

Eine Prognose für die Landwirtschaft im Jahre 2010 muß neben einer Analyse voraussichtlicher Marktentwicklungen die zukünftige Entwicklung der Agrarpolitik mit einbeziehen. In diesem Beitrag wird versucht, Thesen zur Entwicklung der EU-Agrarpolitik sowie der Agrar- und Lebensmittelmärkte im Zeitalter globaler Liberalisierung und Vernetzung zu formulieren, um daraus eine Vision für die Landwirtschaft Europas im Jahre 2010 abzuleiten.

These 1: Die Agrarpolitik wird mehr marktorientiert werden und sich zu einer integrierten Politik für den ländlichen Raum entwickeln.

Eine solche Politik wird breiter angelegt sein als die bisherige Agrarpolitik und als zentrale Zielgröße die Entwicklung ländlicher Räume beinhalten. Landwirtschaftspolitik wird eine zentrale Rolle in dieser Politik spielen, doch andere Bereiche z. B. die Entwicklung von außerlandwirtschaftlichen Erwerbsmöglichkeiten, der Schutz natürlicher Ressourcen sowie die Produktion von Umweltgütern im ländlichen Raum werden weiter an Bedeutung gewinnen.

Die Agrarpolitik der Zukunft wird also weniger als bisher eine sektorale Politik sein als vielmehr eine territorial definierte Politik, die den neuen gesellschaftlichen Prioritäten gerecht zu werden versucht.

Die Herausforderungen für diese neue Politik ergeben sich zum einen aus den gestiegenen gesellschaftlichen Anforderungen an die Umwelt- und Sozialverträglichkeit der Landwirtschaft, zum anderen aus dem Wunsch der europäischen

Landwirtschaft und Lebensmittelindustrie nach internationaler Wettbewerbsfähigkeit. Diese beiden Ziele stehen nicht unbedingt im Widerspruch, wie oftmals behauptet wird.

Wie könnte eine integrierte Politik ausehen, die beiden Zielen gerecht werden kann? Sie geht auf jeden Fall über die bisher bekanntgewordenen Reformvorschläge der Agenda 2000 hinaus.

Übersicht 1:

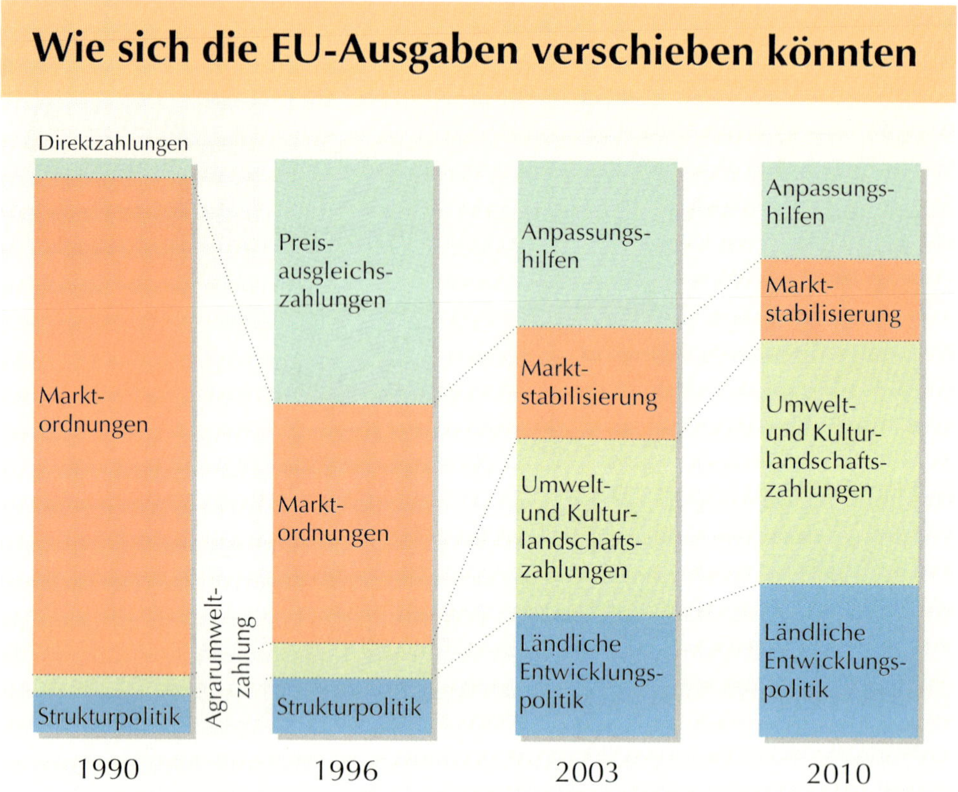

Die Übersicht zeigt die Entwicklung einer integrierten Politik für den ländlichen Raum im Zeitablauf, angefangen mit der konventionellen Agrarpolitik vor 1992 (linke Säule), über die MacSharry-Reform bis zum Jahre 2010 (rechte Säule).

Im Zuge der MacSharry-Reform von 1992 ist der Anteil der EAGFL-Ausgaben für Marktordnungen (im wesentlichen Interventionskäufe und Exportsubventionen) von über 93 % im Jahre 1990 auf 44 % im Jahre 1996 zurückgegangen. Der Anteil von Direktzahlungen (Preisausgleichszahlungen) ist im gleichen Zeitraum von 1 % auf 42 % der Gesamt-Ausgaben angestiegen. Der Anteil des Strukturfonds und der Agrarumweltpolitik ist zwischen 1990 und 1996 ebenfalls erheblich angestiegen, bleibt jedoch insgesamt relativ unbedeutend.

Die beiden rechten Säulen skizzieren die mögliche Entwicklung zu einer integrierten Politik für den ländlichen Raum, die im Grunde genommen eine Fortsetzung des bisherigen Reformkurses darstellt. Wie sich die künftige Entwicklung im einzelnen darstellen könnte, beschreiben die folgenden Ausführungen.

Marktordnungen als Instrument der Agrarpolitik werden weiter an Bedeutung verlieren.

Dies ergibt sich aus der GATT-Verpflichtung, Marktüberschüsse abzubauen und subventionierte Exporte drastisch zu verringern. Eine weitere Senkung von Interventionspreisen ist bereits im Fahrplan der Agenda 2000 vorprogrammiert. Es ist vorstellbar, daß die Marktordnungen schrittweise in Marktstabilisierungsprogramme überführt werden, um den zunehmenden Einfluß von Weltmarktpreisschwankungen auf die innereuropäischen Preise abzupuffern.

Dieser Schritt würde bedeuten, daß die europäische Landwirtschaft von den GATT-Verpflichtungen zur Angebotskontrolle (Flächenstillegung, Produktionsquoten etc.) weitgehend befreit würde. Weiterhin würden hiervon Impulse zur Extensivierung der Agrarproduktion und zur Orientierung der Landwirtschaft an den »wahren« Märkten ausgehen. Dies würde die internationale Wettbewerbsfähigkeit und tendenziell auch die Umweltverträglichkeit der Landwirtschaft erhöhen, obwohl letzteres nicht unstrittig ist.

Die Lebensmittelpreise würden tendenziell weiter sinken.

Umwelt- und Kulturlandschaftszahlungen werden an Bedeutung gewinnen.

Die steigende Nachfrage nach öffentlichen Gütern im ländlichen Raum wird sich ihr Angebot schaffen durch die Ausweitung bestehender und die Einführung neuer Agrarumweltprogramme. Auch diese Entwicklung deutet sich bereits in den Vorschlägen zur Agenda 2000 an.

Ökonomisch gesehen stellen diese Programme Quasi-Märkte für Umweltgüter und -dienstleistungen dar. Sie erfüllen eine wichtige gesellschaftliche Funktion – die Befriedigung der Nachfrage nach Gütern, für die es keine Märkte gibt. Sie ermöglichen Landwirten, den Betriebszweig »Umwelt« mit positivem Deckungsbeitrag in ihr Produktionsprogramm aufzunehmen. Dadurch kann ein Teil der Einkommenseinbußen infolge reduzierter Agrarpreise aufgefangen werden.

Die Produktion öffentlicher Güter durch Teilnahme an Agrarumweltprogrammen wird zu einer wichtigen Einnahmequelle für solche Landwirte werden, die auf den zunehmend liberalisierten und globalisierten Agarmärkten nicht mehr wettbewerbsfähig sind – nämlich Landwirte in benachteiligten Gebieten und Randregionen der EU.

Die Agrarstrukturpolitik wird sich zu einer Entwicklungspolitik für den ländlichen Raum entwickeln.

Zweifellos werden auch weitherhin Arbeitskräfte aus der Landwirtschaft abwandern und infolgedessen auch andere landwirtschaftliche Ressourcen freigesetzt werden.

Ein wesentliches Ziel einer ländlichen Entwicklungspolitik wäre es, alternative Beschäftigungsmöglichkeiten für die aus der Landwirtschaft ausscheidenden Produktionsfaktoren Arbeit und Kapital vor Ort zu schaffen. Einige Beispiele möglicher strukturpolitischer Maßnahmen wären:

- Verbesserung der ländlichen Infrastruktur,

- Förderung von Erwerbsmöglichkeiten außerhalb der Landwirtschaft (z. B. in den Bereichen Landtourismus, Gastronomie, Lebensmittelverarbeitung, Herstellung regionaler Spezialitäten),
- Förderung der alternativen Nutzung von landwirtschaftlichen Gebäuden und Maschinen,
- Hilfen für die Entwicklung von ländlichen Institutionen, die regionale Integrität fördern (z. B. regionale Erzeuger- oder Vermarktungsgemeinschaften) oder die Landwirtschaft bei der Meisterung der neuen Herausforderungen unterstützen (z. B. Beratungswesen, ländliche Erwachsenenbildung).

Daneben werden strukturpolitische Maßnahmen konventioneller Art wie etwa Investitionsförderung oder Flurbereinigung bestehen bleiben.

Anpassungshilfen werden den Übergang vom jetzigen zum zukünftigen Zustand abpuffern.

Die veränderten politischen Signale werden Anpassungsreaktionen auslösen, die nicht immer schmerzlos zu verkraften sein werden. Der Prozeß des Wandels wird für viele Landwirte Besorgnis und Unsicherheit mit sich bringen. Die damit verbundenen »Kosten« können durch Anpassungshilfen abgefangen werden.

Die benötigten Finanzmittel für die Anpassungshilfen werden in erster Linie aus dem Topf der heutigen Preisausgleichszahlungen kommen, deren Legitimation zunehmend in Frage gestellt werden wird – von den europäischen Steuerzahlern wie auch von internationalen Handelspartnern spätestens nach Ablauf der sogenannten Friedenspflicht im GATT.

Anpassungshilfen sind in die Zukunft gerichtete Hilfen, die einem bestimmten Ziel (Hilfe zur Selbsthilfe) dienen und nicht – wie die Preisausgleichszahlungen – rückwärtsgerichtete Zahlungen. Sie sind daher politisch eher akzeptabel.

Während die ersten drei Elemente einer integrierten Politik für den ländlichen Raum (Marktstabilisierung, Umwelt- und Kulturlandschaftszahlungen, ländliche Entwicklungspolitik) vom Konzept her auf Dauer angelegt sein können, sind die Übergangshilfen, wie das Wort nahelegt, zeitlich befristete Zahlungen, deren Umfang sich im Laufe der Zeit verringert.

These 2: Die Märkte werden sich stärker trennen in internationale Massen- und regionale Qualitätsmärkte.

Diese in der These 2 formulierte, zunehmende Polarisierung ist das Resultat zweier entgegengesetzt wirkender Kräfte:

einerseits dem Bestreben nach Handelsliberalisierung und besserer Integration der europäischen Landwirtschaft in die Weltwirtschaft,

andererseits der zunehmenden Nachfrage europäischer Konsumenten nach qualitativ hochwertigen Nahrungsmitteln.

Der Qualitätsbegriff beschränkt sich dabei keineswegs auf objektiv meßbare Produktqualität, sondern schließt subjektive Wahrnehmungen bezüglich der Herkunft von Nahrungsmitteln, der Produktionsmethoden, der Umwelt- und Sozialverträglichkeit bis hin zu ethischen und religiösen Aspekten ein.

Qualitätsprodukte und Spezialitäten werden – wie schon heute – Preisprämien

Foto: PhotoDisc

Die Märkte werden stärker trennen zwischen Massen- und Qualitätsware.

erzielen. Sie werden oft regional erzeugt und vermarktet und bieten den Konsumenten Transparenz der Erzeugungskette vom Erzeuger bis zur Ladentheke.

Massenprodukte hingegen sind standardisierte Agrarprodukte (meistens Agrarrohstoffe), die international gehandelt werden. Kostenführerschaft ist die wichtigste wettbewerbsbestimmende Variable im Kampf um Marktanteile auf dem liberalisierten Weltmarkt.

Den bestehenden Marktordnungen wird oft vorgeworfen, einseitig die Produktion von Masse (auf Kosten von Qualität und Vielfalt) gefördert zu haben und somit die Wünsche der Konsumenten mißachtet zu haben. Dies wird sich bis zum Jahre 2010 geändert haben, denn die weitgehende Abschaffung von Preisstützungsmaßnahmen in Kombination mit der steigenden Marktnachfrage nach Qualität und Vielfalt wird die Wettbewerbsrelationen zwischen Massenprodukten und Qualitätsprodukten zu Gunsten der letzteren ändern.

Globalisierung und Regionalisierung scheinen sich demnach nicht zu widersprechen. In der Tat scheint das Streben nach Handelsliberalisierung und engerer Integration der Weltwirtschaft in gewissen Gebieten die Regionalisierung der Agrarproduktion voranzutreiben.

Produktion für regionale Märkte wird zur Alternative für solche Landwirte werden, die auf den globalen Märkten – zu Weltmarktpreisen – nicht wettbewerbsfähig sind. Es ist gar denkbar, daß die Erzeugung regionaler Qualitätsprodukte, die nicht international gehandelt werden, staatliche Förderung aus dem Agrarumwelt- oder dem Strukturentwicklungsfond erhalten können. Die Nicht-Handels-Klausel ist notwendig, um erneute Diskussionen im GATT (über die Wettbewerbsimplikationen von Agarumwelt- und Strukturentwicklungszahlungen) zu vermeiden.

Die oben beschriebenen Voraussagen zur Entwicklung der politischen und wirtschaftlichen Rahmenbedingungen sollten in der europäischen Landwirtschaft ein weitgehend positives Echo finden.

Die neuen Rahmenbedingungen geben den Landwirten die Möglichkeit zu zeigen, daß die europäische Landwirtschaft international wettbewerbsfähig ist, der steigenden Nachfrage nach Produktqualität und -vielfalt sowie Umweltqualität gerecht wird und zur nachhaltigen Entwicklung ländlicher Räume beitragen kann. Kurz: die geänderten Rahmenbedingungen schaffen die Voraussetzungen für eine

- ausgewogene Landwirtschaft,
- die im Einklang mit der natürlichen Umwelt steht und
- besser in die Weltwirtschaft sowie die regionale Wirtschaft eingebunden ist.

Wie wird diese ökonomisch integrierte und ökologisch nachhaltige Landwirtschaft des Jahres 2010 aussehen?

Europäische Landwirtschaft 2010: Ökonomisch integriert und ökologisch nachhaltig

These 3: Die europäische Landwirtschaft wird im Jahr 2010 stärker regional differenziert sein.

- Landwirte in **fruchtbaren Regionen und auf traditionellen Veredelungsstandorten** werden Kostenführerschaft anstreben, um sich ihren Anteil am globalisierten Markt für landwirtschaftliche Massengüter zu sichern. Der Wegfall von Stillegungsverpflichtungen, Produktionsquoten und Viehbestandsobergrenzen wird wesentlich zur Erhöhung der Wettbewerbsfähigkeit beitragen und die durch Preisabbau bewirkten Einkommenseinbußen zumindest teilweise wieder wettmachen. Die Einhaltung der Vorgaben ordnungsgemäßer Landwirtschaft muß durch ein EU-weit abgestimmtes Regelwerk von Umweltvorschriften sichergestellt werden.
- In **Gebieten, in denen Kostenführerschaft** aufgrund der natürlichen oder wirtschaftlichen Standortbedingungen nicht möglich ist, werden Landwirte Qualitätsführerschaft anstreben, um sich ihren Anteil am vergleichsweise kleinen, aber rasch wachsenden Markt für (regionale) Qualitätsprodukte zu sichern. Landwirte, die diesen Weg wählen, werden mit Beihilfen aus dem Strukturentwicklungsfond rechnen können, um neue Standbeine zu entwickeln und die üblichen Anfangsschwierigkeiten zu überwinden.

Die Umstellung auf ökologischen Landbau, der Anbau regionaler Sorten oder Haltung regionaler Rassen, die

Foto: hapo

Der Pflege der Kulturlandschaft wird eine größere Bedeutung zukommen.

Vertragsproduktion für Spezialabnehmer, hofeigene Verarbeitung und Direktvermarktung sind nur einige der vielen Möglichkeiten zur Entwicklung einer betrieblichen Qualitätsstrategie.
Besonders die in den 80er Jahren der EU beigetretenen Mittelmeerländer werden auf alte Konsumgewohnheiten sowie traditionelle Produktionsweisen und Rezepturen zurückgreifen können, die im Zuge der Europäisierung in den Hintergrund gerückt, aber noch lange nicht in Vergessenheit geraten sind.

- In **wirtschaftlich benachteiligten Gebieten und Randregionen** der EU, in denen Landwirtschaft schon heute – mit Einkommensstützung – ein marginaler Wirtschaftszweig ist, werden Landwirte vermehrt in die Produktion von Umweltgütern und -dienstleistungen einsteigen und dafür Umwelt- und Kulturlandschaftszahlungen erhalten.

Die Rolle der Landwirtschaft in solchen Gebieten wird sich somit grundlegend ändern: vom Nahrungsmittelproduzenten zum Treuhänder der ländlichen Umwelt, der Kulturlandschaft sowie des ländlichen Sozialgefüges. Dieser Funktionswandel impliziert jedoch keineswegs die Aufgabe der Lebensmittelproduktion an Grenzstandorten, da Agrarproduktion oftmals das wichtigste Mittel zur Kulturlandschaftserhaltung ist.

Der wesentliche Unterschied zu heute besteht darin, daß der Kulturlandschaftspflege und der Erhaltung der ländlichen Sozialstruktur eine wesentlich höhere gesellschaftliche Wertschätzung zukommen wird, da diese Güter nach Abschaffung der Agrarprotektion nicht mehr automatisch als Koppelprodukt der (dann nicht mehr wettbewerbsfähigen) Agrarproduktion anfallen werden.

Agrarumwelt- und Kulturlandschaftszahlungen stellen demnach weder eine »Subvention« noch einen »Transfer« an die Landwirtschaft dar, sondern eine Entlohnung der Landwirte für die Erfüllung einer wichtigen gesellschaftlichen Funktion, der Bereitstellung von öffentlichen Gütern im ländlichen Raum.

Trotz der zunehmenden regionalen Differenzierung werden viele landwirtschaftliche Betriebe weniger spezialisiert sein (These 4). Dies betrifft vor allem Betriebe mit Qualitätsproduktion.

These 4: Die Landwirtschaft wird im Jahr 2010 stärker marktorientiert und multifunktional sein.

Da Umweltproduktion und Qualitätsproduktion oft Hand in Hand gehen, werden Landwirte in vielen Gebieten diese beiden Standbeine gleichzeitig entwickeln, um Synergieeffekte zu nutzen. Eine attraktive Umwelt in Kombination mit der Herstellung regionaler Spezialitäten wird die Erschließung weiterer Einkommensquellen erleichtern, z. B. in den Bereichen Landtourismus, Gastronomie, Pferdehaltung oder Erwachsenenbildung.

Landwirtschaftliche Betriebe werden sich weiterhin aktiv in der Ausführung kommunaler Aufgaben (z. B. Abfallentsorgung/Recycling, Pflege öffentlicher Grünflächen und Naturschutzgebiete im Auftrag der Kommunen) engagieren. Die Entwicklung solcher zusätzlicher Einkommensquellen wird durch Mittel aus dem Strukturentwicklungsfond gefördert werden.

Im Gegensatz hierzu wird die Landwirtschaft in den traditionellen Ackerbau- und Veredelungsgebieten weiterhin spezialisiert bleiben. Alle betrieblichen Res-

Foto: Weich- Anthony

Die gesteigerte Wettbewerbsfähigkeit der Lebensmittelindustrie wird indirekt auch der Landwirtschaft zugute kommen.

sourcen werden in den Dienst von Kostensenkungen und Produktivitätssteigerungen gestellt werden, um im internationalen Kampf um Kostenführerschaft mithalten zu können. Landwirte in diesen Regionen werden weiterhin in den Genuß der konventionellen strukturpolitischen Förderungsmaßnahmen kommen: Investitionsförderung und Flurbereinigung zur Rentabilitätsverbesserung.

These 5: Landwirtschaft wird 2010 wettbewerbsfähiger sein.

Die in These 5 gemachte Aussage ist bereits oben für Betriebe in fruchtbaren Regionen und auf traditionellen Veredelungsstandorten beschrieben worden. Direkte Steigerungen der Wettbewerbsfähigkeit ergeben sich aus dem Wegfall von Produktionsquoten, Stillegungsverpflichtungen und anderen Maßnahmen zur Produktionskontrolle.

Nicht zu unterschätzen sind aber auch indirekte Effekte, die sich aus einer gesteigerten Wettbewerbsfähigkeit der Lebensmittelindustrie ergeben.

Die europäische Lebensmittelindustrie wird sich nach Wegfall aller Handelsbeschränkungen (und insbesondere nach Wegfall der GATT-Beschränkungen für subventionierte Agrarexporte) ihren fairen Anteil am globalisierten Lebensmittelmarkt sichern können, insbesondere an den Wachstumsmärkten Asiens.

Dies wird sich positiv auf die Nachfrage nach in Europa erzeugten Agrarrohstoffen – und somit positiv auf die europäische Landwirtschaft – auswirken.

Wettbewerbsfähigkeit läßt sich für die Produzenten von international gehandelten Agrarrohstoffen relativ einfach als Potential zur Kostensenkung und Produktivitätssteigerung definieren. Weniger einfach ist das Konzept »Wettbewerbsfähigkeit« für Erzeuger von Qualitätsprodukten zu definieren.

Sicherlich wird die Wettbewerbsfähigkeit von Qualitätserzeugern nicht ausschließlich von der Fähigkeit eines Betriebes zur Kostensenkung bestimmt, obwohl dies nach wie vor wichtig sein wird. Von vermutlich größerer Bedeutung dürfte der Zugang zu Märkten mit Preisprämien sein wie auch die Fähigkeiten des Betriebsleiters, Synergieeffekte zwischen Qualitätsproduktion, Umweltproduktion und anderen Aktivitäten (z.B. Landtourismus) zu nutzen.

Wettbewerbssteigernde Effekte werden sich in erster Linie ergeben aus der gestiegenen Nachfrage nach Qualitätsprodukten – mit der Folge höherer Preisprämien (in Kombination mit verbesserten Möglichkeiten, Qualitätsproduktion und Umweltproduktion zu verbinden) durch Teilnahme an Agrarumweltprogrammen.

Das Konzept »Wettbewerbsfähigkeit« muß wahrscheinlich neu durchdacht werden, wenn es auf die Produzenten von Umweltgütern und -dienstleistungen im ländlichen Raum angewendet werden soll.

Schlußbetrachtung

Ist das hier beschriebene Bild der europäischen Landwirtschaft im Jahre 2010 zu optimistisch? Zu betonen ist, daß es sich um eine Momentaufnahme handelt, die nicht viel über den Weg zur Erreichung des prognostizierten Zustands im Jahre 2010 sagt.

Was festzustehen scheint ist, daß sich die Landwirtschaft 2010 einem größeren Spektrum an möglichen Aktivitäten gegenübersehen wird als heute. In welchem Maße diese neuen Möglichkeiten wahrgenommen werden, hängt in erster Linie davon ab, ob und wie schnell die europäischen Landwirte bereit sein werden, sich den neuen Gegebenheiten anzupassen.

Für viele bedeutet »Anpassung« eine Umdefinierung des Selbstverständnisses. Für fast alle Landwirte bedeutet »Anpassung« eine stärkere Ausrichtung auf die »wahren« Märkte sowie zunehmende Konkurrenz von Berufskollegen.

Neue Konkurrenz wird vor allem aus den Ländern Mittel- und Osteuropas kommen, die sich ihren Platz auf der Warteliste für EU-Mitgliedschaft gesichert haben.

Für viele wird der Prozeß von Wandel und Veränderung schmerzlich verlaufen, und es ist daher nicht erstaunlich, daß viele Landwirtschaftsverbände sich vehement gegen durchgreifende Änderungen der EU-Agrarpolitik wehren.

Wandel ist jedoch notwendig, da die Akzeptanz der heutigen Agrarpolitik durch die Öffentlichkeit und durch die internationalen Handelspartner der EU nachläßt.

Wenn der Prozeß des Wandels in Diskussionen um Agenda 2000 steckenbleibt, werden sich die

Wer sich gegen den Wandel sperrt, wird ihn später um so schmerzlicher erleben.

bestehenden Spannungen zwischen Landwirtschaft, Öffentlichkeit und Freihandelsinteressen weiter verstärken, das angeschlagene Image der Landwirtschaft weiter verschlechtern und der politische Einfluß der Landwirtschaftsverbände weiter zurückgehen.

Dies birgt das Risiko, daß in fünf oder sieben Jahren dringend überfällige Korrekturen an der EU-Agrarpolitik über die Köpfe der Landwirte hinweg entschieden werden. Einige Bauernvertretungen haben dies erkannt und wirken aktiv am Prozeß der Umorientierung der Landwirtschaft mit, indem sie Koalitionen mit Umwelt- und Konsumenteninteressen suchen.

Der schwedische Bauernverband z.B. bereitet seine Basis behutsam auf die neue Botschaft vor, daß die Gesellschaft in Zukunft Marktpreise für Marktprodukte zahlen wird und angemessene Preise für marktlose (öffentliche) Güter.

III
Das Jahr 2010: Rahmenbedingungen und Leitlinien für die Landwirtschaft

Wie geht es weiter bis zum Jahr 2010?

Prof. Dr. Dr. h.c.
Friedrich Kuhlmann

Philip Freiherr von
dem Bussche

Zwei Modelle und viele Prognosen

Wir fassen hier das Ergebnis der DLG-Klausurtagung zusammen. Der Bericht formuliert einige Rahmenbedingungen und Prognosen für die Landwirtschaft.

Aus den historischen und aktuellen Entwicklungen leiten sich für Ökonomie, Politik und Struktur des Agrarsektors zwei generelle Modelle ab. Die Zukunft der Landwirtschaft wird sich dazwischen bewegen, denn weder das eine noch das andere Modell wird in seiner Reinform eintreten. Vielmehr wird nationales, europäisches und weltweites Tauziehen zu einem Mischzustand führen, der dann die Bedingungen für die Landwirtschaft kennzeichnet.

Die Modelle sind – getreu dem Stil der DLG – nicht als Darstellung eines wünschenswerten Zustandes zu werten. Sie sind Ausdruck verschiedener Denkschulen und sollen zusammen mit den aufgezeigten Rahmenbedingungen und Anpassungsreaktionen dem Landwirt Orientierung bieten, damit er die Zukunft seines Unternehmens nachhaltig erfolgreich gestalten kann.

Das erste Modell: Landwirtschaft als Teil der Industrie

Das **»liberale« Modell** zeigt die Landwirtschaft als Teil einer weltweiten Ernährungswirtschaft. Darin übernimmt sie die Rolle eines Zulieferers von Rohstoffen für die Produktion von Nahrungsmitteln. Gleichzeitig steigen die Chancen, auf regionalen Märkten eine höhere Wertschöpfung zu erzielen.

Technische und biologische Fortschritte – durch Politik und Gesellschaft nur wenig behindert – werden in der Produktion konsequent genutzt. Dadurch ergeben sich weitere Stückkostensenkungen. Für die Unternehmer sind damit echte Chancen gegeben, in der Konkurrenz des Weltmarktes zu bestehen und ausreichende Einkommen zu erzielen. Es bleibt ein hohes Maß an Vielfalt in der Landwirtschaft erhalten.

Diese Vielfalt wird jedoch nicht per »Verwaltungsvorschrift« erzeugt, sondern sie organisiert sich rein über die Märkte. Als Kostenführer werden die landwirtschaftlichen Unternehmen die Ernährungswirtschaft mit Rohstoffen bedienen. Diese wiederum versorgen den Weltmarkt mit Nahrungsspezialitäten höchster Qualität und zwar unter Ausschöpfung aller verfügbarer technischer Möglichkeiten. Auf den Märkten für Umweltgüter befriedigen die Landwirte eine entsprechende Nachfrage.

Diese weitgehende Orientierung am Weltmarkt wird durch Transferleistungen abgestützt, um den Strukturwandel sozialverträglich abzufedern. Das Ausmaß der Einkommensübertragungen ist im Vergleich zu heute jedoch stark verringert. Knappe Geldmittel im Europahaushalt und ein hoher Finanzbedarf außerhalb des Agrarsektors begrenzen die Subventionen.

Das zweite Modell: Landwirtschaft am Gängelband der Behörden

Am andere Ende der Skala steht ein **»dirigistisches« Modell**. Es führt zu einer Landwirtschaft mit hohen Auflagen. Die Produktion von Umweltleistungen, z. B. sauberes Wasser (Nitrat) und saubere Luft (Ammoniak) wird per Gesetz vorgeschrieben, manche Betriebsmittel wie gentechnisch verändertes Saatgut oder auch bestimmte Pflanzenschutzmittel dürfen nicht (mehr) eingesetzt werden. Das führt zu einem Verlust an Wettbewerbsfähigkeit gegenüber den Ländern, in denen diese Auflagen nicht bestehen. Hier sind Ausgleichszahlungen zwingend notwendig und zwar in wesentlich höherem Maße als beim ersten Modell.

Ein Konflikt bei der WTO wird umgangen durch den Versuch, die Ausgleichszahlungen mit einer Entlohnung für Umweltleistungen zu rechtfertigen. Allerdings wird es immer weniger wahrscheinlich, den Import von Produkten behindern zu können, die mit modernsten Technologien, also geringen Stückkosten, erzeugt werden.

Solche Zahlungen sind langfristig wohl nicht durchsetzbar. Geld ist knapp und allein in Deutschland stehen den ca. 0,5 Millionen Landwirten etwa 6 Millionen Arbeitslose und Sozialhilfeempfänger gegenüber, möglicherweise zukünftig in der Konkurrenz um staatliche Leistungen.

Beide Modelle sind extreme Pole, die Wahrheit wird wie immer dazwischen liegen. Für eine ganze Reihe von Einzelaspekten lassen sich jedoch bereits heute Entwicklungen vorhersehen, die nachfolgend beleuchtet werden.

Welche globalen Rahmenbedingungen sind 2010 zu erwarten?

Weltmärkte und regionale **Märkte** sind eng miteinander verknüpft. Ein zusammenhängender Weltmarkt für die meisten Produkte entsteht, auch weil die Transportkosten für Güter nach und nach geringer werden. Viele kleine, ursprünglich regional ausgerichtete Märkte, sind zusammengewachsen. Diese Entwicklung wird sich jedoch bei den verschiedenen Produkten in unterschiedlicher Geschwindigkeit vollziehen.

So wird bei Ölpflanzen freier Handel auf dem Weltmarkt relativ schnell zu erwarten sein, bei Milch ist eine Globalisierung und damit eine Vereinheitlichung des Preises in naher Zukunft eher unwahrscheinlich. Es werden nicht nur Güter, sondern verstärkt auch Arbeit, Wissen und Kapital gehandelt. Zusammen mit lokal vorhandenen Rohstoffgrundlagen werden diese »nichtmateriellen« Produktionsfaktoren für eine verbrauchernahe Erzeugung genutzt.

Neben einem weltweiten Austausch von Standardgütern wird es bei regionalen Spezialitäten eine vielseitige Produktentwicklung und eine starke Nachfrage geben, die weltweit befriedigt wird. Daneben tun sich neue Nischen für eine verbrauchernahe Produktion auf. Die Preise für Massengüter werden entgegen vielfach geäußerten Erwartungen zunächst nicht ansteigen. Es ist zwar von einem wachsenden Bedarf auszugehen, der ist jedoch nicht unbedingt preiswirksam, weil oftmals die Kaufkraft fehlt.

Die **WTO-Verhandlungen** werden zeigen, daß die Bedeutung des internationalen Wettbewerbs zunimmt. Eine Abkoppelung Europas von den Weltagrarmärkten durch Einfuhrschranken wird immer unwahrscheinlicher. Für die starke Exportorientierung bei Industriegütern und Dienstleistungen, die in Deutschland und anderen europäischen Industrienationen vorherrscht, ist ein freier Weltmarktzugang notwendig.

Daher wird bei Agrarprodukten, die nur einen kleinen Anteil des Exportvolumens ausmachen, ein Schutzzoll auf Dauer nicht aufrecht zu halten sein. Das bedeutet: Importhemmnisse bei Agrarprodukten werden in Europa abgebaut, sofern der stärkste Handelspartner, die USA, einen vergleichbaren Schritt vollziehen.

Prämien und Ausgleichszahlungen werden in noch stärkerem Maße als bisher von der Produktion abgekoppelt und in ihrem Gesamtvolumen schrittweise zurückgeführt.

Transferzahlungen für Umweltleistungen werden unter dem Druck der Handelspartner immer weniger aufrecht zu halten sein, da sie in letzter Konsequenz eine produktionsanreizende Wirkung entfalten.

Die **Einführung des Euro** führt im Ergebnis zu einer »Währungsgleichheit« und einer Vereinfachung des Währungs- und Finanzsystems im Euroland. Allerdings entfällt der Ausgleich zwischen den Währungen über Wechselkursanpassungen. Damit erhöht sich die Gefahr einer Übertragung von Währungsproblemen von einem Land auf andere Volkwirtschaften. Arbeit und Steuern werden flexibler, Preisvergleiche werden erleichtert.

In der Folge werden Produktionsmittel in Regionen mit einem anfänglich hohem Preisniveau tendenziell günstiger. Der bisher durch Währungsanpassungen abgemilderte Wettbewerb, z. B. bei Steuern und Löhnen, nimmt zu.

Die **Ost-Erweiterung** der EU wird später als geplant realisiert. Es ist unwahrscheinlich, daß sie vor 2010 vollzogen wird. Ein wesentlicher Einflußfaktor ist die allgemeine Einschätzung der Regenerationsfähigkeit der russischen Wirtschaft. Nach vollendeter Erweiterung wird sich die Konkurrenz aus den osteuropäischen Staaten nicht so stark bemerkbar machen, wie es jetzt zum Teil befürchtet wird. Derzeit sind in den Beitrittsländern partiell sogar höhere Produktpreise zu beobachten als in der Europäischen Gemeinschaft.

Das niedrige Lohnkostenniveau in Osteuropa wird sich aus deutscher Sicht wahrscheinlich günstig für die Konkurrenzsituation auswirken, denn es ist zu erwarten, daß dadurch eher vermehrt in arbeitsintensive Industrien investiert wird, als in die vorwiegend kapitalintensive Landwirtschaft. Die Verwendung von Agrarrohstoffen in den mittel- und osteuropäischen Ländern nimmt aufgrund höherer Nachfrage nach veredelten Lebensmitteln zu.

Der **technische Fortschritt** führt dazu, daß die Bedeutung der Informations- und Kommunikationstechnologie für die Organisation von Produktion und Vermarktung stark anwachsen wird. Auch Bio- und Gentechnologie werden weltweit eine zunehmende wirtschaftliche Bedeutung erlangen. Ihr Einsatz wird ein selbstverständlicher Bestandteil der Produktion sein; auch Europa wird sich von dieser Entwicklung nicht abkoppeln können.

Welche betrieblichen Rahmenbedingungen sind 2010 zu erwarten?

In den vergangenen 25 Jahren hat sich der **Arbeitsbedarf** zur Produktion einer Nahrungsmitteleinheit auf ein Viertel des Ausgangsniveaus reduziert. Bis 2010 ist aufgrund des heute schon gegebenen Standes der Technik eine weitere Halbierung zu erwarten. Der biologische Fortschritt führt dazu, daß der Flächenbedarf je Nahrungsmitteleinheit weiterhin wie bisher stark abnimmt.

Der Druck auf die **Produktpreise** bleibt bestehen. Das gilt in erster Linie für freie Standardprodukte sowie in abgeschwächter und zeitlich versetzter Form auch für geschützte Marktordnungsprodukte. Eine teilweise Kompensation erfolgt durch Realisierung von technischem Fortschritt und durch die sinkenden Kosten für Betriebsmittel (z. B. Boden und Dünger), die den Produktpreisen tendenziell folgen werden.

Der **Kapitalstock** der landwirtschaftlichen Unternehmen nimmt ab (Substanzverzehr). So liegen beispielsweise die Gebäudeabschreibungen oftmals höher als die Neuinvestitionen. Das führt zu einem Verlust an Marktanteilen (vgl. Schweinehaltung). Dieser Verlust ist dann auch gleichzeitig die Ursache für die weitere Verminderung von Neuinvestitionen.

Die **Umweltdiskussion** ist z. T. versachlicht, kann sich jedoch von Fall zu Fall wieder neu entzünden. Im allgemeinen werden Umweltstandards auf hohem Niveau verordnet und innerhalb der Europäischen Union harmonisiert. Bei der Produktion werden sie mit hoher Selbstverständlichkeit realisiert.

In den WTO-Verhandlungen wird die Zahlung von **Beihilfen** seitens der Europäischen Gemeinschaft verstärkt durch Umweltleistungen gerechtfertigt. Hierbei ist eine starke Abhängigkeit von der Preisentwicklung bei fossilen Energieträgern und von der Entwicklung der Staatseinnahmen gegeben.

Die Einführung **gentechnischer Verfahren** wird erweitert; aufgrund der unterschiedlichen ethischen Vorbehalte (»Das Tier als Mitgeschöpf«) wird dies in der Pflanzenproduktion schneller der Fall sein, als in der Tierproduktion.

Die **Marktbeziehungen** landwirtschaftlicher Unternehmen werden starken Veränderungen unterliegen. Zunehmend wird die Landwirtschaft als Partner in die Wertschöpfungskette (von der Urproduktion bis zur Ladentheke) integriert.

Es wird ein Wettbewerb zwischen konkurrierenden **Wertschöpfungsketten** entstehen. Der Wettbewerb auf den einzelnen Stufen der Kette wird dahinter zurücktreten, denn die Bedienung von Teilmärkten ist teuer und verursacht hohe Koordinierungskosten. Die Gesamtheit des Agrar und Ernährungssektors erwirtschaftet gegenwärtig 12 % des Bruttosozialproduktes. Der Anteil der landwirtschaftlichen Urproduktion daran ist weiter rückläufig.

Anpassungsreaktionen in Landwirtschaft und angrenzenden Bereichen

Der zunehmende Kostendruck wird z. T. durch **Kooperation und Diversifikation** aufgefangen. Die Unternehmensstruktur wird eine starke Veränderung erfahren. Große Managementeinheiten werden entstehen, die nicht mehr überwiegend im Besitz der Produktionsmittel (zum Beispiel Boden und Maschinen) sind.

Schlagkräftige Lohnunternehmen werden Betriebszweige oder komplette Betriebe im Auftrag der Eigentümer managen. Bei Ausweitung der Produktion des eigenen Betriebes wird der Investitionsbedarf zunehmen.

Die Haupttriebkräfte der **Integration** der Urproduktion in die Wertschöpfungskette werden von denjenigen Kettengliedern ausgehen, die dem Markt am nächsten stehen, d. h. in der Regel vom Handel.

So werden Handelsorganisationen z. B. über den Weg der vertraglichen Einforderung von Qualitätsmaßgaben die gesamte Kette folgerichtig so auszurichten versuchen, daß die Verbraucherwünsche am besten befriedigt werden können. Damit wird die Gestaltung der Urproduktion z. T. von den landwirtschaftlichen Unternehmen in den nachgelagerten Bereich übertragen.

Anpassungsreaktionen im vor- und nachgelagerten Bereich werden durch die Entwicklung **neuer Technologien** verstärkt. So werden aufgrund der hohen Entwicklungskosten und des damit verbundenen unternehmerischen Risikos größere Zusammenschlüsse bei Zulieferern und Verarbeitern entstehen.

Dadurch übernimmt die Landwirtschaft eine veränderte Rolle als Kunde und Lieferant der Industrie. Hierbei ist jedoch nicht die Konzentration an sich das Problem, sondern die damit einhergehende Marktmacht, die möglicherweise über das Kartellrecht ein staatliches Eingreifen nach sich ziehen wird.

Entwicklungen in der Pflanzenproduktion

Biologischer Fortschritt in den Bereichen Pflanzenschutz, Düngung und Züchtung wird die Erträge der pflanzlichen Produktion weiter steigern, und zwar jährlich um ca. 1 bis 2 %. Im Falle der Züchtung wird eine gesteigerte Assimilationsleistung und ein verringerter Transpirationskoeffizient zu einer besseren Nutzung von Wasser und Sonnenenergie führen.

Sollte das europäische Moratorium beim Anbau von **gentechnisch veränderten Sorten** aufrecht erhalten werden, können der Landwirtschaft europäische Sorten nicht vor 2008 angeboten werden. Werden den europäischen Landwirten Techniken vorenthalten, die auf dem Weltmarkt ansonsten üblich sind, muß die EU höhere Ausgleichszahlungen an die Landwirte leisten.

Die **Intensität der Pflanzenproduktion** in Deutschland und Europa bleibt hoch, denn Bodenfruchtbarkeit, Klima, Entwicklung des Standes der Technik und Verbrauchernähe sind ideale Voraussetzungen für eine dauerhaft gute Wettbewerbsfähigkeit. Diese wird allerdings durch »hausgemachte« Restriktionen (zu wenig Strukturförderung, zu viel einzelbetriebliche Förderung) wieder eingeschränkt. Trotz hoher Erträge verharren die Stückkosten auf zu hohem Niveau.

Treten keine Restriktionen – vor allem im Bereich Gentechnik – auf, so folgt eine **Aufteilung in zwei Märkte**: Auf der einen Seite stehen die Unternehmen, die eine Produktion unter Einsatz aller verfügbarer, effizienzsteigernder Betriebsmittel organisieren und dabei eine Kostenführerschaft anstreben.

Daneben werden Unternehmen auf bestimmte Betriebsmittel verzichten bzw. spezielle Anbaurichtlinien befolgen. Mit den so erzeugten Spezialprodukten werden dann bestimmte Käuferschichten bedient.

Entwicklungen in der Milchproduktion

Im Jahr 2010 wird der Milchpreis gesenkt und die **Milchquote abgeschafft** sein. Eine eventuell notwendige Mengensteuerung wird sehr flexibel und einfach gestaltet sein. Ein Ausgleich für die Einkommensverluste wird z. T. noch durch Flächen- oder Tierprämien erfolgen.

Insgesamt wird das Preisniveau in der EU nahe am Weltmarktpreisniveau liegen. Der Importschutz wird weiterhin bestehen, ein Import ohne Zölle wird bis maximal 5 % der Gesamthöhe möglich sein.

Automatische Melksysteme sind weit verbreitet. Sie werden insbesondere in Familienbetrieben pro Arbeitskraft ein wachsendes Produktionspotential freisetzen und darüber hinaus eine soziale Innovation darstellen. Weitere Auswirkungen hat diese Form der Mechanisierung auf die bauliche Gestaltung von Ställen. So werden Ställe künftig deutlich günstiger erstellt werden können.

Gentechnik wird vor allem bei der Genomanalyse eingesetzt, z. B. als Selektionshilfe in der Tiergesundheit wie bei der Erkennung von Erbkrankeiten. Hormoneinsatz in der EU wird nicht möglich sein. Eine Nutzung von transgenen Tieren zur Pharmaproduktion erscheint denkbar, hängt aber stark von der Akzeptanz und dem gesellschaftlichen Nutzen ab.

Die **Molkereistruktur** wird weiter gestrafft sein. Europäische Konzepte werden gegeneinander konkurrieren. Es wird eine Markenpolitik betrieben: 25 % der erzeugten Milch werden als Marke verkauft, 75 % werden als Handelsmarken plaziert. Im Bereich der Markenprodukte/Spezialitäten wird für Europa aufgrund des vorhandenen Know-hows eine gute Konkurrenzfähigkeit auf dem Weltmarkt gegeben sein. Wie im pflanzlichen Bereich sind auch hier zwei Strategien möglich: Kostenführerschaft oder Markenproduktion.

Die Wettbewerbsbedingungen sind für USA und EU als »global players« auf wachsenden Märkten vergleichbar. Die USA haben möglicherweise Vorteile bei der Rationalisierung.

Entwicklungen auf dem Fleischsektor

Für die **intensive Rindermast** bestehen in Europa aufgrund der ungünstigen Kostenstrukturen (Stallhaltung in Europa gegenüber Freilandhaltung auf der Südhalbkugel) mittelfristig keine großen Chancen auf dem Weltmarkt. Jedoch sind langfristig einige Rationalisierungspotentiale denkbar: Eine arbeitsteilige Organisation wie in den USA läßt einiges an Einsparpotentialen erwarten.

So könnte das Magervieh in extensiven Regionen aufgezogen werden, in den Ackerbauregionen könnte dann während der Intensivmast das kompensatorische Wachstum durch kostengünstige Verwendung von Beiprodukten genutzt werden.

Die Organisation der **Schweinefleischproduktion** folgt in der Struktur dem Geflügelsektor. Sektorale und regionale Konzentration sowie horizontale und vertikale Verbundsysteme werden zunehmen. Das Qualitätsmanagement wird zu komplexen Systemen des Risikomanagements ausgebaut. Regional autarke Produktionssysteme werden umgesetzt.

> „Der lange überfällige Strukturwandel bei den Schlachthäusern ist 2010 vollzogen."

Die **Koordination der Versorgungskette** (supply chain Management) geht vom Lebensmitteleinzelhandel aus. Verträge mit klaren Qualitätsstandards werden die Produktion bestimmen. Für den Wettbewerb werden Herkunftssicherung, Tierschutz, Produktsicherheit und Umwelt von entscheidender Bedeutung sein

Der lange überfällige Strukturwandel in der **Schlachthausbranche** ist bis 2010 vollzogen.

Die Entwicklung des ländlichen Raumes

Die Entflechtung von **Wohn- und Arbeitsgebieten** auf dem Lande wird sich fortsetzen. Der Agrarsektor hat auch im ländlichen Raum nur einen kleinen Anteil an der gesamten Wirtschaftskraft, möglicherweise können daher agrarische Gewerbegebiete ausgewiesen werden und zu einer weiteren räumlichen Konzentration der Tierproduktion führen.

Die **Wanderungsbewegung** in die ländlichen Gebiete nimmt zu. Die Attraktivität des ländlichen Raumes steigt trotz der Landwirtschaft mit regional starken Beeinträchtigungen für die landwirtschaftliche Raumnutzung.

Der Staat wird sich nicht aus der regionalen Politik zurückziehen und weiterhin eine intensive Regionalpolitik betreiben.

IV
Vom Gestern zum Morgen: Entwicklungstrends 1970 bis 1997

– Struktur, Preise, Wirtschaftlichkeit

Entwicklungstrends 1970 bis 1997

Friedrich Kuhlmann[1]), Heinrich Becker[2]), Thorsten Lobenstein[1]), Bernd Weinmann[1]), Harald Strang[2])

Vorbemerkungen

Mit den Grafiken, Karten und Texten dieses Materialbandes wird – als eine Voraussetzung für Prognosen in Richtung auf Landwirtschaft 2010 – versucht, die wesentlichen Entwicklungen und Strukturveränderungen der deutschen Agrarwirtschaft für den Zeitraum von 1970 bis zur Gegenwart darzustellen. Damit soll eine gewisse Einstimmung für »mutige« Aussagen über zu erwartende Entwicklungen in diesem Wirtschaftsbereich für die vor uns liegenden 10 bis 15 Jahre erreicht werden. Obwohl sich reine Trendfortschreibungen aus verschiedenen Gründen selbstverständlich verbieten, können Daten über die Vergangenheit doch eine Grundlage für die Abschätzung zukünftiger Entwicklungen liefern.

Grundlage der Grafiken der Abschnitte 1 bis 2.3 sowie 2.5 bilden Zahlen des Statistischen Bundesamtes und des Bundesministeriums für Ernährung, Landwirtschaft und Forsten, wie sie in verschiedenen Tabellen des Statistischen Jahrbuches über Ernährung, Landwirtschaft und Forsten und des Statistischen Jahrbuches für die Bundesrepublik Deutschland jeweils für einzelne Jahre zu finden sind. Die Zeitreihen der Zahlen von 1970 bis zur Gegenwart wurden uns – zum Teil in bereits aufgearbeiteter Form – vom Institut für Marktforschung der Bundesforschungsanstalt für Landwirtschaft (FAL) in Braunschweig (D. Manegold) auf Datenträger zur Verfügung gestellt.

Die Zeitreihen der Daten für den Abschnitt 2.4 »Wirtschaftlichkeitsentwicklungen für wichtige Produktionsprozesse« erhielten wir – ebenfalls bereits auf Datenträger – vom Kuratorium für Technik und Bauwesen in der Landwirtschaft (KTBL) in Darmstadt (N. Sauer).

Die Karten des Abschnittes 3 wurden von der Forschungsgesellschaft für Agrarpolitik und Agrarsoziologie in Bonn erstellt.

Allen beteiligten Institutionen und den dort verantwortlichen Personen sei für ihre wichtige Hilfe bei der Erstellung des vorliegenden Materials an dieser Stelle herzlich gedankt.

Fehler im folgenden Kapitel gehen jedoch allein zu Lasten der Autoren.

[1]) *Institut für landwirtschaftliche Betriebslehre der Justus-Liebig-Universität Gießen*

[2]) *Forschungsgesellschaft für Agrarpolitik und Agrarsoziologie, Bonn*

1. Indikatoren für die Nachfrage nach Ernährungsgütern

1.1 Entwicklung und Struktur der Einkommensverwendung in Privathaushalten

Übersicht 1 bestätigt für den Betrachtungszeitraum das »Engel'sche Gesetz«. Mit steigendem Einkommen nehmen die Nahrungsmittelausgaben der privaten Haushalte langsamer zu als die übrigen Ausgaben für den privaten Konsum, für die Daseinsvorsorge sowie für Steuern und Abgaben, so daß sich - wie Übersicht 2 zeigt - der Anteil der Ausgaben für Nahrungsmittel seit 1970 von ca. 25 % auf ca. 12,5 % halbiert hat.

1.2 Entwicklung des Pro-Kopf-Verbrauches wichtiger Lebensmittel

Entwicklung und Struktur der Ausgaben für Nahrungsmittel lassen sich anhand der Pro-Kopf-Verbräuche wichtiger Lebensmittelgruppen verdeutlichen. Die Übersichten 3 und 4 zeigen Veränderungen von Verzehrsgewohnheiten. Bei den pflanzlichen Nahrungsmitteln stieg der Pro-Kopf-Verbrauch von Gemüse- und Getreideerzeugnissen zu Lasten von Zucker und insbesondere von Kartoffeln an.

Bei den tierischen Nahrungsmitteln deutet sich nach einem kontinuierlichen Anstieg des Fleischverbrauches bis Ende der 80er Jahre inzwischen ein deutlicher Verbrauchsrückgang an. Weiterhin nimmt bei stagnierendem Verbrauch an Frischmilcherzeugnissen der Verzehr von Sahne und Käse stetig zu.

Die Nachfrage des Auslandes nach in Deutschland hergestellten Gütern der Ernährungswirtschaft stieg im Betrachtungszeitraum kontinuierlich an. Die Ausfuhr hat sich in dieser Zeit von ca. 5 auf ca. 40 Mrd. DM verachtfacht. Gleichzeitig blieb Deutschland der größte Nahrungsmittelimporteur und auch der größte Nettonahrungsmittelimporteur der Welt. Da jedoch die Ausfuhren rascher als die Einfuhren anstiegen, stagniert die Nettoeinfuhr seit etwa 1985 (vgl. Übersicht 5).

Bei der Ausfuhr sind Strukturveränderungen deutlich erkennbar (vgl. Übersicht 6). Bei konstantem Ausfuhranteil für Genußmittel verminderte sich der Ausfuhranteil tierischer Nahrungsmittel zu Lasten pflanzlicher Nahrungsmittel. Das »Veredelungsland« Deutschland verliert auf den internationalen Märkten Marktanteile bei den tierischen Nahrungsmitteln.

Da sich auch bei der Struktur der Einfuhren von Ernährungsgütern ähnliche Entwicklungen vollzogen haben (vgl. Übersicht 7), nahm der Anteil der tierischen Nahrungsmittel an den Nettoeinfuhren seit Anfang der 80er Jahre von ca. 10 % auf gegenwärtig fast 25 % der Nettoeinfuhren kontinuierlich zu (vgl. Übersicht 8)

Die deutsche Agrarwirtschaft verliert insbesondere im Vergleich zu Mitbewerbern in der Europäischen Union offenbar Marktanteile und letztlich auch Arbeitsplätze. Die Situation könnte sich verschärfen, wenn die nordamerikanischen Staaten ihre Veredelungswirtschaft – wie beabsichtigt – weiter ausbauen.

1.4 Entwicklung des nominalen und realen Bruttoinlandsproduktes

Seit 1970 hat sich das nominale Bruttoinlandsprodukt der Bundesrepublik Deutschland (als Summe der Bruttowertschöpfungen für alle Wirtschaftsbereiche) etwa verfünffacht. Gleichzeitig konnte sich das reale Bruttoinlandsprodukt nur verdoppeln (vgl. Übersicht 9). Die Differenz zwischen dem realen und nominalen Bruttoinlandsprodukt spiegelt die Inflation während des Zeitraumes von 1970 bis 1997 wider.

Im Vergleich dazu hat sich die nominale Bruttowertschöpfung des Bereichs Landwirtschaft, Forsten und Fischerei um ca. 70 % erhöht, während die reale Bruttowertschöpfung dieses Bereiches etwas stärker anstieg, so daß für den Bereich Landwirtschaft, Forsten und Fischerei keine Inflation, sondern sogar eine leichte Deflation konstatiert werden kann. Diese Situation hat sich aufgrund der stetigen Preissenkungen für Agrarprodukte während der letzten Jahre ergeben (vgl. Übersicht 10).

2. Der Agrarsektor

2.1 Naturale Kenngrößen des Agrarsektors

2.1.1 Entwicklung und Struktur der Brutto-Bodenproduktion

Aus Übersicht 11 geht hervor, daß sich die auf der Landwirtschaftsfläche Deutschlands erzeugte Brutto-Bodenproduktion[1] aufgrund biologischer und technischer Fortschritte im Betrachtungszeitraum nahezu verdoppelt hat. Die Stagnation nach der Wiedervereinigung trotz sprunghaft gestiegener Landwirtschaftsfläche von ca. 12 auf ca. 17 Mio. ha ist vorwiegend darauf zurückzuführen, daß in dieser Periode die Flächenstillegungspolitik der EU wirksam wurde.

Übersicht 12 zeigt, daß die Anteile der aus Sonderkulturen sowie aus Hülsen- und Öfrüchten stammenden Brutto-Bodenproduktion bei stagnierendem Getreideanteil zu Lasten der Anteile aus Futterpflanzen sowie aus Kartoffeln und Zuckerrüben kontinuierlich zunehmen. Die Zunahme der Hülsen- und Öfrüchte ist auf deren Bevorzugung durch die EU-Agrarmarktpolitik, die Zunahme der Sonderkulturen auf den marktnahen und kaufkräftigen Standort Deutschland zurückzuführen.

2.1.2 Entwicklung und Struktur der Nahrungsmittelproduktion

Die Nahrungsmittelproduktion (NMP)[2] umfaßt alle Mengen – gemessen in GE–, die an Nahrungsmitteln sowie an Rohprodukten für gewerbliche Zwecke verfügbar werden, also den Agrarsektor als Output verlassen. Die Netto-Nahrungsmittelproduktion (NNMP) wird aus der Nahrungsmittelproduktion durch Abzug der Futtermitteleinfuhren ermittelt. Die NNMP stellt die Erzeugung aus heimischer Bodenleistung dar.

Übersicht 13 zeigt, daß sich die Nahrungsmittelproduktion des früheren Bundesgebietes von 1970 bis 1990 um ca. ein Drittel erhöht hat, nach der Wiedervereinigung zunächst sprunghaft anstieg, um dann wieder abzufallen. Dieser – offenbar vorübergehende – Anstieg und Rückgang ist vor allem auf den starken Abbau der Nutztierbestände in den neuen Bundesländern, die kurzfristig als Nahrungsmittelproduktion verfügbar wurden, zurückzuführen. Die Gesamttendenz deutet auf den weiteren Anstieg der Nahrungsmittelproduktion.

Aus Übersicht 14 geht hervor, daß die pflanzliche Nahrungsmittelproduktion rascher ansteigt als die tierische Nahrungsmittelproduktion und insbesondere als diejenige auf der Basis von importierten Futtermitteln.

Die Netto-Nahrungsmittelproduktion stieg also rascher als die Nahrungsmittelproduktion. In der Tendenz ergibt sich ein Prozeß der Importsubstitution bei der Nahrungsmittelerzeugung. Außer für vermehrte Exporte wurde die steigende heimische Nahrungsmittelproduktion auch zur Verminderung von Importen genutzt.

2.1.3 Entwicklung der Flächenproduktivitäten wichtiger pflanzlicher Erzeugnisse

Bei – abgesehen von der Wiedervereinigung – in der Tendenz leicht abnehmender Gesamtlandwirtschaftsfläche Deutschlands wurden die Steigerungen der Brutto-Bodenproduktion und der Nahrungsmittelproduktion bei den pflanzlichen Erzeugnissen durch Steigerungen der ha-Erträge – vorwiegend bedingt durch Züchtungsfortschritte – erreicht. Übersicht 15 zeigt dazu für den Betrachtungszeitraum die Entwicklung der ha-Erträge von Weizen, Körnermais, Raps und Zuckerrüben (lineare Regressionen).

Setzt man die ha-Erträge der Erzeugnisse für das Erntejahr 1970 jeweils mit 100 an, dann zeigt Übersicht 16, daß sich – im positiven Extremfall – das Ertragsniveau von Weizen innerhalb des eine Generation umfassenden Betrachtungszeitraumes verdoppelt hat, während sich – im negativen Extremfall – das Ertragsniveau von Zuckerrüben nur um ein Viertel erhöhte. Über den Einfluß der EU-Agrarmarktpolitik auf diese Unterschiede ließe sich spekulieren, allerdings auch darüber, welche sonstigen Ursachen noch wirksam waren.

[1] Die Brutto-Bodenproduktion ist ein physisches Maß für die Gesamtproduktion, die auf den landwirtschaftlich genutzten Flächen Deutschlands erzeugt wird. Sie stellt die Bodenleistung ohne Rücksicht auf die Art ihrer Verwendung dar und wird in Getreideeinheiten (GE) gemessen. Die Getreideeinheit ist eine Kennzahl, die in Abhängigkeit von der Verwendungsstruktur des landwirtschaftlichen Erzeugnisses in der Fütterung das Energielieferungsvermögen eines Erzeugnisses im Verhältnis zum errechneten Energielieferungsvermögen von Futtergerste wiedergibt. Die tierischen Erzeugnisse werden nicht nach ihrem eigenen Nettoenergiegehalt, sondern nach dem Nettoenergiegehalt des Futters berechnet, das durchschnittlich zu ihrer Erzeugung erforderlich ist.

[2] Unter die Nahrungsmittelproduktion fallen sowohl die pflanzlichen Erzeugnisse, die für die menschliche Ernährung direkt verwendet werden oder zur Verarbeitung im Ernährungsgewerbe dienen als auch die tierischen Erzeugnisse aus den verschiedenen Zweigen der landwirtschaftlichen Veredelungswirtschaft. Darin enthalten sind auch die tierischen Erzeugnisse aus eingeführten Futtermitteln sowie die Ausfuhren an Nutz- und Zuchtvieh. Berücksichtigt sind auch die Veränderungen des Viehbestandes, bereinigt um die Einfuhr von Nutz- und Zuchtvieh. Nicht der Nahrungsmittelproduktion zugerechnet werden dagegen die landwirtschaftlichen Vorleistungen (Futter-, Saat- und Pflanzgut, Bruteier) sowie solche landwirtschaftlichen Erzeugnisse, die nicht der menschlichen Ernährung dienen.

2.1.4 Entwicklung der tierbezogenen Produktivitäten für wichtige Nutztiererzeugnisse

Übersicht 17 zeigt die Entwicklung wichtiger tierbezogener Produktivitäten in Form der Fleischmenge (in kg Schlachtgewicht) je Großvieheinheiten Rind und Schwein sowie als kg Milch je Milchkuh.

Setzt man das jeweils im Jahre 1970 erreichte Leistungsniveau mit 100 an, dann verdeutlicht Übersicht 18, daß sich auch im Bereich der tierischen Produktion große Unterschiede für die Entwicklung der Produktivitäten ergeben haben. Während sich die Milchleistung im Betrachtungszeitraum um die Hälfte des Ausgangswertes erhöhte und die Fleischleistung je Rinder-GV immerhin noch um ein Viertel anstieg, stagnierte die Fleischleistung bei den Schweinen.

Über die Ursachen dieser Unterschiede ließe sich spekulieren. Womöglich bestand wegen der besonders großen arbeitssparenden Fortschritte durch Innovationen bei der Stall- und Fütterungstechnik im Bereich der Schweinehaltung ein vergleichsweise geringer Anreiz zur Steigerung der Arbeitsproduktivät über zunehmende Tierleistungen.

2.1.5 Arbeits- und bodensparender Fortschritt: Entwicklung des Nutzflächen- und Arbeitsbedarfes je Einheit Netto-Nahrungsmittelproduktion

Übersicht 19 zeigt, daß der Arbeitseinsatz in der Landwirtschaft im Betrachtungszeitraum um mehr als 60 % drastisch und der Nutzflächeneinsatz insbesondere beim Dauergrasland zurückging, während die Ackerfläche kaum einen Rückgang aufweist.

Da auch Ackerflächen in größerem Umfange für nichtlandwirtschaftliche Zwecke umgewidmet wurden, verdeutlicht diese Entwicklung, daß technische Fortschritte sowie veränderte Preis-Kosten-Relationen zu erheblichen Umwidmungen von Dauergrasland in Ackerflächen geführt haben.

Die Abnahmen des Arbeits- und Nutzflächeneinsatzes haben in Verbindung mit dem Anstieg der Netto-Nahrungsmittelproduktion dazu geführt, daß – wie Übersicht 20 zeigt – der Arbeitsbedarf zur Erzeugung einer Einheit Netto-Nahrungsmittelproduktion innerhalb des Betrachtungszeitraumes auf ca. ein Fünftel des Ausgangswertes und der Nutzflächenbedarf auf ca. die Hälfte des Ausgangswertes zurückging.

Der gegenüber der zugehörigen (exponentiellen) Regressionskurve in den letzten Jahren zu beobachtende Anstieg der Werte für den Nutzflächenbedarf ist durch die Wiedervereinigung bedingt. Die geringeren Ertragsniveaus und die geringere Viehdichte in den neuen Bundesländern führen – statistisch betrachtet – zu einer (zumindest vorübergehenden) Extensivierung der Bodennutzung.

2.2 Monetäre Kenngrößen des Agrarsektors

2.2.1 Entwicklung und Struktur des Produktionswertes

Übersicht 21 zeigt die Entwicklung des in jeweiligen Preisen gemessenen Produktionswertes[3] der Landwirtschaft von 1970 bis zur Gegenwart. Ebenso wie die Brutto-Bodenproduktion und die Nahrungsmittelproduktion hat sich die monetär bewertete Produktion seit 1970 bis zur Wiedervereinigung fast verdoppelt.

Die zwischenzeitliche Abnahme des Produktionswertes seit etwa 1983/84 ist auf die einsetzende Rückführung der EU-Marktordnungspreise, die Zunahme Anfang der 90er Jahre auf die höhere Produktion im wiedervereinigten Deutschland und die Abnahme seit 1993/94 auf die Wirkung der Reform der gemeinsamen EU-Agrarpolitik mit ihren drastischen Produktpreissenkungen zurückzuführen.

Mit der Entwicklung des Produktionswertes gingen – wie Übersicht 22 verdeutlicht – Strukturveränderungen einher. Der Anteil der pflanzlichen Produkte, insbesondere der Sonderkulturen, stieg zu Lasten der tierischen Produkte, insbesondere des Fleisches, um ca. 10%-Punkte von 30 auf 40%-Punkte an.

Neben Mengeneffekten spielen hier vor allem Preiseffekte eine wichtige Rolle. Im Vergleich zu den pflanzlichen Marktordnungsprodukten wurde Fleisch relativ billiger. Bemerkenswert ist schließlich, daß Getreide nur mit ca. 10% zum Produktionswert beiträgt.

2.2.2 Entwicklung und Struktur der Vorleistungen

Die Vorleistungen[4] anderer Wirtschaftsbereiche für die Landwirtschaft zeigen – wie Übersicht 23 verdeutlicht – ganz ähnliche Tendenzen wie der Produktionswert. Nach einer Verdoppelung ihres Wertes von 1970 bis Mitte der 80er Jahre durchlaufen die Vorleistungen bis Anfang der 90er Jahre ein Tal, um nach ihrem Wiederanstieg jetzt neuerlich abzufallen.

Die Ähnlichkeit mit dem Verlauf der Entwicklung des Produktionswertes stützt die Vermutung, daß – salopp ausgedrückt – »die Kosten den Preisen folgen«. Abnehmende Produktpreise führen seitens der Landbewirtschafter zu nachlassender Nachfrage nach Vorleistungsgütern und damit nicht nur zu geringeren Verbrauchsmengen, sondern auch zu sinkenden Preisen für die Vorleistungsgüter, im ganzen also zum Rückgang des Wertes der Vorleistungen.

Auch die Struktur der Vorleistungen hat sich – wie Übersicht 24 zeigt – deutlich verändert. Abnehmenden Ausgaben für Futtermittel und Vieh sowie für Düngemittel stehen zunehmende allgemeine Wirtschaftsausgaben (Energie, Unterhaltung, etc.) gegenüber. Bei den Futtermitteln wirken sich die bereits angesprochenen Import-Substitutionen und die sinkenden Marktordnungspreise für Getreide, die zu Preissenkungen für Futtermittel zwingen, aus.

Auf die Preisentwicklungen bei den allgemeinen Wirtschaftsausgaben hat die Nachfragesituation innerhalb der Landwirtschaft jedoch nur einen marginalen Einfluß, da diese Güter – im Unterschied zu Futtermitteln und Düngemitteln – in erster Linie von anderen Wirtschaftssektoren nachgefragt werden und zusätzlich teilweise monopolartige Anbieterverhältnisse vorherrschen.

[3] Zum Produktionswert gehören alle Verkäufe an andere Wirtschaftsbereiche, auch dann, wenn die verkauften Mengen (insbesondere Futtergetreide) später von der Landwirtschaft zurückgekauft werden, der Eigenverbrauch zu Nahrungszwecken, die Vorratsveränderungen pflanzlicher und tierischer Erzeugnisse sowie die selbsterstellten Anlagen (Vieh, Dauerkulturen). Im Betrieb verbrauchte oder direkt an andere landwirtschaftliche Betriebe verkauften Mengen sind im bereichsinternen Verbrauch enthalten und nicht Bestandteile des Produktionswertes.

2.2.3 Entwicklung der Nettowertschöpfung und der Investitionen

Übersicht 25 zeigt die Entwicklung des landwirtschaftlichen Produktionswertes (Gesamtsäulen) und seine Verwendung für Vorleistungen, Abschreibungen und am Markt erwirtschaftete Nettowertschöpfung. Zusätzlich wurde unterhalb der Null-Linie die aus Subventionen (als Saldo aus Produktionssteuern und Subventionen) erzielte Nettowertschöpfung des Sektors angegeben[5].

Als Folge der Reformen der EU-Agrarpolitik seit Mitte der 80er und insbesondere seit Anfang der 90er Jahre zeigt sich, daß die tendenziell seit Anfang des Betrachtungszeitraumes gleichbleibende (Gesamt-) Nettowertschöpfung zu immer größeren Anteilen aus Subventionen hervorgeht. Inzwischen stammen ca. zwei Fünftel des Gesamtbetrages nicht vom Markt.

Von besonderem Interesse für das Anpassungsverhalten der Landbewirtschafter in Reaktion auf veränderte Rahmenbedingungen ist die Entwicklung der Brutto- und Nettoinvestitionen. Übersicht 26 zeigt, daß sich die Bruttoanlageninvestitionen des Sektors im Betrachtungszeitraum zwar prinzipiell ebenso wie der sektorale Produktionswert verdoppelt haben, daß aber die Nettoinvestitionen als Differenz aus Bruttoinvestitionen und Abschreibungen längerfristigen »Konjunkturzyklen« unterliegen.

Die in Folge steigender Marktordnungspreise in der zweiten Hälfte der 70er Jahre »gute« wirtschaftliche Situation (mit positiven Erwartungen für die Zukunft) hat zu positiven Nettoinvestitionen geführt. Die Mitte der 80er Jahre einsetzenden Preisrückführungen bei den Marktordnungsprodukten und insbesondere die Anfang der 90er Jahre durchgeführte GAP-Reform haben das Gegenteil bewirkt. Der Sektor ist durch Substanzverzehr gekennzeichnet.

Die Landbewirtschafter üben aufgrund der unsicheren Zukunftserwartungen Investitionszurückhaltung. Ein Teil der negativen Nettoinvestitionen in der Zeit seit Anfang der 90er Jahre – ab 1991/92 beziehen sich die Werte auf Gesamtdeutschland – ist auf den Substanzabbau in der Nutztierhaltung der neuen Bundesländer zurückzuführen.

Insgesamt spiegelt jedoch die Entwicklung der Nettoinvestitionen mehr als jede andere Zeitreihe die wirtschaftliche Situation in einem Sektor wider.

2.2.4 Verwendung der Nettowertschöpfung der Landwirtschaft

Die Nettowertschöpfung stellt das Gesamteinkommen aller in der Landwirtschaft eingesetzten Produktionsfaktoren dar. Übersicht 27 zeigt nicht nur die Entwicklung dieser Gesamteinkommensgröße während des Betrachtungszeitraumes, sondern auch seine Verwendung für die Abgeltung des Einsatzes verschiedener Faktorarten (funktionale Einkommensverwendung).

[4] Die Vorleistungen anderer Wirtschaftsbereiche für die Landwirtschaft umfassen den ertragssteigernden Aufwand, die Ausgaben für Energie, die Kosten der Unterhaltung von Maschinen und Wirtschaftsgebäuden sowie anderen Dienstleistungen. Sie enthalten nicht die Löhne für fremde Arbeitskräfte, Beiträge für soziale Unfallversicherung, Schuldzinsen und Käufe von Investitionsgütern.

[5] In der Gesamtrechnung ergibt sich die Nettowertschöpfung nach folgender Bestimmungsgleichung: Nettowertschöpfung = Produktionswert ./. Vorleistungen ./. Abschreibungen ./. Produktionssteuern + Subventionen.

Subtrahiert man von der Nettowertschöpfung die verschiedenen Kontrakteinkommen, nämlich die Zinsleistungen für das eingesetzte Fremdkapital, die Pachtzahlungen für nicht im Eigentum der Landbewirtschafter befindliche landwirtschaftliche Nutzflächen sowie die gezahlten Unfallversicherungsbeiträge und die Lohnzahlungen für Lohnarbeitskräfte, dann verbleibt als Residualeinkommen der »Gewinn«, den die landwirtschaftlichen Unternehmer und ihre mithelfenden Familienangehörigen für den Einsatz ihrer Arbeit, ihres Eigenkapitals, ihres Eigenlandes und der eigentlichen Unternehmerleistung erwirtschaften[6].

Trotz steigender Nettowertschöpfung hat dieser »Gewinn« innerhalb des Betrachtungszeitraumes tendenziell absolut und relativ abgenommen. Er umfaßt gegenwärtig nur noch ein Drittel der Nettowertschöpfung (vgl. Übersicht 28). Zusätzlich ist dabei zu beachten, daß von diesem »Gewinn« noch die Zahlungen für die Nutzung von Zuckerrüben- und Milchquoten, deren Eigentümer nicht mehr als Landwirte tätig sind, abgehen.

Der besonders starke Rückgang des »Gewinns« seit dem Beginn der 90er Jahre ist vor allem darauf zurückzuführen, daß sich diese Zahlen auf Gesamtdeutschland mit dem wesentlich höheren Anteil an entlohnten Arbeitskräften in den neuen Bundesländern beziehen. Allerdings setzt sich auch die Abnahme der Summe aus Gewinn und Lohnzahlungen bis in die Gegenwart fort.

2.2.5 Entwicklung der Nettowertschöpfung und der Netto-Nahrungsmittelproduktion je Nutzflächeneinheit

Übersicht 29 zeigt die Entwicklungen der Nettowertschöpfung einerseits ohne Saldo aus Produktionssteuern und Subventionen, andererseits mit diesen Beträgen im Vergleich zur Entwicklung der Netto-Nahrungsmittelproduktion je ha landwirtschaftlicher Nutzfläche.

Die zugehörigen Regressionsgeraden wurden ohne Berücksichtigung der Werte für den Zeitraum seit der Wiedervereinigung berechnet, um deren Einfluß zu verdeutlichen. Aufgrund der unterschiedlichen Produktionsstrukturen in den neuen Bundesländern (geringere Mengen an Netto-Nahrungsmittelproduktion ja ha LF vorwiegend aufgrund geringerer Naturalerträge und weniger umfangreicher Viehhaltung) ergeben sich bei allen Werten negative Abweichungen vom Trend.

Setzt man die Werte der genannten Größen für 1970 jeweils = 100, dann läßt sich mit Übersicht 30 ein Entwicklungsvergleich durchführen. Während sich die Netto-Nahrungsmittelproduktion im Betrachtungszeitraum tendenziell verdoppelte, stieg die gesamte Nettowertschöpfung nur um ca. 40 % und die am Markt erwirtschaftete Nettowertschöpfung sogar nur um knapp 20 % an.

Ein Großteil der Zunahmen der naturalen Flächenproduktivität wurde also offenbar über Produktpreissenkungen an nachgelagerte Wirtschaftsbereiche, das Ausland und die Verbraucher weitergegeben.

[6] Die Zeitreihen basieren teilweise auf geschätzten Daten, da z.B. die Pachtsätze nur für jedes zweite Jahr zur Verfügung stehen und die Zinsleistung für die neuen Bundesländer geschätzt werden mußte.

2.2.6 Entwicklung der Nettowertschöpfung und der Netto-Nahrungsmittelproduktion je Arbeitseinheit

Die Übersichten 31 und 32 zeigen analog zu den Darstellungen der vorhergehenden Übersichten 29 und 30 die Entwicklungen der Netto-Nahrungsmittelproduktion und der Nettowertschöpfungen je Arbeitseinheit, d.h. je Voll-AK (AK).

Übersicht 32 verdeutlicht für den Arbeitseinsatz ganz ähnliche Tendenzen wie für den Nutzflächeneinsatz: Während sich die Netto-Nahrungsmittelproduktion je AK im Betrachtungszeitraum fast vervierfachte, verdoppelte sich lediglich der Wert für die am Markt erwirtschaftete Nettowertschöpfung je Arbeitseinheit. Große Teile der Produktivitätsfortschritte wurden an nachgelagerte Wirtschaftsbereiche, das Ausland und die Verbraucher weitergegeben.

2.3 Produkt- und Faktorpreisentwicklungen für wichtige Produktionsprozesse

Im folgenden Abschnitt werden für den Zeitraum von 1970 bis zur Gegenwart Preisentwicklungen für wichtige landwirtschaftliche Erzeugnisse und jeweils zugehörige Betriebsmittel dargestellt.

2.3.1 Brotweizen

Nach einem kontinuierlichen Preisanstieg bis Anfang der 80er Jahre hat der Weizenpreis – stellvertretend für die Preise aller Getreidearten – inzwischen einschließlich der Flächenprämie (umgerechnet auf den Ertrag) wieder das Niveau von 1970 erreicht (vgl. Übersicht 33). Ohne Prämie liegt er bei 75 % des Preises von 1970. Prinzipiell die gleiche Entwicklung – ein Zusammenhang mit dem Produktpreis ist unverkennbar – nahmen die Düngemittelpreise ab, wobei allerdings eine Niveauverschiebung bestehen bleibt. Ein ähnlicher Zusammenhang ist für die Pflanzenschutzmittelpreise nur bedingt erkennbar. Ihr Anstieg verlangsamte sich zwar, als der Weizenpreis in der zweiten Hälfte der 80er Jahre zu sinken begann. Mit Einführung der Flächenprämie für Getreide stiegen die Pflanzenschutzmittelpreise allerdings wieder stärker an.

2.3.2 Raps

Für Raps ergeben sich prinzipiell die gleichen Preiszusammenhänge wie für Weizen (vgl. Übersicht 34).

2.3.3 Zuckerrüben

Die EU-Zuckermarktordnung hat bewirkt, daß der Zuckerrübenpreis nach seinem Höchststand Mitte der 80er Jahre weniger stark zurückging, als die Getreidepreise (vgl. Übersicht 35). Er liegt gegenwärtig noch fast 40 % über dem Niveau von 1970. Da die Düngemittel- und Pflanzenschutzmittelpreise offenbar stärker von dem Hauptprodukt Getreide beeinflußt werden, hat sich das Verhältnis zwischen Produkt- und Faktorpreisen im Zuckerrübenbau in den letzten Jahren eher noch verbessert.

2.3.4 Milch

Im Vergleich zu den übrigen Produktionsprozessen ist die Milchproduktion der (relative) »Gewinner« während des Betrachtungszeitraumes gewesen (vgl. Übersicht 36).

Aufgrund der sinkenden Getreidepreise und der stärker durch die Rindfleischproduktion beeinflußten Färsenpreise nahmen der Kraftfutterpreis (Milchviehmischfutter) und der Färsenpreis nach dem auch hier zu beobachtenden zwischenzeitlichen Hoch Anfang der 80er Jahre stärker ab als der Milchpreis. Zudem setzte der Rückgang des Milchpreises später ein als derjenige der zugehörigen Faktorpreise (»Kiechle-Effekt«).

2.3.5 Rindfleisch

Prinzipiell vollzog sich bei der Fleischproduktion die gleiche Entwicklung wie bei den übrigen landwirtschaftlichen Standardprodukten. Nach einem zwischenzeitlichen Hoch zu Beginn der 80er Jahre sanken die Preise für Schlachtrinder und die zugehörigen Kraftfutterpreise kontinuierlich, wobei sich allerdings die Relation zwischen Mastrinder- und Kraftfutterpreis leicht verbessert hat (vgl. Übersicht 37). Etwas ungünstiger ist die Relation zwischen Kälber- und Mastrinderpreisen geworden. Der Kälberpreisrückgang setzte verzögert ein.

2.3.6 Schlachtschweine

Nach dem ebenfalls für Anfang der 80er Jahre zu beobachtenden »Zwischenhoch« liegen die Schlachtschweinepreise inzwischen unter dem Niveau von 1970 (vgl. Übersicht 38). Die Faktorpreise für Schweinemastfutter und Ferkel folgten dieser Preisfigur mit einer gewissen Zeitverzögerung, allerdings ist die Preisrelation zwischen Ferkel- und Schlachtschweinepreisen ungünstiger geworden. Die Arbeitsersparnissen weniger zugängliche Ferkelproduktion reagiert vergleichsweise empfindlich mit Angebotsrückgängen auf Preissenkungen und konnte deshalb »Marge« hinzugewinnen.

2.3.7 Standardprodukte und Sonderkulturen

Gravierende Entwicklungsunterschiede ergeben sich bei den Preisen für pflanzliche Standardprodukte (Getreide, Öpflanzen, Zuckerrüben, etc.) im Vergleich zu den Preisen für Sonderkulturen (Obst, Gemüse, Baumschulerzeugnisse und Weinmost) (vgl. Übersicht 39).

Während die Preise der Standardprodukte, die arbeitssparenden Fortschritten relativ gut zugänglich sind, nach dem zwischenzeitlichen Hoch zu Beginn der 80er Jahre kontinuierlich abnahmen und inzwischen im Durchschnitt fast wieder das Niveau von 1970 erreicht haben, stiegen die Preise der vergleichsweise arbeitsintensiven Sonderkulturen, die zudem teilweise hohe Einkommenselastizitäten aufweisen, auch seit Anfang der 80er Jahre – wenn auch weniger steil – kontinuierlich weiter an. Sonderkulturen haben an relativer Vorzüglichkeit gewonnen. Ihre Preise liegen inzwischen 80 % über dem Niveau von 1970.

2.3.8 Sonderkulturen

Erhebliche Unterschiede ergeben sich allerdings bei den verschiedenen Produkten innerhalb der Gruppe der Sonderkulturen (vgl. Übersicht 40).

Während die Preise für das – im europäischen Maßstab – fast schon Standardprodukt Weinmost eine ähnliche Entwicklung nahmen wie der Durchschnitt der Standardprodukte (pflanzliche Erzeugnisse ohne Sonderkulturen), stiegen die Preise für Baumschulerzeugnisse – gefördert durch Eigenheimbau sowie durch »Umwelt- und Landschaftspflegewellen« – kontinuierlich auf den fast dreifachen Wert von 1970 an. Auch die Preise für Obst und Gemüse haben sich seit 1970 verdoppelt.

2.3.9 Ein- und Verkaufspreise in der Landwirtschaft

Zur Ergänzung der vorher dargestellten Preisentwicklungen zeigt Übersicht 41 die jeweiligen Preise in DM je Produkt- bzw. Faktoreinheit für wichtige Erzeugnisse und Betriebsmittel während des Betrachtungszeitraumes. Zusätzlich zu den vorhergehenden Aussagen über die Preisentwicklungen sei hier darauf hingewiesen, daß sich die Preise für Dieselkraftstoff und elektrischen Strom seit 1970 etwa verdoppelt haben, wobei allerdings der Preis für Dieselkraftstoff nach dem auch hier zu beobachtenden »Zwischenhoch« zu Beginn der 80er Jahre (Ölkrise) wieder leicht rückläufig ist und die Strompreise nach ihrem Anstieg bis zum Beginn der 80er Jahre seitdem praktisch konstant blieben.

Schließlich zeigt Übersicht 41 auch, daß sich das Lohnniveau für landwirtschaftliche Facharbeiter innerhalb des Betrachtungszeitraumes fast vervierfacht hat. Arbeitsintensive Produkte sind davon besonders stark betroffen, was u.a. deren – vorher dargestellte – relative Preisstabilität erklärt.

2.4 Wirtschaftlichkeitsentwicklungen für wichtige Produktionsprozesse

Im folgenden wird die Entwicklung der Wirtschaftlichkeit wichtiger Produktionsprozesse für den Zeitraum von 1977/78 bis zur Gegenwart dargestellt. Dazu wurden die Daten des KTBL zur Berechnung der Standarddeckungsbeiträge für die mittlere Leistungsklasse III verwendet. Das KTBL ermittelt diese Werte jährlich aus den Daten der Testbetriebe des Agrarberichtes der Bundesregierung. Aus den Übersichten gehen die Leistungen, die einzelnen variablen Kostenarten und – wie gesagt – die Standarddeckungsbeiträge hervor. Leider stehen die Werte erst seit dem Wirtschaftsjahr 1977/78 zur Verfügung.

2.4.1 Wirtschaftlichkeit der Winterweizenproduktion

Aufgrund der seit Mitte der 80er Jahre kontinuierlich gesunkenen Produktpreise sank der Deckungsbeitrag je dt Weizen seit Beginn des Betrachtungszeitraumes von 30,- DM/dt auf gegenwärtig noch ca. 20,- DM/dt um ein Drittel seines Ausgangswertes (vgl. Übersicht 42). Gleichzeitig konnte jedoch aufgrund züchterischer Fortschritte das Naturalertragsniveau von ca. 47 dt/ha auf gut 70 dt/ha angehoben werden (vgl. Übersicht 43).

Vorwiegend diese Entwicklung hatte zur Folge, daß der Deckungsbeitrag des Produktes nur von gut 60 % auf etwas weniger als 60 % der Leistung zurückging (vgl. Übersicht 44), so daß der Deckungsbeitrag je ha Anbaufläche nach dem zwischenzeitlichen »Hoch« Mitte der 80er Jahre inzwischen auf dem gleichen Niveau liegt, wie vor 20 Jahren, gemessen in jeweiligen Preisen (vgl. Übersicht 45).

Zum Gesamtdeckungsbeitrag je ha Anbaufläche in Höhe von ca. 1500,- DM trägt allerdings die Flächenprämie mit ca. 600,- DM oder mit 40 % des Deckungsbeitrages bei.

2.4.2 Wirtschaftlichkeit der Winterrapsproduktion

Eine prinzipiell ähnliche, absolut jedoch stärker nachteilige Entwicklung hat die Wirtschaftlichkeit der Rapsproduktion genommen. Der Deckungsbeitrag je dt Ertrag ist im Betrachtungszeitraum von 60,- DM auf knapp 40,- DM ebenfalls um ca. ein Drittel gefallen (vgl. Übersicht 46). Indessen stieg das Ertragsniveau von Raps im Vergleich zu Weizen kaum an (vgl. Übersicht 47).

In Verbindung mit den seit Mitte der 80er Jahre gravierenden Produktpreisrückgängen sank der Deckungsbeitrag des Rapses von ehemals gut 60 % der Leistung auf jetzt noch ca. 50 % (vgl. Übersicht 48).

Dadurch ging schließlich der Deckungsbeitrag je ha Anbaufläche von ehemals ca. 1800,- DM auf jetzt noch ca. 1000,- DM zurück (vgl. Übersicht 49). Ohne die Rapsflächenprämie von ca. 1100,- DM/ha würde sich ein negativer Deckungsbeitrag ergeben.

Raps hat im Vergleich zu Getreide zumindest auf für ihn weniger bevorzugten und durchschnittlichen Standorten an Wettbewerbsfähigkeit verloren. Die ins Auge gefaßte Senkung der Rapsprämie würde diese Situation weiter verschärfen.

2.4.3 Wirtschaftlichkeit der Zuckerrübenproduktion

Der Deckungsbeitrag je dt Ertrag ist im Zuckerrübenbau während des Betrachtungszeitraumes von ca. 7,- DM auf knapp 6,- DM um ca. 15 % gesunken (vgl. Übersicht 50). Der Ertragsanstieg von etwa 10 % im Betrachtungszeitraum konnte die seit Mitte der 80er Jahre von knapp 12,- DM/dt auf knapp 10,- DM/dt gesunkenen Produktpreise nicht kompensieren (vgl. Übersicht 51).

Dadurch ergab sich zwar ein leichter Rückgang des Deckungsbeitrages als Prozentsatz der Leistung (vgl. Übersicht 52), der Deckungsbeitrag je ha Anbaufläche ist jedoch während des Betrachtungszeitraumes mit ca. 3000,- DM weitgehend konstant geblieben und liegt damit doppelt so hoch wie derjenige des Weizens (vgl. Übersicht 53).

Allerdings ist zu bedenken, daß der Zuckerrübenbau in vielen Betrieben durch Quotenkosten (als Quotenpacht oder als Zinsanspruch für gekaufte Quoten) mit etwa 1,- bis 2,- DM/dt oder 500,- bis 1000,- DM/ha Anbaufläche belastet ist.

Die Quotenkosten wirken auf Wettbewerbsunterschiede zu anderen Produkten ausgleichend. Sie würden, wenn – wie von verschiedenen Seiten gefordert – die Zuckermarktordnung in Verbindung mit nachgebenden Produktpreisen gelockert würde, ebenfalls sinken, so daß derartige Maßnahmen nicht unbedingt nachteilig für die »aktiven« Landbewirtschafter sein müßten.

2.4.4 Wirtschaftlichkeit der Milchproduktion

Der Deckungsbeitrag je kg Milch ist nach einem zwischenzeitlichen Hoch am Ende der 80er Jahre (»Kiechle-Effekt«) auf das Niveau zu Beginn des Betrachtungszeitraumes zurückgefallen und liegt bei ca. 0,40 DM/kg Milch (vgl. Übersicht 54). Der Preisabfall seit Ende der 80er Jahre wurde also durch den Milchleistungsanstieg und den Rückgang einiger variabler Kosten kompensiert (vgl. Übersicht 55). Insbesondere durch den Rückgang der Preise für einige der in der Milchproduktion vom Ertrag abhängigen Produktionsfaktoren stieg der Deckungsbeitrag als Prozentsatz der Leistung in dem Betrachtungszeitraum sogar leicht an (vgl. Übersicht 56), so daß sich der Deckungsbeitrag je Kuh und Jahr von ca. 1500,- DM zu Beginn des Betrachtungszeitraumes auf gegenwärtig ca. 2100,- DM um gut 30 % erhöhte (vgl. Übersicht 57).

Allerdings zeigt sich am Beispiel der Milchproduktion auch, daß Aussagen über relative Wettbewerbsfähigkeiten verschiedener Produkte anhand reiner Deckungsbeitragsvergleiche problematisch bleiben. Im Vergleich zu pflanzlichen Produkten hat sich die Wettbewerbssituation der Milchviehhaltung offenbar verbessert.

Unter Berücksichtigung der Tatsache jedoch, daß die arbeitsintensive Milchviehhaltung von Lohnsteigerungen vergleichsweise stark betroffen ist, kann sich bereits ein anderes Bild ergeben. Hinzu kommt, daß die Wettbewerbsfähigkeit der Milchproduktion inzwischen bei etwa der Hälfte der Gesamterzeugung durch Quotenkosten von 0,10 bis 0,20 DM/kg erheblich vermindert wird.

Durch Veränderungen der Preis-Kosten-Verhältnisse erzielte Vorteile der Milchproduktion werden durch Quotenkosten, deren Höhe direkt von der relativen Vorzüglichkeit der Milchproduktion beeinflußt wird, wieder aufgehoben. Die Kontingentierung hat in vielen Futterbaubetrieben tatsächlich nicht zur Verbesserung der Wettbewerbsfähigkeit beigetragen.

2.4.5 Wirtschaftlichkeit der Mastbullenproduktion

In der Mastbullenproduktion ist der Deckungsbeitrag je kg vermarkteter Lebendmasse aufgrund der gesunkenen Produktpreise und trotz der ebenfalls gefallenen Preise für variable Inputs während des Betrachtungszeitraumes kontinuierlich von ca. 1,60 DM/kg Lebendmasse auf ca. 1,- DM/kg Lebendmasse um fast 40 % zurückgegangen (vgl. Übersichten 58 und 59).

Da sich die Lebendmasse je Mastbulle während des Betrachtungszeitraumes praktisch nicht verändert hat, sank – wenn auch weniger gravierend – ebenfalls der Deckungsbeitrag als Prozentsatz der Leistung (vgl. Übersicht 60) und auch der Deckungsbeitrag je Mastbulle innerhalb des Betrachtungszeitraumes trotz in den letzten Jahren bezahlter »Bullenprämien« von ca. 800,- DM auf ca. 500,- DM je Mastbulle um ebenfalls ca. 40 % (vgl. Übersicht 61).

Insbesondere die intensive Rindfleischproduktion hat an Wettbewerbsfähigkeit verloren. Berücksichtigt man, daß – weltweit gesehen – Rindfleisch vorwiegend auf Flächen produziert wird, die nicht mit Nutzungskosten belastet sind, dann dürfte sich bei weiterer Liberalisierung der internationalen Agrarmärkte ein weiterer Rückgang der Wettbewerbsfähigkeit der intensiven Bullenmast ergeben.

2.4.6 Wirtschaftlichkeit der Schlachtschweineproduktion

Aufgrund gefallener Preise des wichtigsten variablen Inputs Futter erreicht der Wert des Deckungsbeitrages mit ca. 0,60 DM/kg Lebendmasse nach einer zwischenzeitlichen deutlichen Absenkung inzwischen wieder den Wert wie zu Beginn des Betrachtungszeitraumes am Ende der 70er Jahre (vgl. Übersicht 62).

Da die erzeugte Lebendmasse je Stallplatz während des Betrachtungszeitraumes praktisch nicht angestiegen ist, wurde der gefallene Produktpreis durch die rückläufigen variablen Kosten (insbesondere – wie gesagt – für Futtermittel) bezüglich der Deckungsbeitragshöhe je kg Lebendmasse voll kompensiert (vgl. Übersicht 63).

Aufgrund der nicht gestiegenen Lebendmasse je Stallplatz und Jahr ergeben sich für den Deckungsbeitrag als Prozentsatz der Leistung und für den Deckungsbeitrag je Stallplatz und Jahr die gleichen Entwicklungen wie für den Deckungsbeitrag je kg Lebendmasse (vgl. Übersichten 64 und 65).

Der Deckungsbeitrag je Stallplatz und Jahr liegt unter mittleren Bedingungen inzwischen ebenso wieder bei ca. 170,- DM wie zu Beginn des Betrachtungszeitraumes am Ende der 70er Jahre. Zwischenzeitlich sank er jedoch – zum Teil als Überreaktion auf bevorstehende Futtermittelpreissenkungen – auf weniger als 100,- DM ab. Die Schweinemast wird weiterhin preisempfindlich bleiben, da der Deckungsbeitrag nur 10 bis 20 % der Leistung ausmacht.

2.5 Maßnahmen von Gebietskörperschaften für die Agrarwirtschaft

2.5.1 Entwicklung und Struktur der Ausgaben des Bundes für die nationale Agrarpolitik

Die Ausgaben des Bundes für die nationale Agrarpolitik haben sich – ohne Berücksichtigung des Bundesanteils für die Gemeinschaftsaufgabe zur Verbesserung der Agrarstruktur und des Küstenschutzes (GAK) und ohne Berücksichtigung des in den Jahren 1989 bis 1993 vorübergehend gezahlten soziostrukturellen Einkommensausgleichs – im Betrachtungszeitraum etwa vervierfacht (vgl. Übersicht 66).

Der Löwenanteil der Ausgaben entfällt auf die Beihilfen für die Altersvorsorge der Landwirte (Altershilfe, Landabgaberente, Alterssicherung, etc.) und auf Beihilfen für Versicherungen (Unfallversicherung, Krankenversicherung, etc.) (vgl. Übersicht 67). Diese Beihilfen sind erforderlich, weil in dem schrumpfenden Sektor Agrarwirtschaft die Zahl der Leistungsempfänger im Vergleich zur Zahl der Beitragszahler sehr hoch ist und deshalb die Gesellschaft als ganzes einen Solidarbeitrag leistet.

2.5.2 Entwicklung und Struktur der Ausgaben für die Gemeinschaftsaufgabe zur Verbesserung der Agrarstruktur und des Küstenschutzes (GAK)

Nach einer längeren Stagnationsphase haben sich die von Bund und Ländern gemeinsam getragenen Ausgaben für die Gemeinschaftsaufgabe seit der Wiedervereinigung sprunghaft erhöht (vgl. Übersicht 68). Mit ca. 4 Mrd. DM jährlich werden für diese Maßnahmen gut 200,- DM je ha LF oder gut 6000,- DM je landwirtschaftlicher Voll-AK verausgabt.

Die Ausgabenstruktur hat sich innerhalb des Betrachtungszeitraumes nachhaltig verändert (vgl. Übersicht 69). Der Anteil für die einzelbetriebliche Investitionsförderung hat sich seit Anfang der 70er Jahre von weniger als 10 % auf inzwischen mehr als 50 % erhöht, während der Anteil für die wasser- und kulturbautechnischen Maßnahmen sowie für die Flurbereinigung (einschließlich agrarstruktureller Vorplanung) von gut 70 % auf jetzt noch ca. 25 % zurückgenommen wurde.

Damit verminderte sich die Förderung zur grundsätzlichen und langfristigen Verbesserung der Wettbewerbsfähigkeit der deutschen Agrarwirtschaft, während sich die direkte Investitionsförderung nicht zuletzt zur Anpassung der Produktionsbedingungen in den neuen Bundesländern stetig erhöhte. Über die Fortsetzung dieser Förderungspolitik wäre sicherlich zu diskutieren.

2.5.3 Entwicklung und Struktur der Ausgaben des EU-Haushaltes

Die Ausgaben des EU-Haushaltes haben sich aufgrund des Beitritts weiterer Länder und der Übernahme zusätzlicher Aufgaben innerhalb der abgelaufenen eineinhalb Jahrzehnte etwa vervierfacht (vgl. Übersicht 70). Ca. 45 des gegenwärtig ca. 80 Mrd. ECU umfassenden Haushaltsbudgets werden für den Agrarbereich verausgabt. Das sind ca. 5200 ECU oder 10 000,- DM je landwirtschaftlichem Betrieb bzw. je Jahresarbeitseinheit oder ca. 290 ECU oder knapp 600,- DM je ha LF.

Übersicht 71 zeigt, daß der Anteil des EU-Budgets für den Agrarbereich seit einem Jahrzehnt kontinuierlich abnimmt. Mit der Übernahme weiterer Aufgaben durch die EU dürfte sich dieser Strukturwandel des EU-Haushaltes zukünftig fortsetzen.

2.5.4 Entwicklung und Struktur der Marktordnungsausgaben der EU (EAGFL, Abteilung Garantie) für die Landwirtschaft

Der Löwenanteil der EU-Ausgaben für den Agrarbereich wird mit ca. 90 % für die Funktion der EU-Marktordnungen (EAGFL, Abt. Garantie) aufgewendet. Diese Ausgaben für die Stützung der einzelnen Produktmärkte stiegen innerhalb der abgelaufenen zwei Jahrzehnte von knapp 10 Mrd. ECU auf jetzt gut 40 Mrd. ECU um ca. 300 % an (vgl. Übersicht 72).

Innerhalb dieses Ausgabenblocks haben sich nachhaltige Strukturänderungen vollzogen (vgl. Übersicht 73). Insbesondere zu Lasten des milchwirtschaftlichen Sektors aber auch zu Lasten der Zuckerwirtschaft wurde die Stützung der Ackerkulturen (»Grandes Cultures«: Getreide, Öl- und Eiweißpflanzen) von ursprünglich ca. 15 % auf inzwischen gut 40 % des Ausgabenblockes angehoben. Die Garantiemengenregelung für die Milch hat den EU-Haushalt stark entlastet, während umgekehrt vor allem die GAP-Reform von 1992 zu erheblichen Mehrausgaben für die Grandes Cultures geführt hat.

3. Entwicklungen im ländlichen Raum

3.1 Natürliche Rahmenbedingungen und ihre Auswirkungen

Unterschiede in der natürlichen Standortgüte der landwirtschaftlichen Produktion stellen – obwohl ihr Einfluß im Zuge der Entwicklung abgenommen hat und z.T. durch andere Faktoren überlagert wurde – eine wichtige Entwicklungsvoraussetzung für die Landwirtschaft dar.

Insbesondere im Zusammenhang mit der politisch bedeutsamen Frage der Aufrechterhaltung von Landnutzung in allen Regionen wird den Unterschieden in der natürlichen Standortgüte der Agrarproduktion eine besondere Bedeutung zugesprochen. Die im intraregionalen Vergleich große Variation der natürlichen Standortverhältnisse wird im folgenden an dem Indikator Bodenklimazahl verdeutlicht.

3.1.1 Natürliche Rahmenbedingungen der Agrarproduktion (Bodenklimazahl)

Die Abbildung der durchschnittlichen Bodenklimazahlen (Übersicht 74) der einzelnen Kreise der Bundesrepublik Deutschland kehrt die großräumigen Differenzen hervor: Das Land Brandenburg, Teile von Nordwestdeutschland und Mittelgebirgslagen zeichnen sich durch eine geringe Standortgüte der Bodenproduktion aus.

Auf der anderen Seite des Spektrums erfreut sich die Landwirtschaft in Mitteldeutschland, im Köln-Aachener Raum oder im Rhein-Neckar-Gebiet guter natürlicher Standortbedingungen. Bei der Betrachtung der Übersicht 74 ist allerdings einschränkend zu beachten, daß der für die landwirtschaftliche Produktion bedeutende Faktor Klima nur mit einem geringen Anteil in den Indikator Bodenklimazahl eingeht.

3.1.2 Dauergrünland in Prozent der LF 1995

Unterschiede in der Form der Landnutzung stellen, den natürlichen Standortfaktoren nicht unähnlich, wichtige Ausgangsvoraussetzungen des Strukturwandels dar. Der Indikator Dauergrünland in Prozent der LF 1995 (Übersicht 75) kennzeichnet zentrale Landnutzungsunterschiede. Hohe Dauergrünlandanteile mit über 50 % der LF finden sich in Teilen der Mittelgebirge, im Alpenvorland und an der Nordseeküste. In diesen Kreisen werden angesichts der Limitierung der Milch- und Fleischproduktion und der weiter anhaltenden Produktivitätsfortschritte tiefgreifende Nutzungsänderungen erwartet.

3.2 Der landwirtschaftliche Strukturwandel

3.2.1 Rückgang der landwirtschaftlichen Betriebe von 1995 zu 1980 in Prozent

Die Übersicht 76 zeigt, daß die Kreise mit der höchsten Abnahme der Zahl der landwirtschaftlichen Betriebe nicht generell mit den Kreisen übereinstimmen, in denen die Kleinbetriebe unter 30 ha LF im Jahr 1980 die Agrarstruktur dominierten.

Die Übersicht 76 verdeutlicht u.a. mit starken Abnahmen der landwirtschaftlichen Betriebe im vordem kleinstrukturierten Hessen und der geringen Abnahme der Betriebszahlen in den ebenfalls kleinstrukturierten südlichen Kreisen in Bayern den in diesem Zeitraum regional stark differenzierten Prozeß des landwirtschaftlichen Strukturwandels. Im Durchschnitt der Bundesrepublik ging die Zahl der landwirtschaftlichen Betriebe um 29 % zurück.

3.2.2 Anteil der LF der landwirtschaftlichen Betriebe über 50 ha 1991

Die Darstellung des Anteils der LF der landwirtschaftlichen Betriebe mit 50 und mehr ha an der Gesamt-LF in den alten und neuen Bundesländern in Übersicht 77 für das – wieder aus datentechnischen Gründen gewählte – Jahr 1991 hebt auf die sogenannte Wachstumsschwelle ab.

Die sogenannte Wachstumsschwelle bezeichnet jene »Grenze«, unterhalb derer die Zahl der landwirtschaftlichen Betriebe ab und oberhalb derer die Zahl der Betriebe zunimmt. Die Wachstumsschwelle lag laut Agrarbericht der Bundesregierung 1992 bei 50 ha.

Unter der Annahme, daß Betriebe über der Wachstumsschwelle bessere Entwicklungschancen besitzen, deutet, so der Umkehrschluß, ein geringer Anteil der Betriebe über 50 ha an der LF der Kreise auf ein deutliches Strukturwandeldefizit in diesen Gebieten hin.

3.2.3 Veränderung GVE-Veredelung/ha LF 1996 zu 1980 in Prozent

Übersicht 78 verdeutlicht die verstärkte regionale Konzentration der Veredelungsproduktion im Strukturwandel zwischen 1980 und 1996 in den alten Bundesländern. Während in einer Vielzahl von Kreisen die Veredelungsproduktion stark abgebaut wurde (über 25 %), wurde sie in anderen Gebieten um 25 % und mehr ausgedehnt.

Die Ausdehnung der Veredelungsproduktion erfolgte schwerpunktmäßig in den wenigen veredelungsstarken Kreisen Nordwestdeutschlands. Die Konzentrationstendenz auf einzelne Standorte in der Veredelungsproduktion wird besonders deutlich durch die Reduktion der Veredelungsproduktion in einer ganzen Reihe 1980 und 1996 (vgl. Übersicht 79) noch veredelungsstarker Kreise im betrachteten Zeitraum.

3.2.4 GVE-Veredelung 1996 pro ha LF

Die Übersicht 79 bildet die Veredelungsdichte in den alten und neuen Bundesländern für das Jahr 1996 ab. Die bekannte geringe Bedeutung der Veredelungsproduktion in dem überwiegenden Teil der neuen Bundesländer springt ins Auge.

Viele Kreise in Rheinland-Pfalz, Baden-Württemberg und Bayern zeichnen sich ebenfalls durch eine ähnlich geringe Bedeutung der landwirtschaftlichen Veredelungsproduktion aus.

3.3 Entwicklung in ländlichen Räumen (Wohnbevölkerung)

3.3.1 Zunahme der Wohnbevölkerung von 1987 bis 1995

Ländliche Räume galten lange als von einer Abwanderung bedrohte Gebiete. In dem in Übersicht 80 abgebildeten siebenjährigen Zeitraum von 1987 bis 1994 weisen von wenigen städtischen Kreisen abgesehen alle Teilgebiete der alten Bundesländer ein Bevölkerungswachstum auf.

Auffallend viele ländliche Flächenkreise, die als traditionelle Abwanderungsgebiete galten, verzeichnen in Fortsetzung der bereits Ende der 70er, Anfang der 80er Jahre einsetzenden und die Entwicklungsrichtung umkehrende Zuwanderung hohe Bevölkerungszunahmen.

Von dieser Bevölkerungszunahme haben, wie Mikrountersuchungen zeigen, nicht nur Städte, sondern auch viele Dörfer profitiert, die sich erfolgreich im Wettbewerb um den Zuzug neuer Einwohner gegenüber anderen Siedlungsformen entwickelten.

3.3.2 Bevölkerungsdichte 1995

Die Bevölkerungsdichte ist ein aggregierter, allgemeiner Indikator etwa für die vergangene bzw. gegenwärtige »Tragfähigkeit« einer Region an Einwohnern, für den Umfang des – für eine endogene Entwicklung bedeutsamen – Bevölkerungspotentials, für die wirtschaftliche Struktur oder für die Möglichkeiten einer Bereitstellung einer leistungsfähigen Infrastruktur zu wirtschaftlichen Bedingungen. Die Bevölkerungsdichte ist daher auch ein wesentliches Kriterium zur Abgrenzung ländlicher Räume in der Literatur.

Die Übersicht 81 verdeutlicht die großen Unterschiede der Bevölkerungsdichte in der Bundesrepublik. Die ausgewiesenen Gruppen, auch nicht jene mit mehr als 400 Einwohnern/qkm stellen jedoch keine klaren Trennlinien zwischen ländlichen oder städtischen Räumen dar:

Die Gruppe der Kreise mit der höchsten Bevölkerungsdichte (400 Einwohner/qkm) ist zwar fast doppelt so dicht bevölkert wie die Bundesrepublik im Durchschnitt (1995: 229 Menschen/qkm).

Aber auch diese Gruppe schließt Kreise wie den Kreis Wesel (1995: 444 Einwohner/qkm) ein, der in weiten Teilen einen ländlichen Charakter hat. Umgekehrt haben einige kreisfreie Städte (Ansbach, Baden-Baden) eine geringere Bevölkerungsdichte.

3.4 Entwicklung in ländlichen Räumen (Erwerbsstruktur)

Die wirtschaftliche Entwicklung in ländlichen Räumen der alten Bundesländer wird in den folgenden Punkten verdeutlicht:

3.4.1 Abnahme der Erwerbstätigen in der Land- und Forstwirtschaft

Der Rückgang der hauptberuflichen Erwerbstätigen in der Land- und Forstwirtschaft zwischen 1980 und 1994 in den alten Bundesländern ist Kennzeichen des landwirtschaftlichen Strukturwandels.

Die räumliche Verteilung der Abnahme der Erwerbstätigen aus diesem Sektor zeigt noch deutlicher als der Rückgang der Betriebe, daß gerade auch in einer Reihe ballungsferner Regionen die land- und forstwirtschaftliche Erwerbstätigkeit mit am stärksten reduziert wurde (vgl. Übersicht 82).

3.4.2 Arbeitslosenquote September 1995

Hohe regionale Arbeitslosenquoten gelten allgemein als Indikator für Probleme am Arbeitsmarkt. Die Gesamtsituation des regionalen Arbeitsmarktes bildet dieser Indikator, jedoch nur näherungsweise ab, da Personen im sogenannten zweiten, staatlich gestützten Arbeitsmarkt und in den vor allem für Ostdeutschland bedeutsamen Sonderregelungen des Vorruhestandes ebensowenig berücksichtigt werden, wie mögliche regionale Unterschiede im Erwerbsverhalten oder in den Erwerbsstrukturen (unterschiedliche Anteile der Erwerbspersonen an der Gesamtbevölkerung oder an den Selbständigen und Mithelfenden an der Gesamtzahl der Erwerbspersonen).

Deutlich wird in Übersicht 83 die Teilung des Arbeitsmarktes zwischen West- und Ostdeutschland. Für die ländlichen Gebiete kehrt sich dabei die relative Betroffenheit durch Arbeitslosigkeit um: In Westdeutschland liegt die Arbeitslosigkeit in ländlichen Kreisen fast durchweg unter der in Stadtkreisen oder im Ruhrgebiet. Insbesondere viele Landkreise in Süddeutschland zeichnen sich durch relativ niedrige Arbeitslosenquoten aus.

Das Bild der regionalen Arbeitslosigkeit in den neuen Bundesländern ist ein deutlich anderes: Auf einem insgesamt höheren Niveau weisen gerade Landkreise im dünnbesiedelten Nordosten und in Teilen von Sachsen-Anhalt mit die höchsten Arbeitslosenquoten aus.

Übersicht 1:

Einkommensverwendung in Privathaushalten

1970-1996; 4-Personenhaushalt mit mittlerem Einkommen

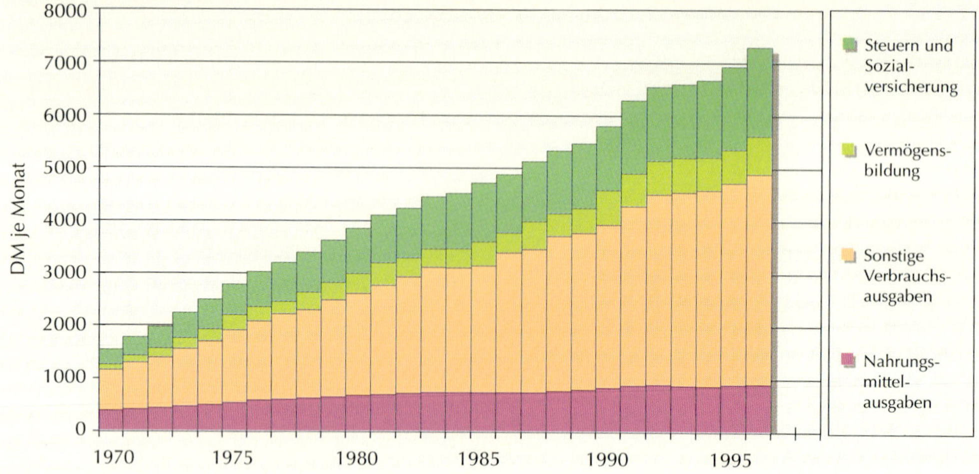

Übersicht 2:

Einkommensverwendung in Privathaushalten

1970-1996; 4-Personenhaushalt mit mittlerem Einkommen

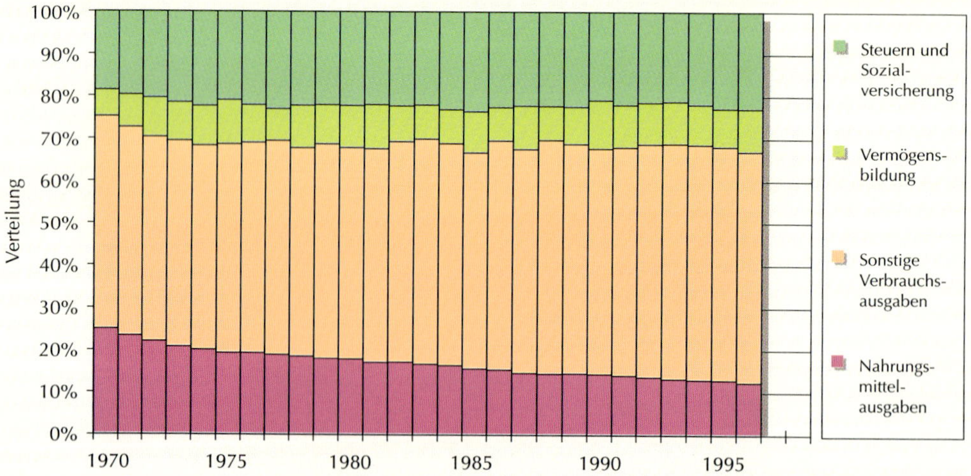

Übersicht 3:

Entwicklung des Pro-Kopf-Verbrauchs von pflanzlichen Produkten

1970/71-1995/96; gleitende 7-Jahresmittel

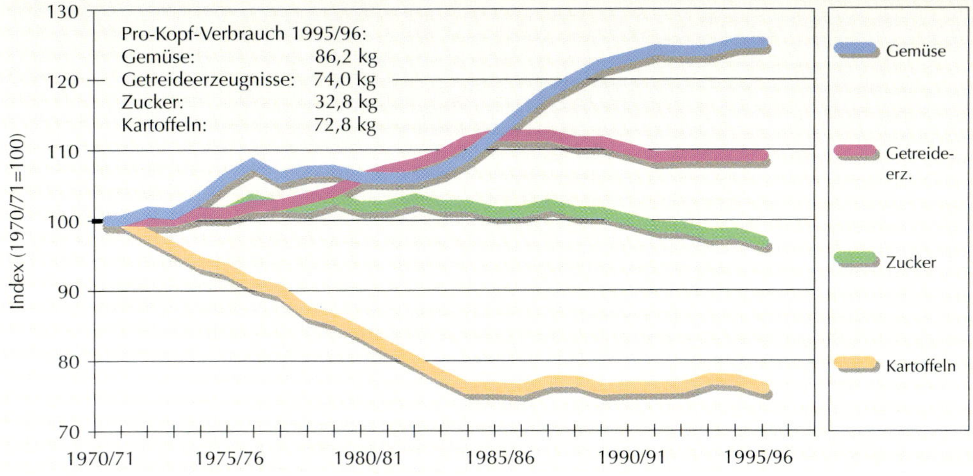

Übersicht 4:

Entwicklung des Pro-Kopf-Verbrauchs von tierischen Produkten

1970-1996; gleitende 7-Jahresmittel

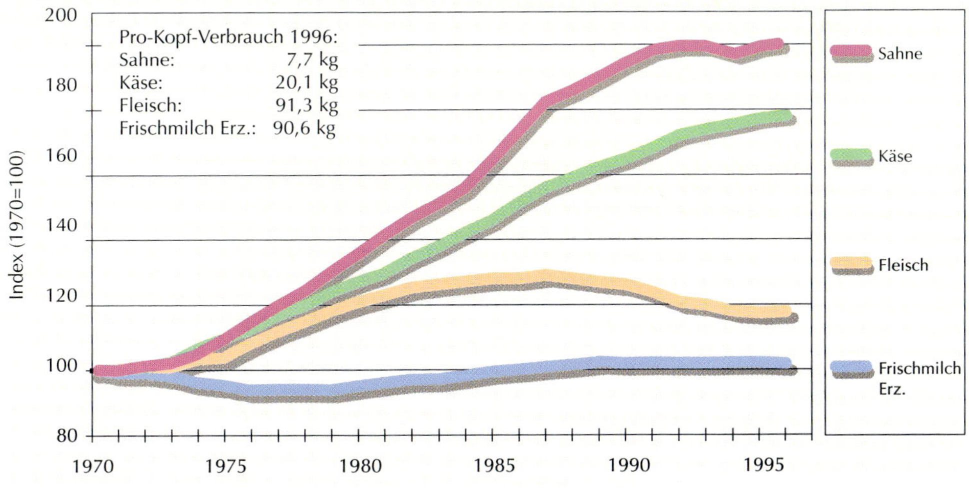

Übersicht 17:

Entwicklungen tierischer Leistungen

1970-1997; bis 1990 früheres Bundesgebiet

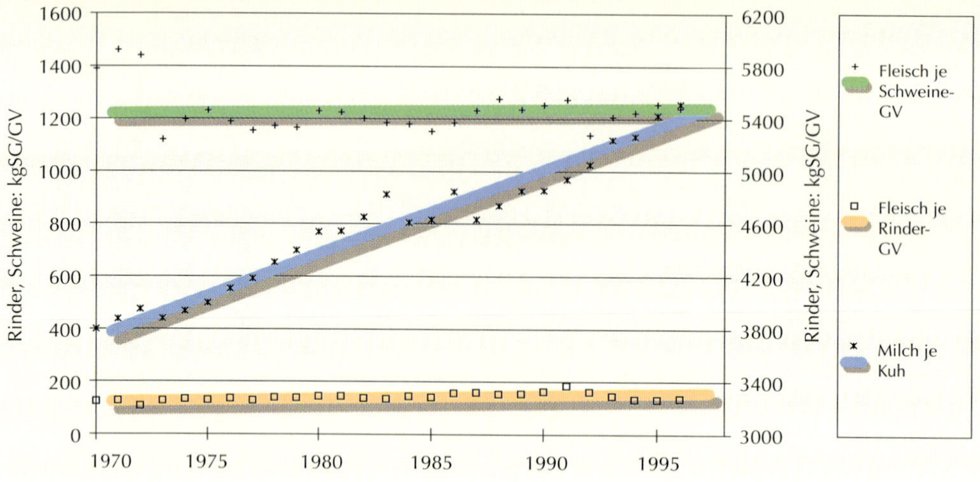

Übersicht 18:

Entwicklungen tierischer Leistungen

1970-1997; bis 1990 früheres Bundesgebiet

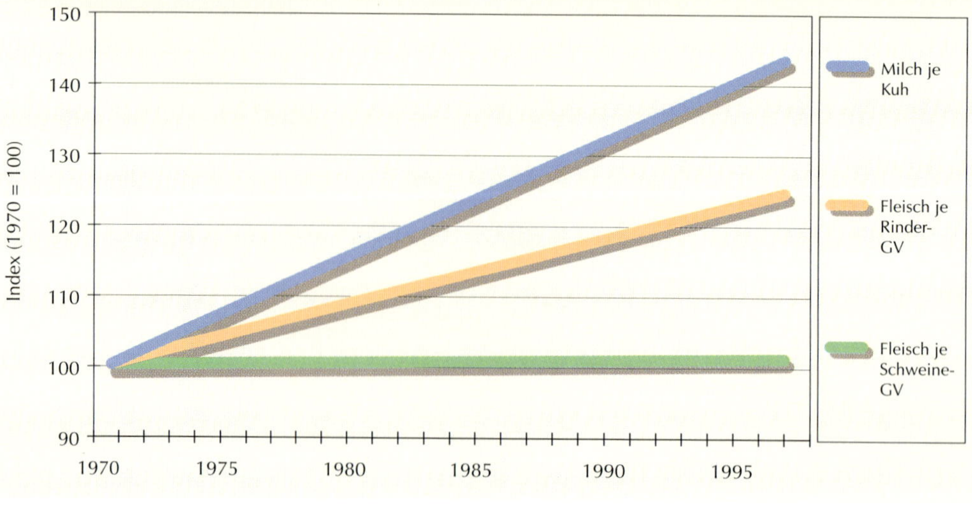

Übersicht 5:

Entwicklung des Außenhandels mit Ernährungsgütern

1970-1996; in Mrd. DM

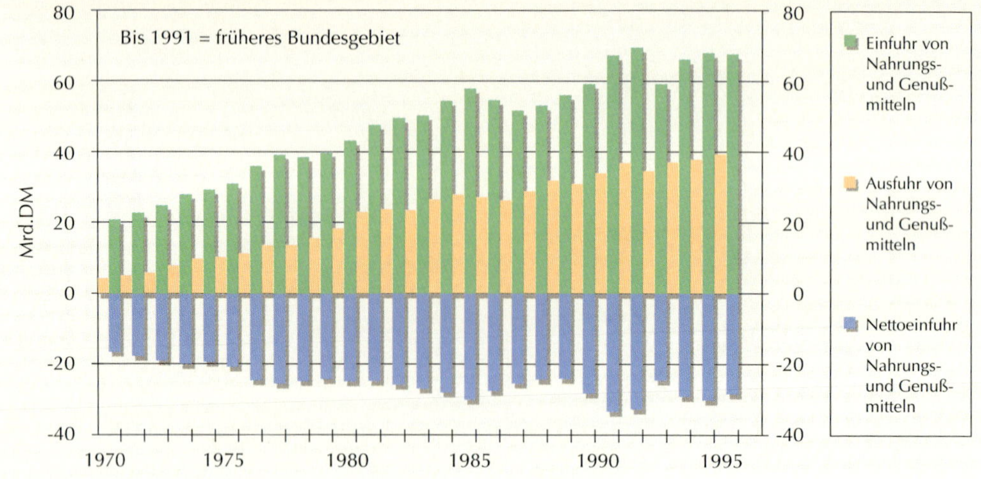

Übersicht 6:

Struktur der Ausfuhr von Ernährungsgütern

1970-1996

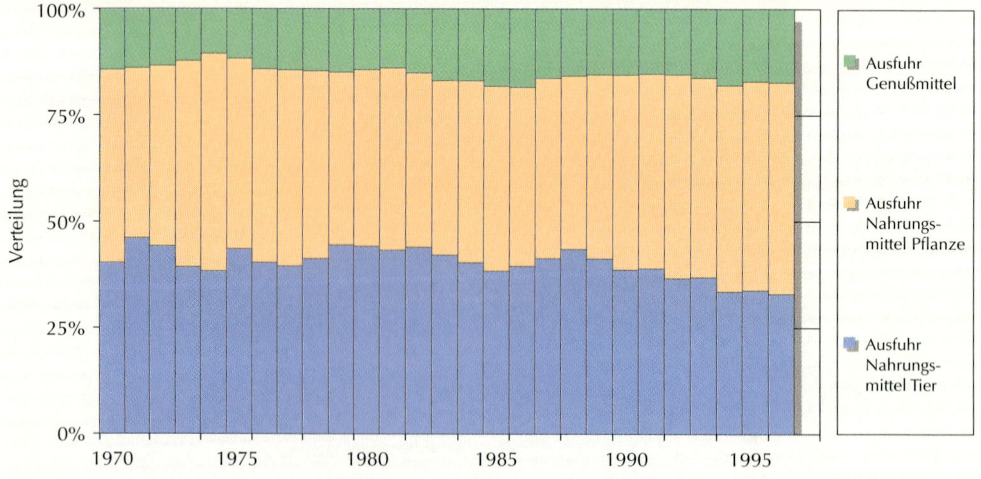

Übersicht 7:

Struktur der Einfuhr von Ernährungsgütern

1970-1996

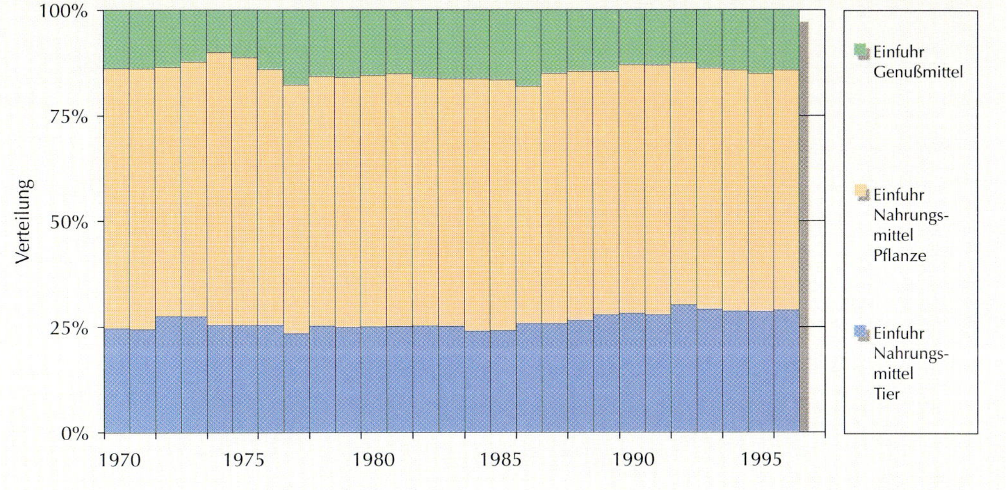

Übersicht 8:

Struktur der Nettoeinfuhr von Ernährungsgütern

1970-1996

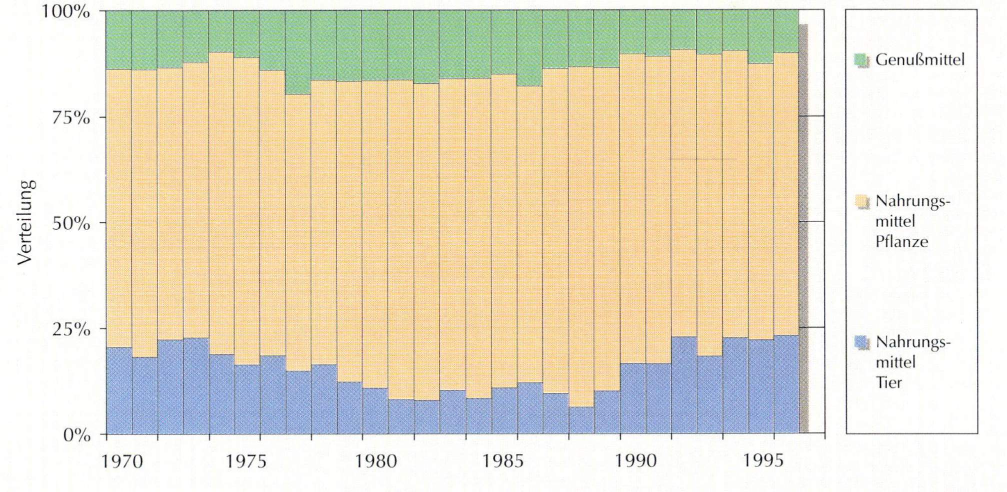

Übersicht 9:

Entwicklung des nominalen und realen Bruttoinlandsproduktes (BIP)

BR Deutschland; gleitende 3-Jahresmittel

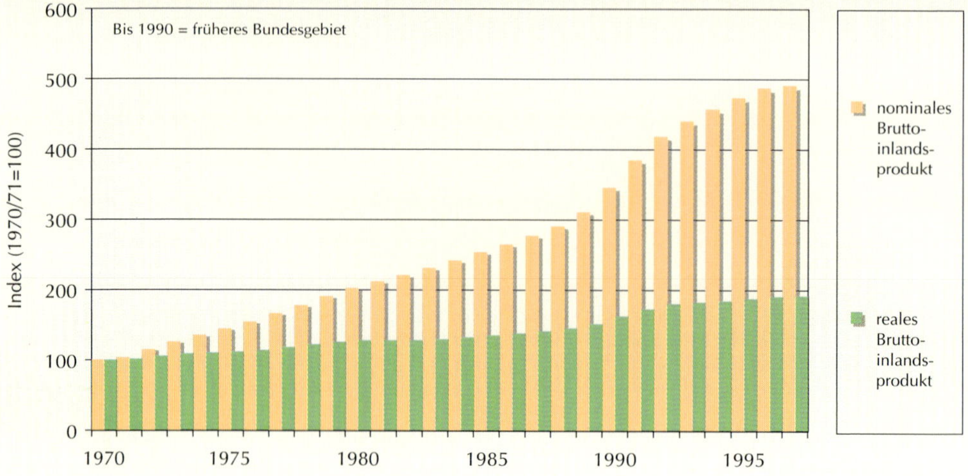

Übersicht 10:

Entwicklung der nominalen und realen Bruttowertschöpfung (BWS)

Lanswirtschaft, Forsten, Fischerei; gleitende 3-Jahresmittel

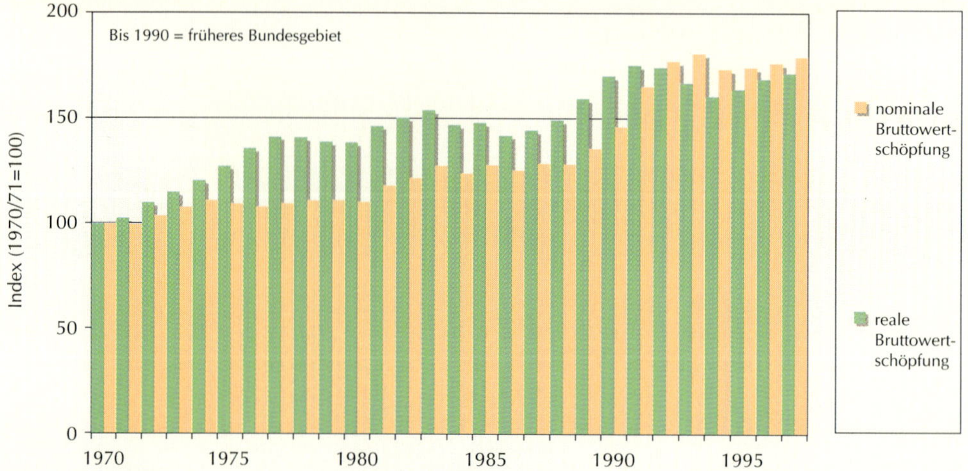

1) in Preisen von 1985

Übersicht 11:

Entwicklung der Brutto-Bodenproduktion

1970/71-1996/97; in Mio.t Getreideeinheiten (GE); gleitende 3-Jahresmittel

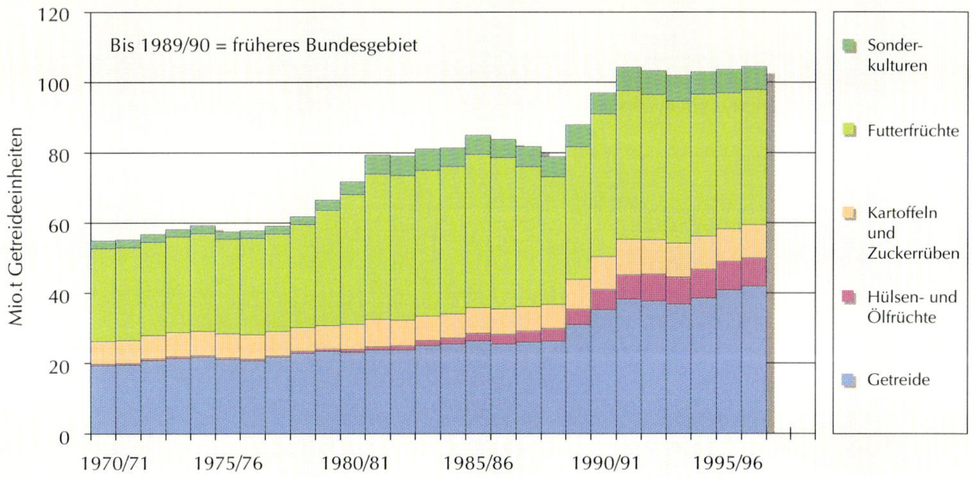

Übersicht 12:

Struktur der Brutto-Bodenproduktion

1970/71-1996/97; gleitende 3-Jahresmittel

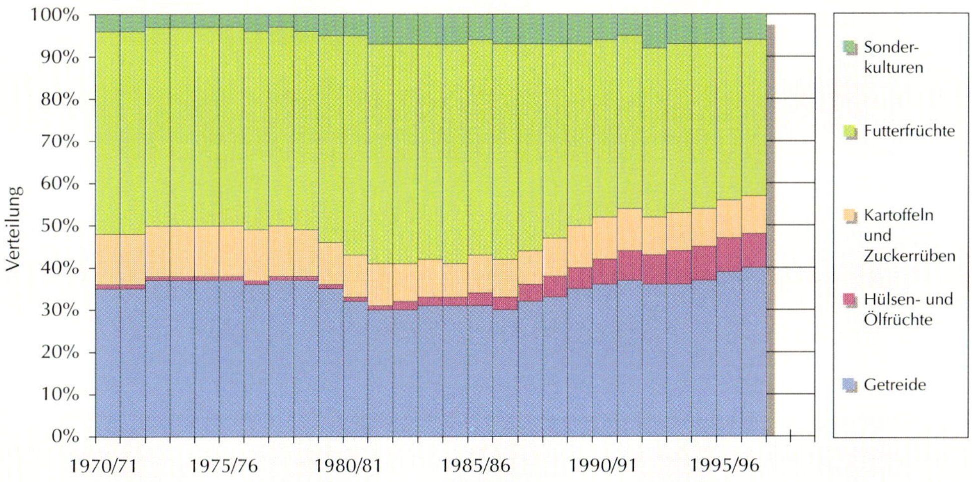

Übersicht 13:

Entwicklung der Nahrungsmittelproduktion (NMP)

1970/71-1995/96; in Mio.t Getreideeinheiten (GE)

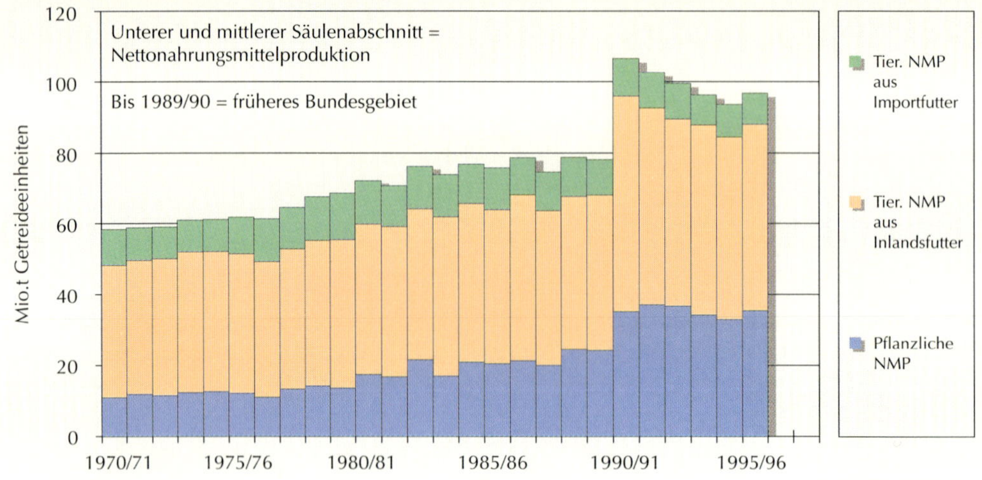

Übersicht 14:

Struktur der Nahrungsmittelproduktion (NMP)

1970/71-1995/96

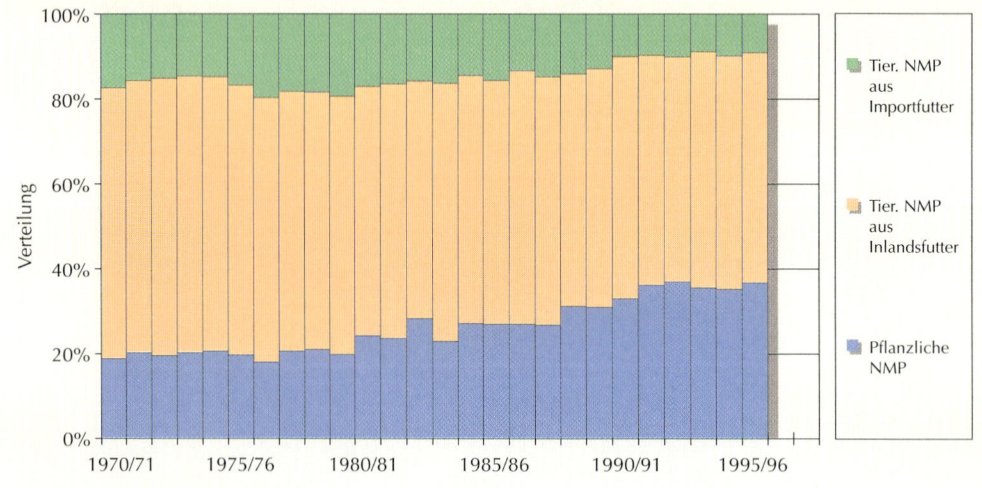

Übersicht 15:

Entwicklung der Naturalerträge

1970-1997; in dt/ha ABF; alte Bundesländer

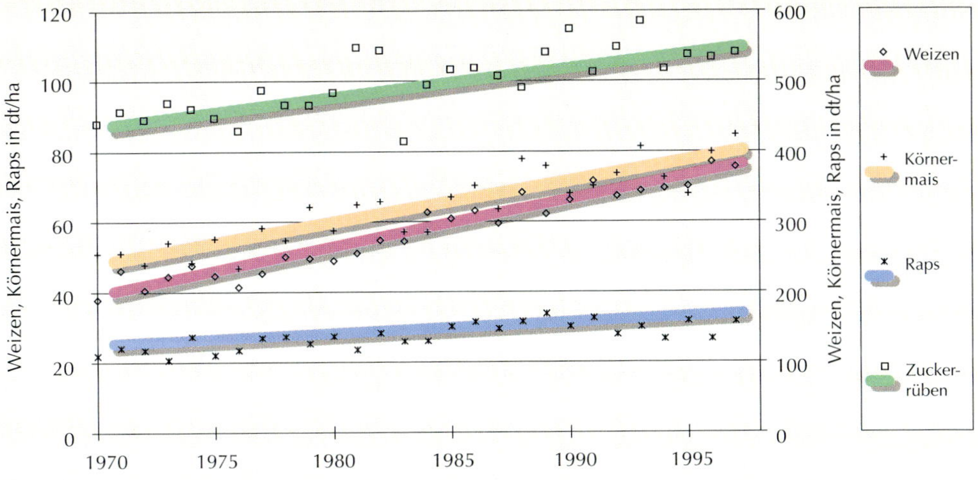

Übersicht 16:

Entwicklung der Naturalerträge

1970-1997; alte Bundesländer

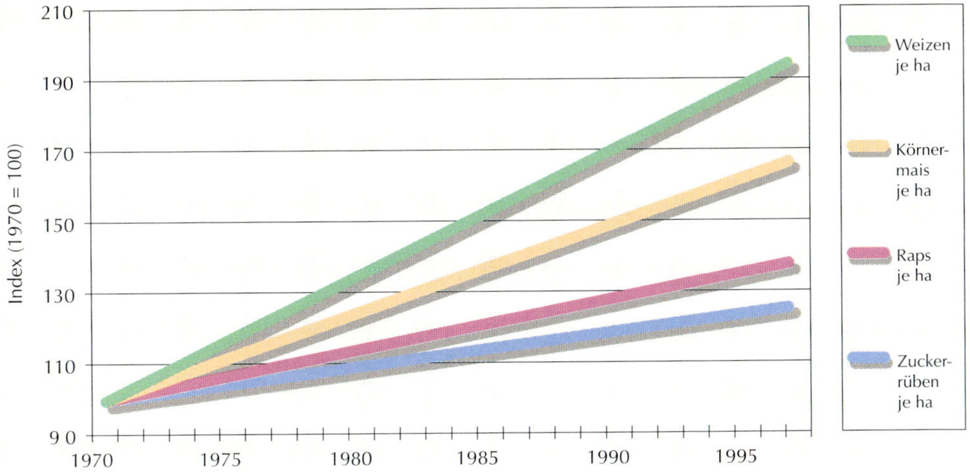

Übersicht 19:

Entwicklung des Boden- und Arbeitseinsatzes

1970-1996; alte Bundesländer

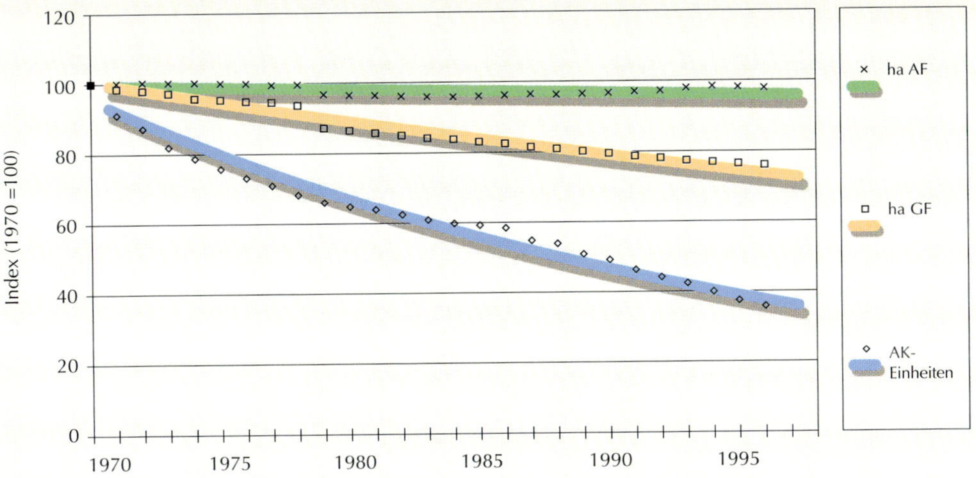

Übersicht 20:

Boden- und arbeitssparender Fortschritt

1970-1996; AK- und LF-Bedarf je t Nettonahrungsmittelproduktion (NNMP)

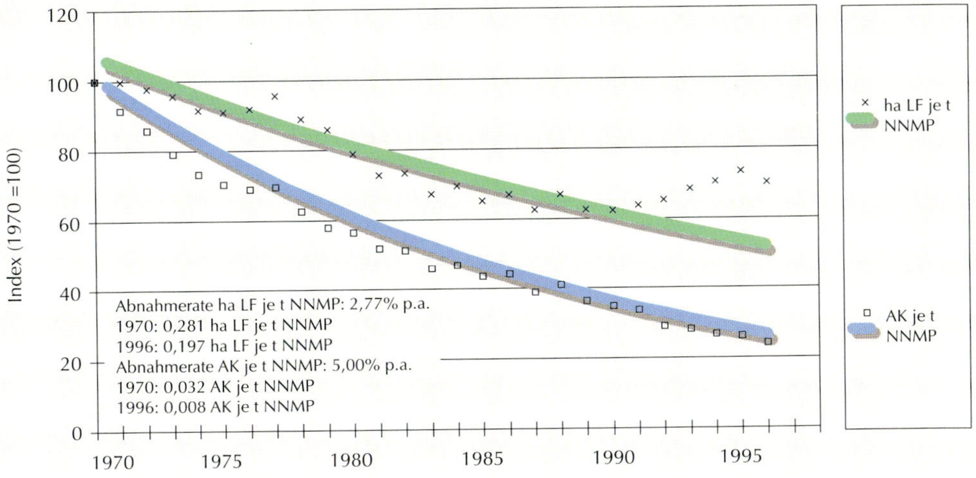

Übersicht 21:

Entwicklung des Produktionswertes der Landwirtschaft

1970/71-1995/96; in Mio. DM; gleitende 3-Jahresmittel

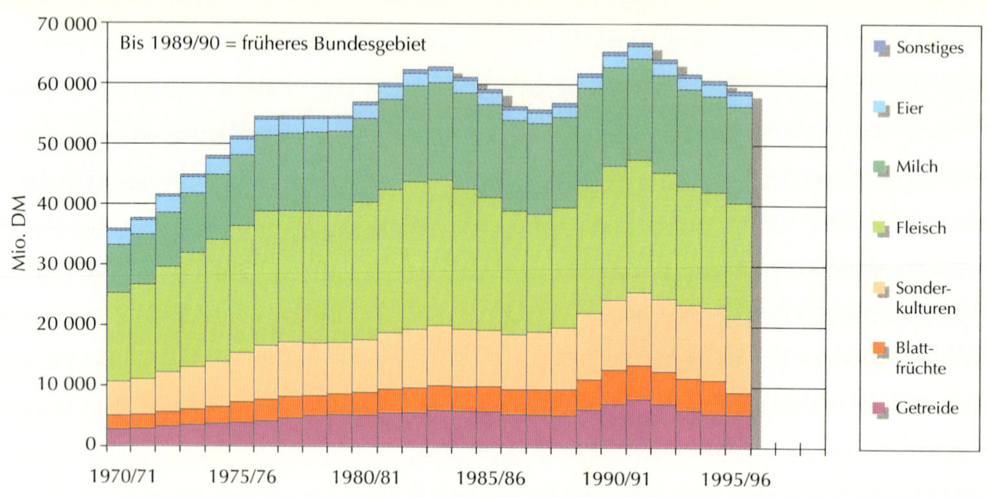

Übersicht 22:

Struktur des Produktionswertes der Landwirtschaft

1970/71-1995/96; gleitende 3-Jahresmittel

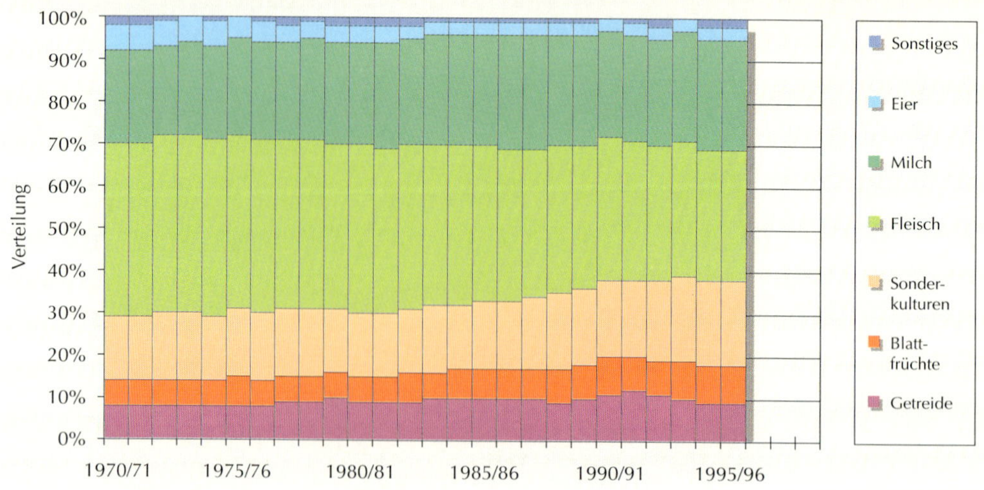

Übersicht 23:

Entwicklung der Vorleistungen der Landwirtschaft

1970/71-1996/97; in Mio. DM; gleitende 3-Jahresmittel

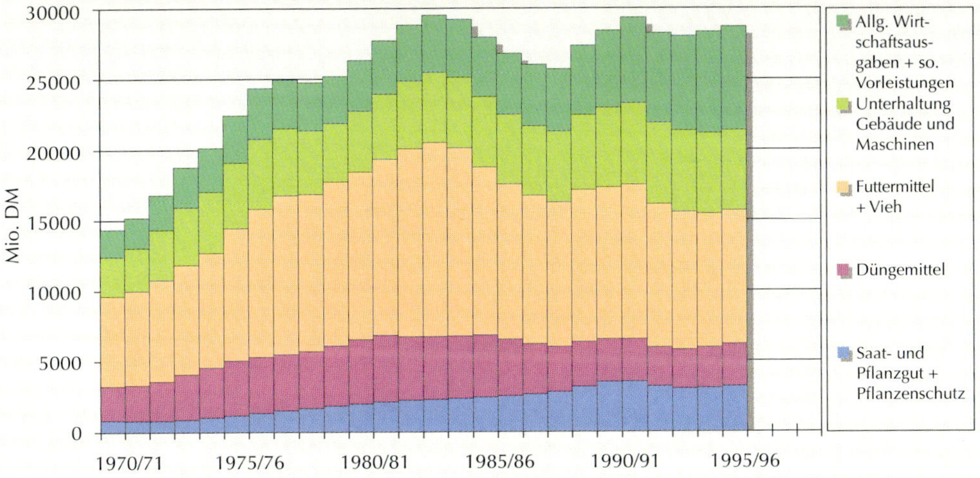

Übersicht 24:

Struktur der Vorleistungen der Landwirtschaft

1970/71-1996/97; gleitende 3-Jahresmittel

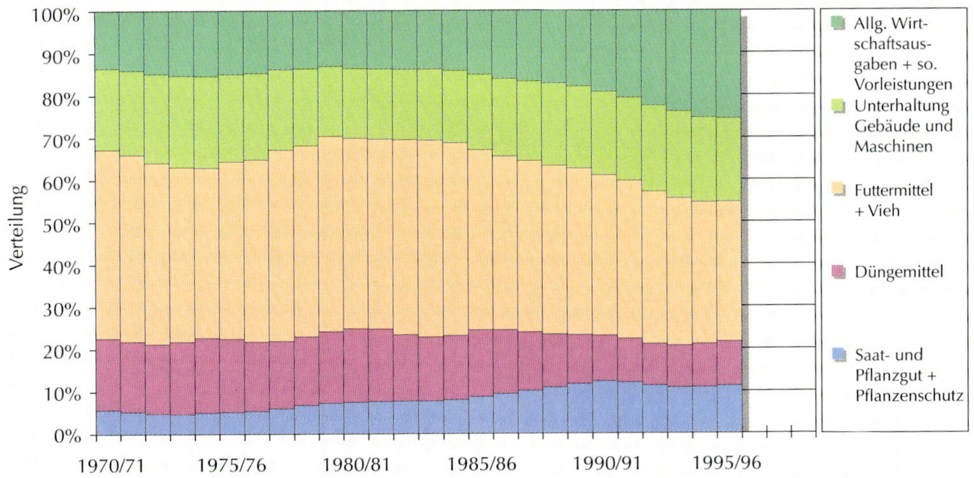

Übersicht 25:

Entwicklung des Produktionswertes und der Nettowertschöpfung

1970/71-1995/96; in Mio. DM; gleitende 3-Jahresmittel

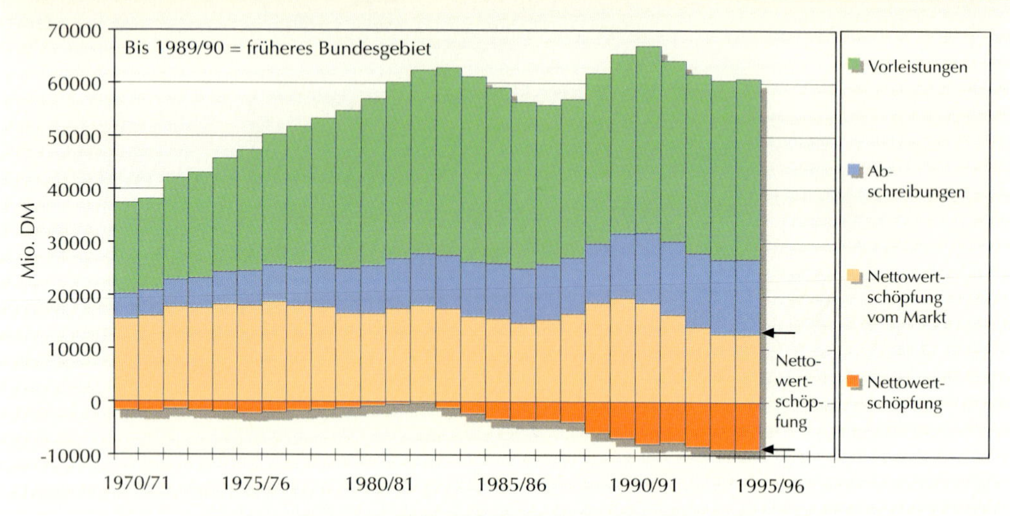

Übersicht 26:

Bruttoanlagen- und Nettoinvestitionen der Landwirtschaft

1970/71-1996/97; in Mio. DM; gleitende 3-Jahresmittel

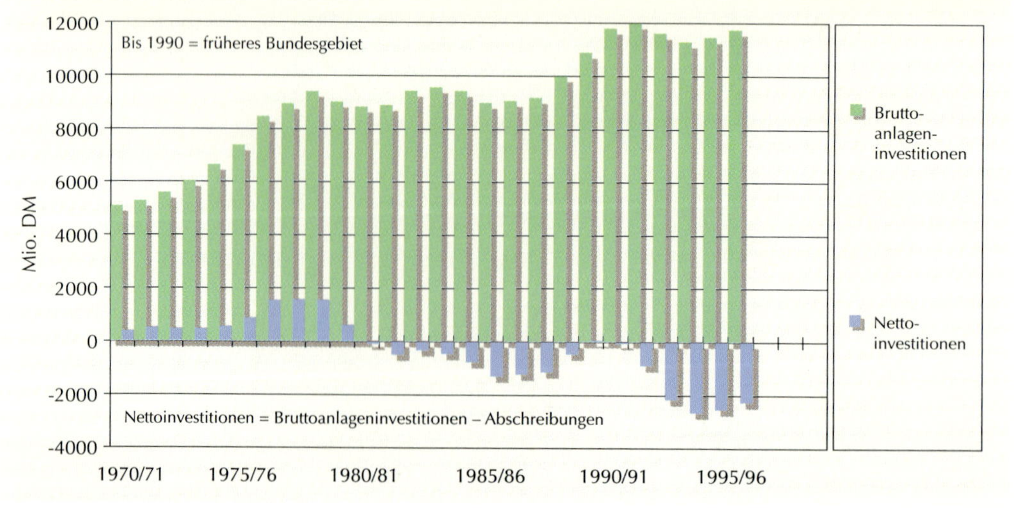

Übersicht 27:

Entwicklung der Verwendung der Nettowertschöpfung der Landwirtschaft

1970-1995; in Mio. DM; gleitende 3-Jahresmittel

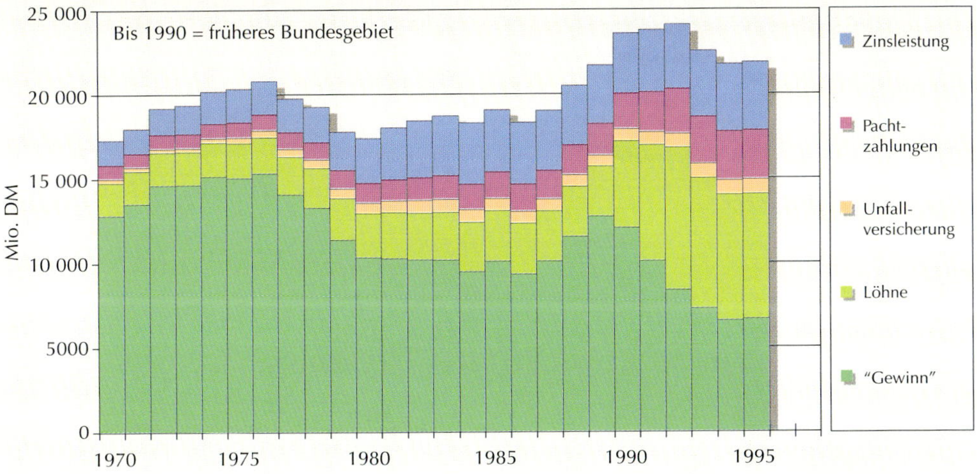

Übersicht 28:

Struktur der Verwendung der Nettowertschöpfung der Landwirtschaft

1970-1995; gleitende 3-Jahresmittel

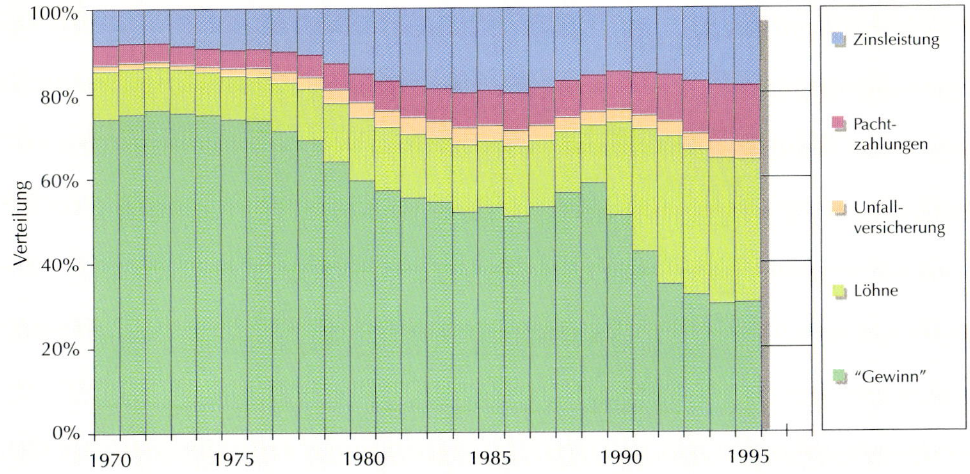

Übersicht 29:

Nettowertschöpfungen und Netto-Nahrungsmittelproduktion je ha LF

1970-1996

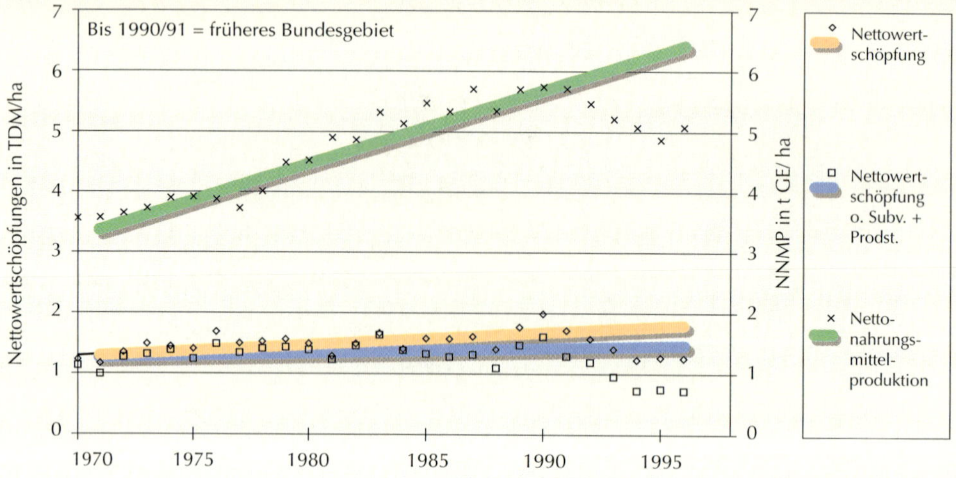

Übersicht 30:

Nettowertschöpfungen und Netto-Nahrungsmittelproduktion je ha LF

1970-1996

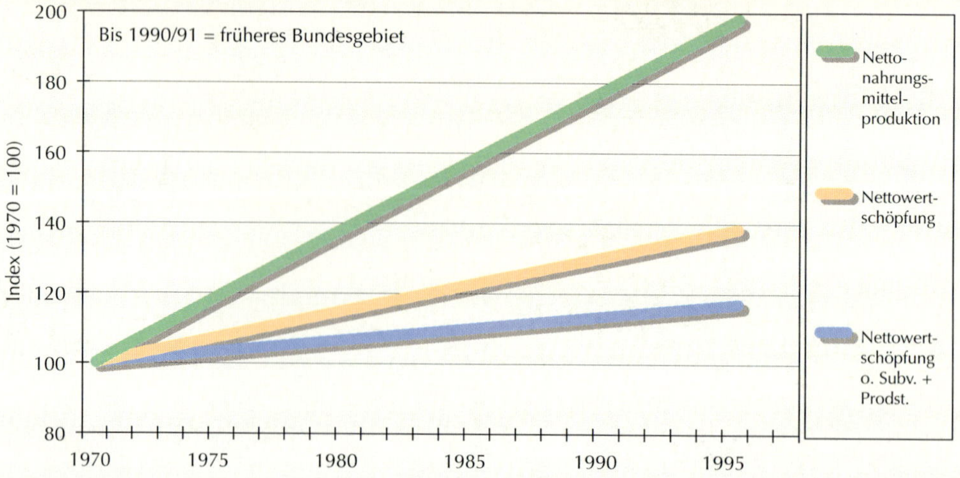

Übersicht 31:

Nettowertschöpfungen und Netto-Nahrungsmittelproduktion je AK

1970-1996

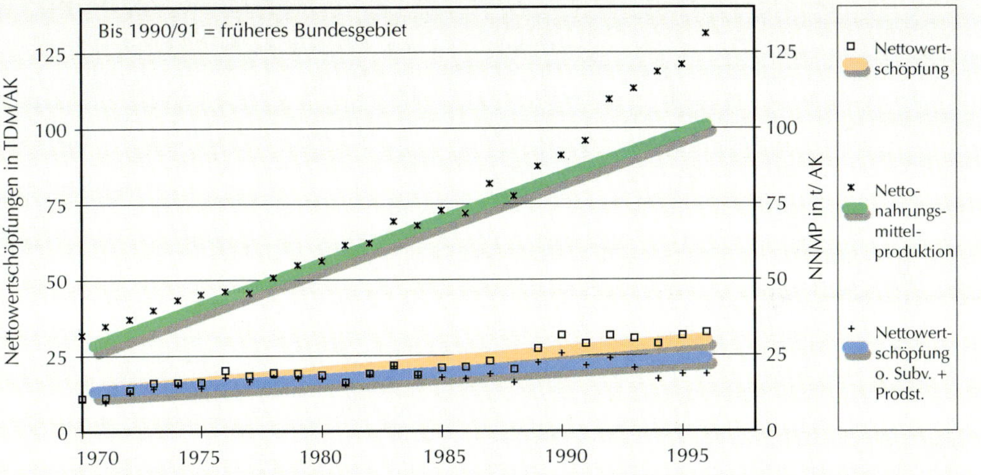

Übersicht 32:

Nettowertschöpfungen und Netto-Nahrungsmittelproduktion je AK

1970-1996

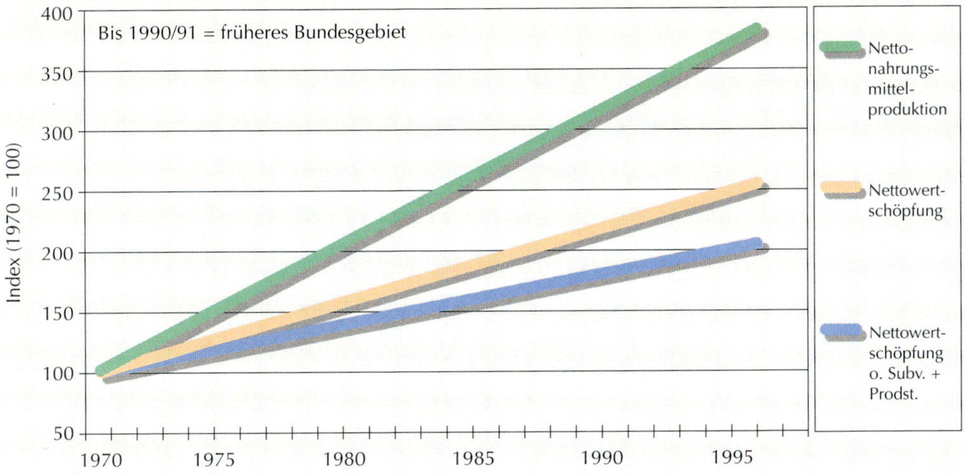

Übersicht 33:

Preisentwicklungen in der Brotweizenproduktion

1970-1997; gleitende 7-Jahresmittel

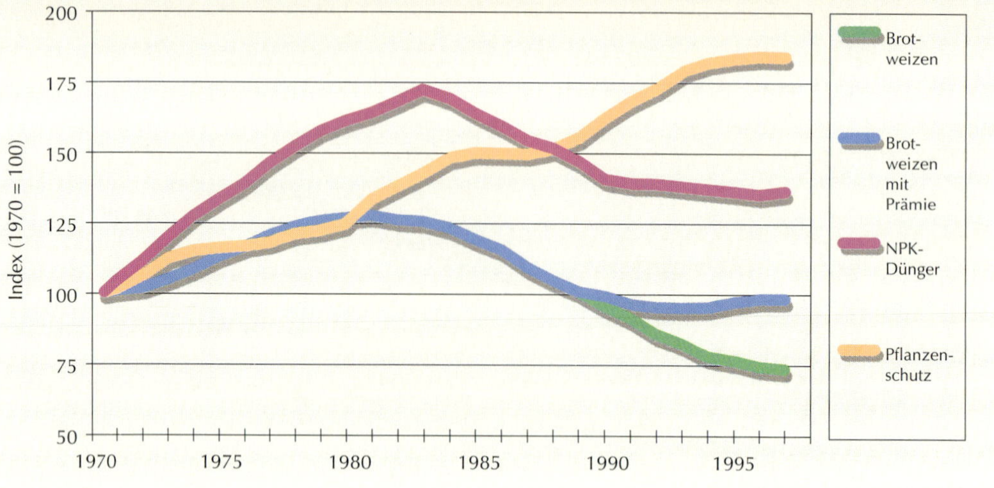

Übersicht 34:

Preisentwicklungen in der Rapsproduktion

1970-1997; gleitende 7-Jahresmittel

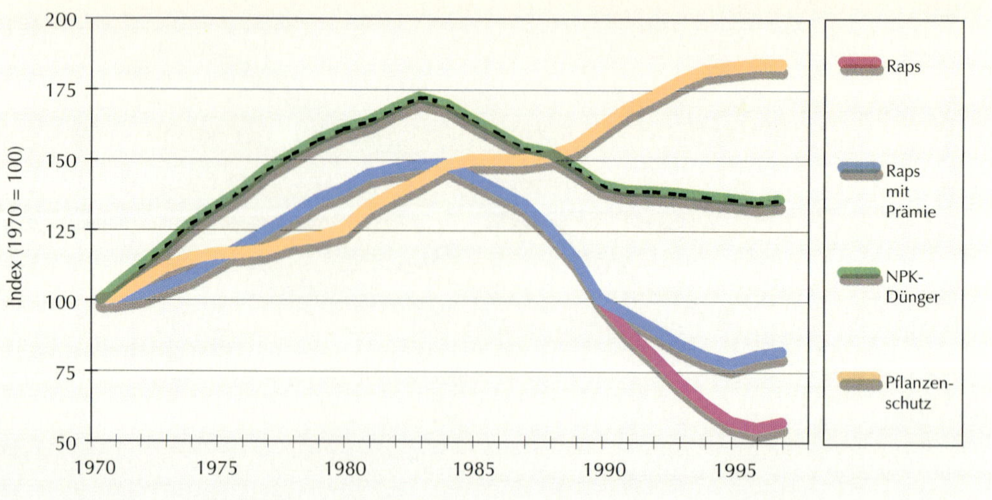

Übersicht 35:

Preisentwicklungen in der Zuckerrübenproduktion

1970-1997; gleitende 7-Jahresmittel

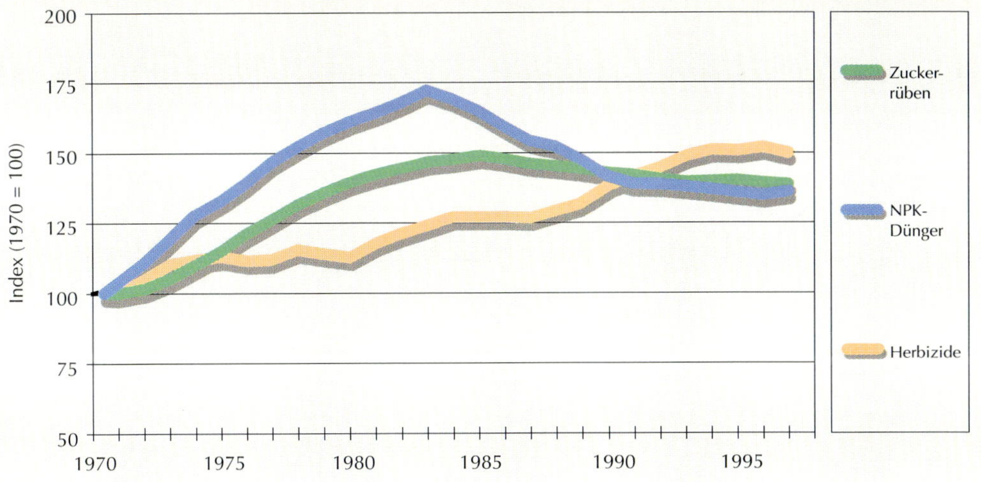

Übersicht 36:

Preisentwicklungen in der Milchproduktion

1970-1997; gleitende 7-Jahresmittel

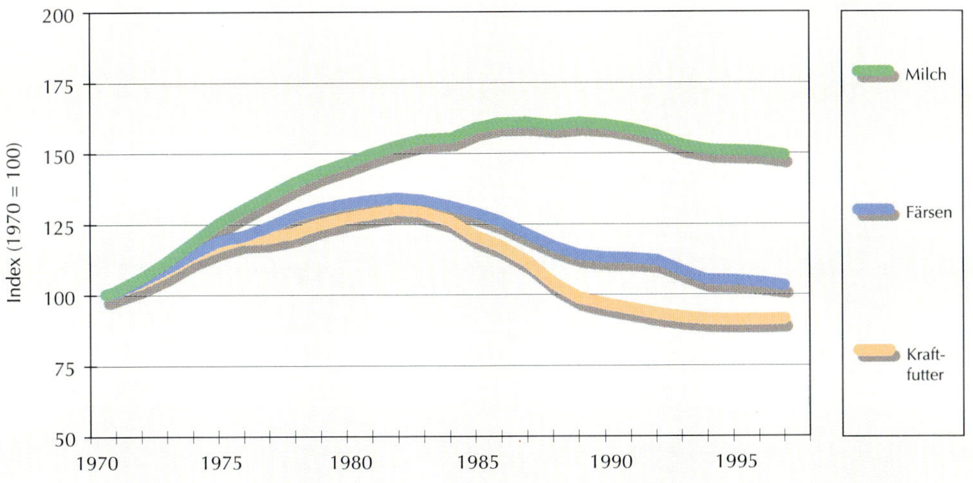

Übersicht 37:

Preisentwicklungen in der Rindfleischproduktion

1970-1997; gleitende 7-Jahresmittel

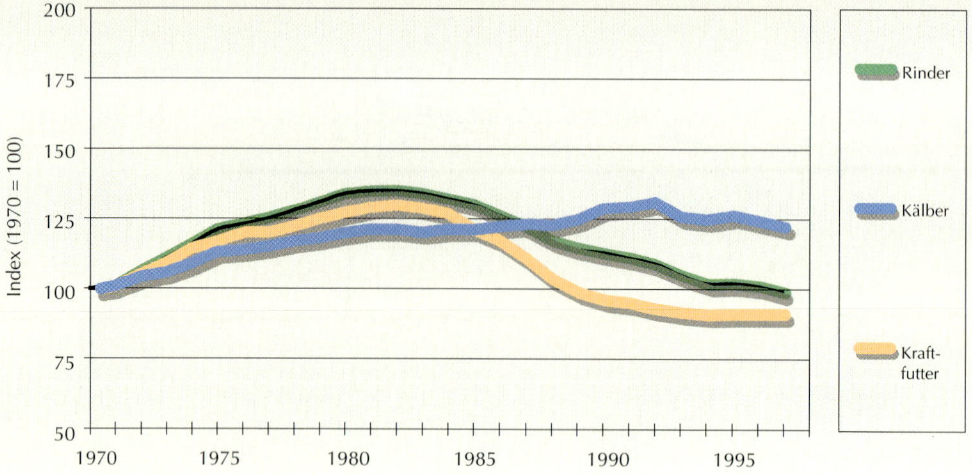

Übersicht 38:

Preisentwicklungen in der Schlachtschweineproduktion

1970-1997; gleitende 7-Jahresmittel

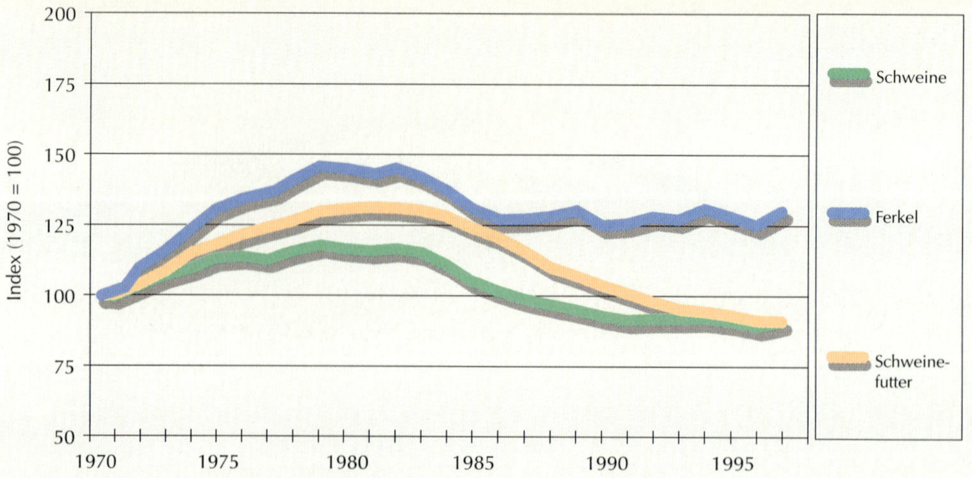

Übersicht 39:

Preisentwicklungen für pflanzliche Produkte und Sonderkulturen

1970-1997; gleitende 7-Jahresmittel

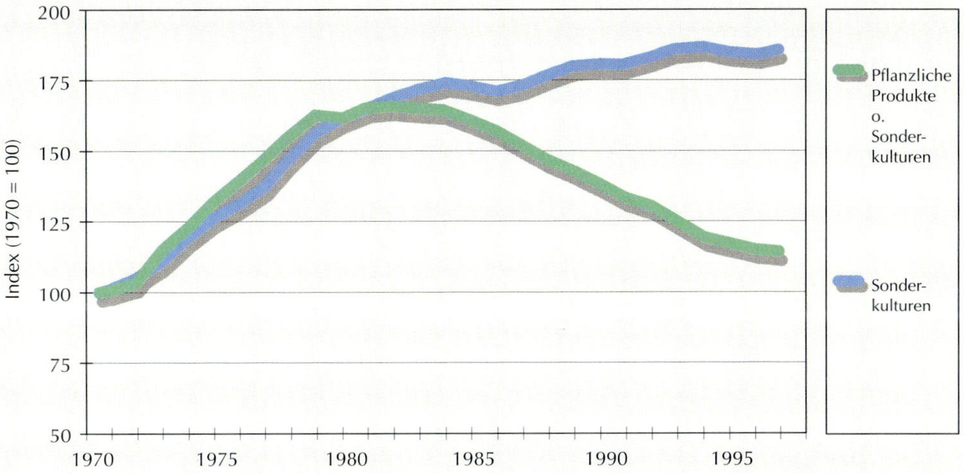

Übersicht 40:

Preisentwicklungen für Sonderkulturen und Standardprodukte

1970-1997; gleitende 7-Jahresmittel

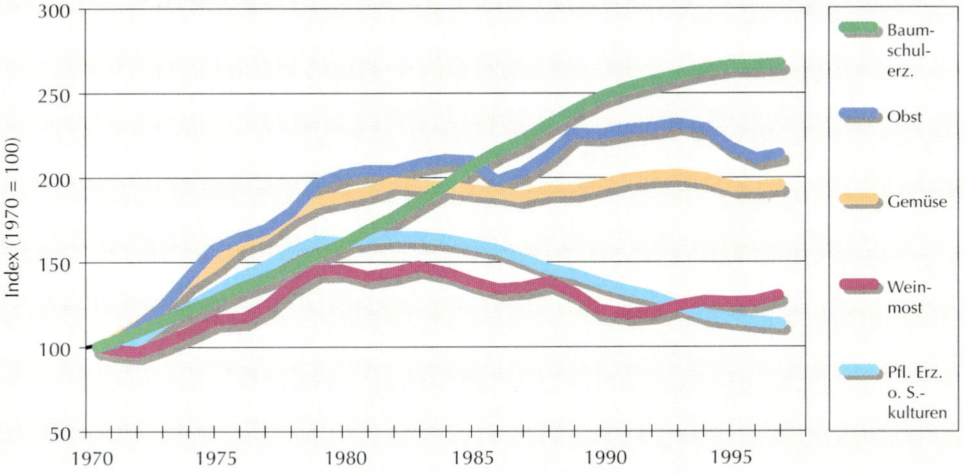

Übersicht 41:

Ein- und Verkaufspreise in der Landwirtschaft

1970/71–1995/96

	Verkaufspreise						Einkaufspreise							Löhne
Wirtschaftsjahr	Weizen DM/t	Zuckerrüben DM/t	Ölsaaten DM/t	Rinder DM/t LM	Schweine DM/t LM	Milch DM/t	Milchleistungsfutter DM/t	Alleinfutter II Schweine DM/t	Kalkammonsalpeter DM/t N	Superphosphat DM/t P	Kaliumchlorid mit Magn. DM/t K	Dieselkraftstoff DM/100 l	Elektr. Strom DM 100 kWh	Tariflohn f. Facharbeiter DM/h
1970/71	358	77	665	2 261	2 204	369	–	–	888	809	304	49,63	11,71	4,20
1971/72	354	82	670	2 515	2 347	405	–	–	926	839	317	51,11	12,28	4,60
1972/73	364	80	678	2 997	2 681	424	431	482	938	856	337	54,54	12,73	4,99
1973/74	378	81	690	2 702	2 831	408	521	583	1 139	1 175	396	37,14	14,74	5,59
1974/75	393	86	759	2 890	2 556	501	468	521	1 154	1 524	404	71,03	14,75	6,27
1975/76	441	90	837	3 203	3 152	528	459	538	1 214	1 536	439	74,26	15,70	6,92
1976/77	477	99	880	3 193	2 923	547	420	582	1 272	1 317	459	74,72	15,79	7,49
1977/78	455	99	890	3 293	2 964	557	487	549	1 279	1 285	479	74,26	15,88	7,97
1978/79	452	106	905	3 212	2 577	570	443	522	1 280	1 293	494	78,45	15,90	8,54
1979/80	453	125	907	3 257	2 807	570	452	536	1 347	1 404	513	98,24	16,27	9,15
1980/81	462	112	913	3 266	2 734	580	484	552	1 562	1 523	552	105,95	17,59	9,67
1981/82	477	107	975	3 573	3 214	607	517	572	1 764	1 702	590	117,11	19,30	10,30
1982/83	494	115	1 031	3 688	3 109	643	510	572	1 672	1 743	631	118,90	20,55	10,79
1983/84	488	125	1 082	3 567	2 827	646	528	608	1 318	1 718	656	115,66	21,14	11,22
1984/85	448	111	1 008	3 309	2 920	633	467	570	1 487	1 846	667	119,57	21,44	11,64
1985/86	416	112	928	3 127	2663	636	428	536	1 553	1 770	688	108,44	21,59	11,97
1986/87	423	111	908	2 905	2 253	631	391	494	1 222	1 648	622	78,94	21,84	12,22
1987/88	391	106	760	2 862	2 027	635	339	447	1 076	1 286	552	78,87	21,89	12,52
1988/89	381	109	788	3 077	2 232	688	371	462	1 079	1 223	586	78,62	21,83	12,80
1989/90	365	108	849	3 061	2 633	688	368	459	946	1 281	599	83,85	21,73	11,98
1990/91	344	100	697	2 509	2 308	639	330	423	1 047	1 268	604	92,81	21,66	13,43
1991/92	344	105	644	2 527	2 667	618	331	430	968	1 224	606	95,89	21,61	14,02
1992/93	341	97	271	2 754	2 113	625	318	407	898	1 172	609	93,56	22,20	14,60
1993/94	263	94	342	2 830	1 879	601	300	377	880	1 150	605	95,67	22,30	15,05
1994/95	289	99	368	2 713	2 026	589	300	372	887	1 155	606	96,91	22,34	15,49
1995/96	247	94	326	2 406	2 192	594	293	347	966	1 212	610	98,82	–	15,99
1996/97														
1997/98														

Übersicht 42:

Wirtschaftlichkeit der Winterweizenproduktion

1977/78-1996/97; Werte n. KTBL in DM/dt Ertrag; gleitende 3-Jahresmittel

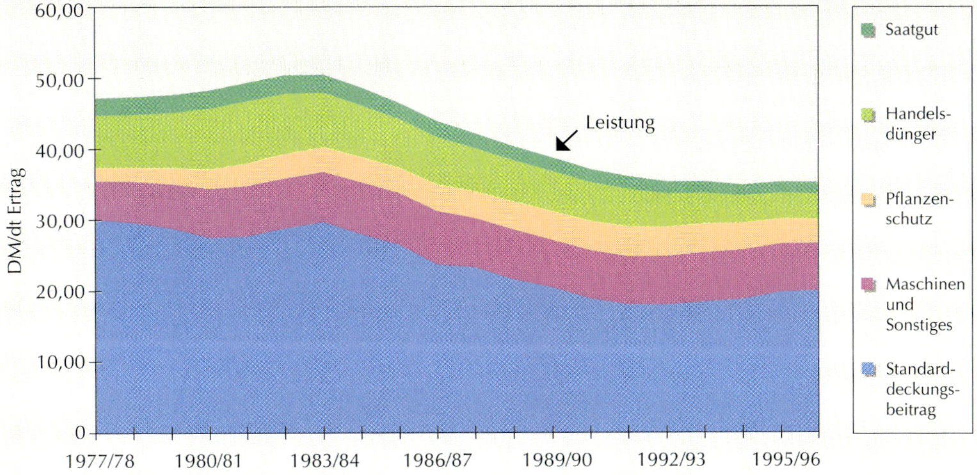

Übersicht 43:

Naturalertrag und Erzeugerpreis von Winterweizen

1977/78-1996/97; Werte n. KTBL ; gleitende 3-Jahresmittel

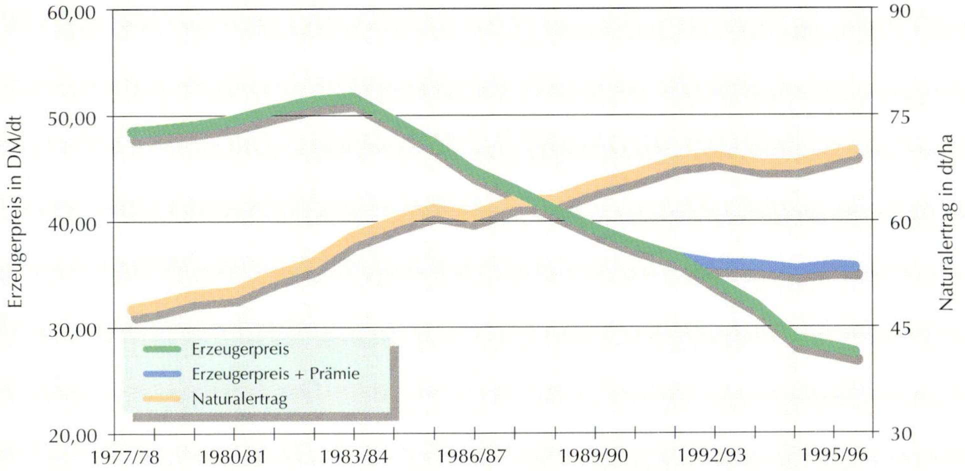

Übersicht 44:

Wirtschaftlichkeit der Winterweizenproduktion

1977/78-1996/97; Werte n. KTBL in v.H. der Leistung; gleitende 3-Jahresmittel

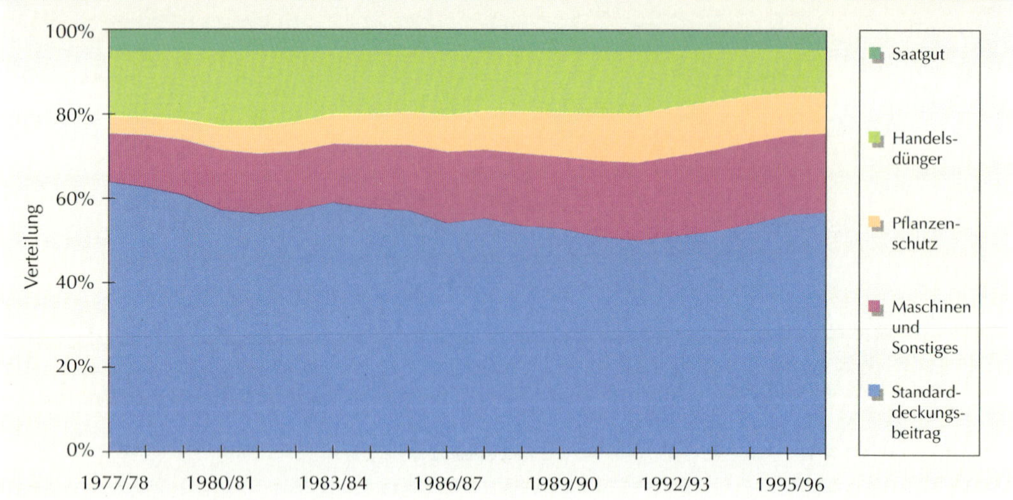

Übersicht 45:

Wirtschaftlichkeit der Winterweizenproduktion

1977/78-1996/97; Werte n. KTBL in DM/ha Anbaufläche; gleitende 3-Jahresmittel

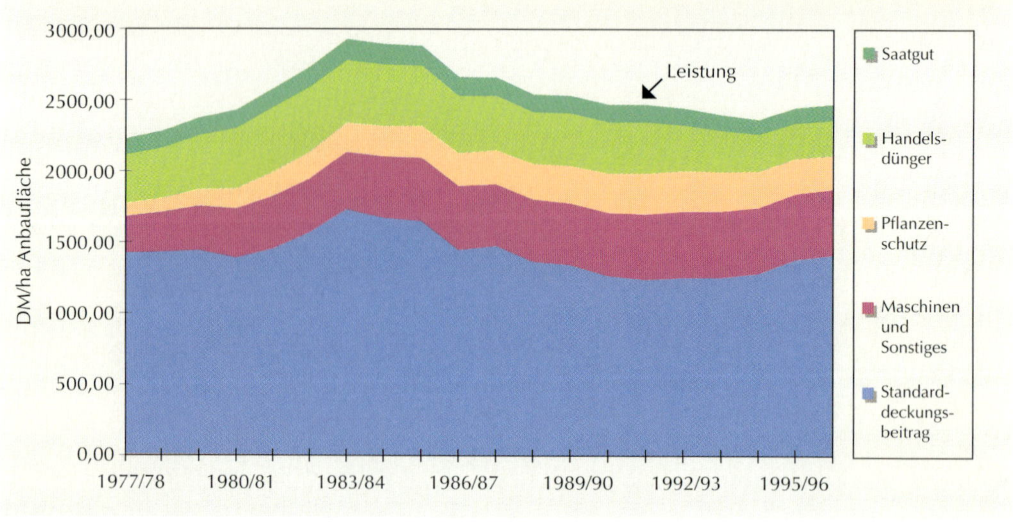

Übersicht 46:

Wirtschaftlichkeit der Winterrapsproduktion

1977/78-1996/97; Werte n. KTBL in DM/dt Ertrag; gleitende 3-Jahresmittel

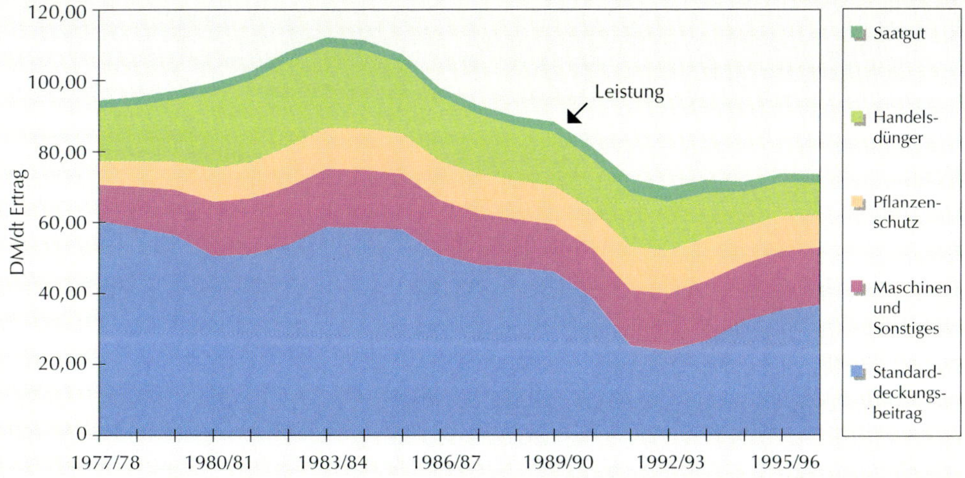

Übersicht 47:

Naturalertrag und Erzeugerpreis von Winterraps

1977/78-1996/97; Werte n. KTBL ; gleitende 3-Jahresmittel

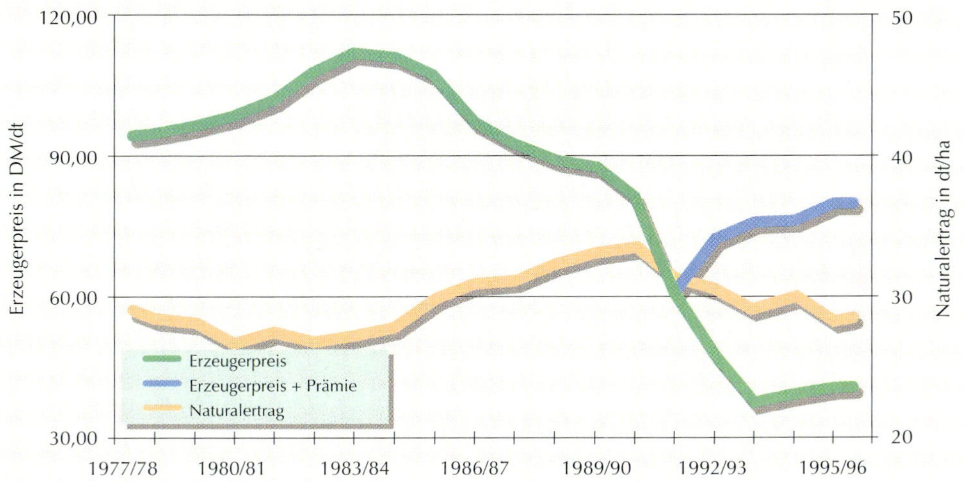

Übersicht 48:

Wirtschaftlichkeit der Winterrapsproduktion

1977/78-1996/97; Werte n. KTBL in v.H. der Leistung; gleitende 3-Jahresmittel

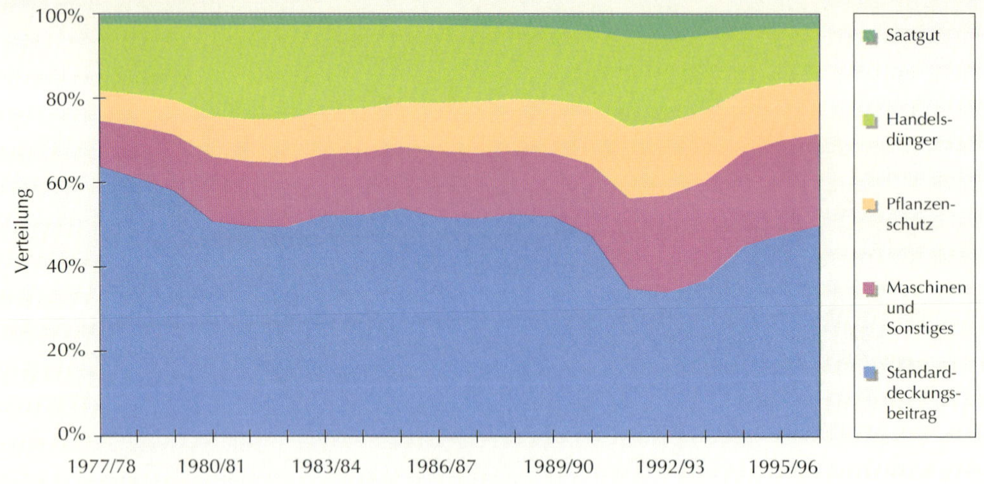

Übersicht 49:

Wirtschaftlichkeit der Winterrapsproduktion

1977/78-1996/97; Werte n. KTBL in DM/ha Anbaufläche; gleitende 3-Jahresmittel

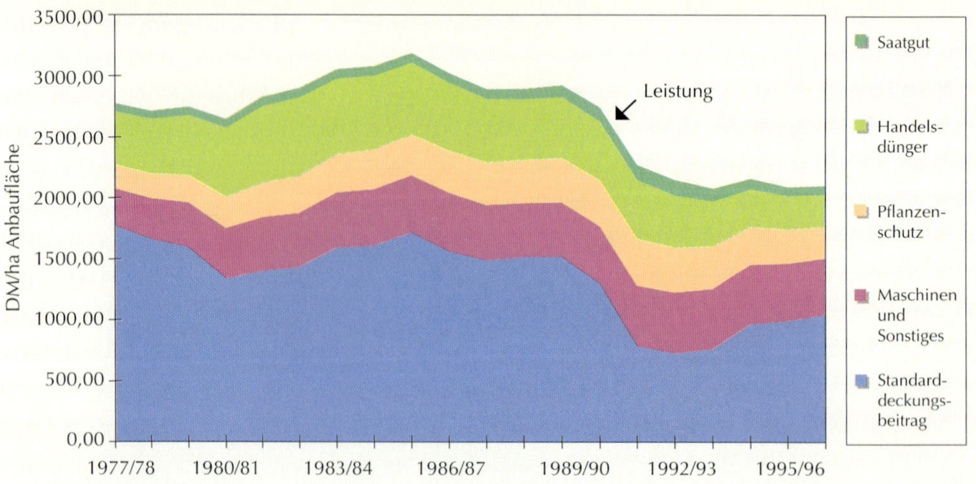

Übersicht 50:

Wirtschaftlichkeit der Zuckerrübenproduktion

1977/78-1996/97; Werte n. KTBL in DM/dt Ertrag; gleitende 3-Jahresmittel

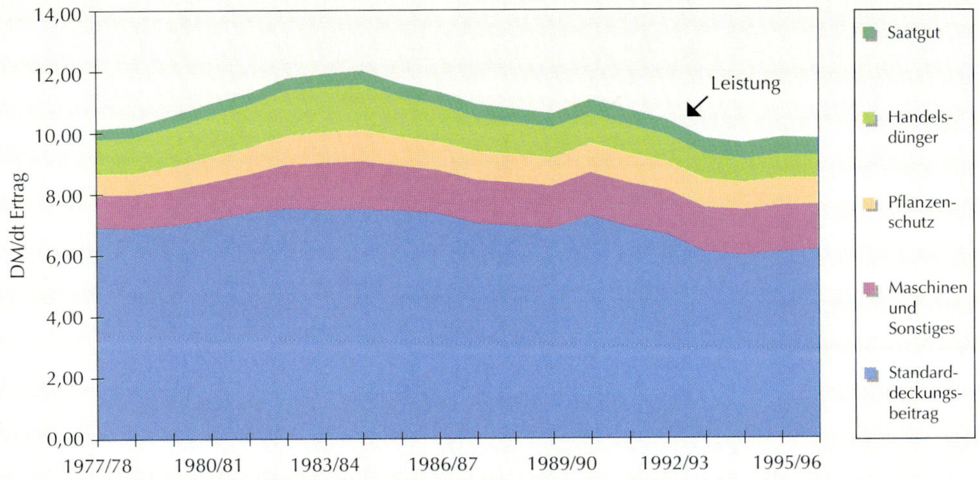

Übersicht 51:

Naturalertrag und Erzeugerpreis von Zuckerrüben

1977/78-1996/97; Werte n. KTBL ; gleitende 3-Jahresmittel

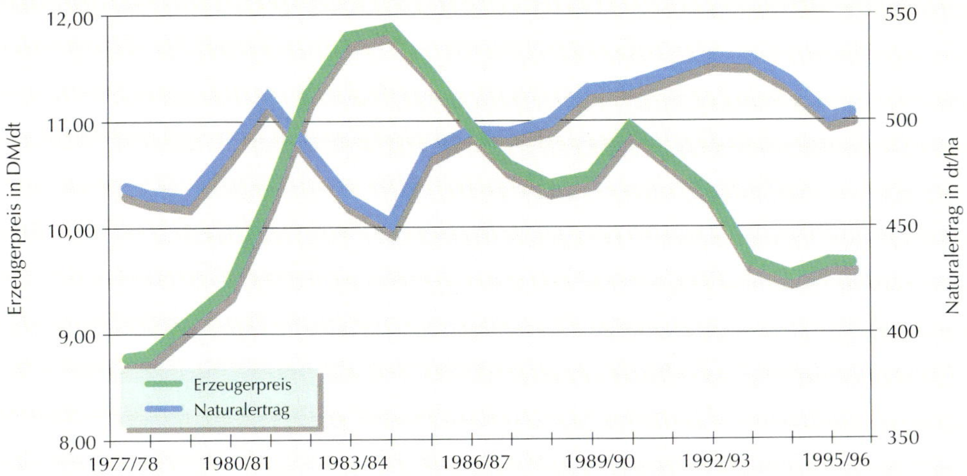

Übersicht 52:

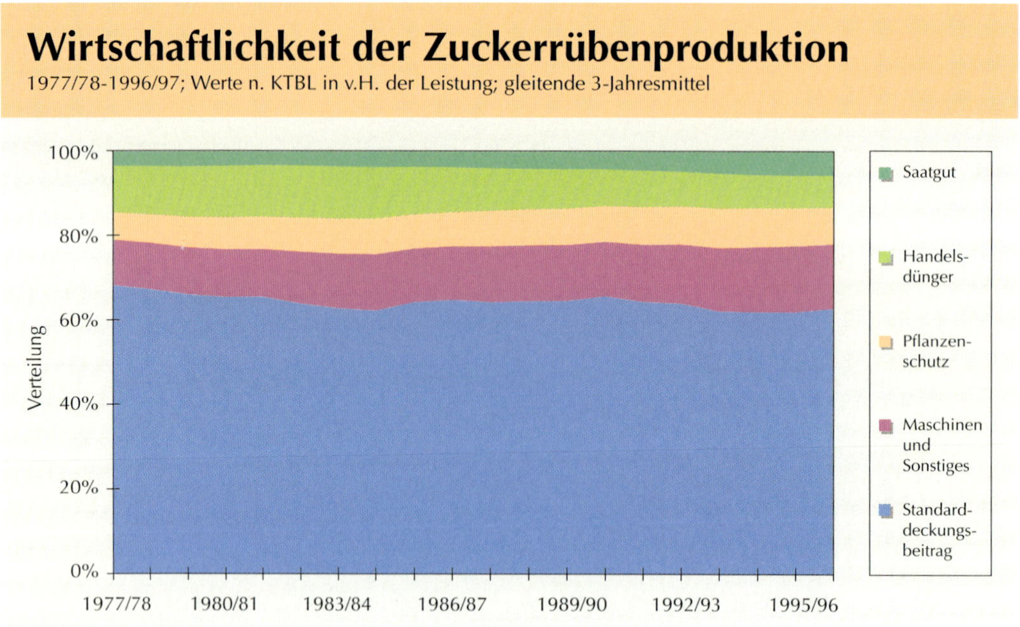

Übersicht 53:

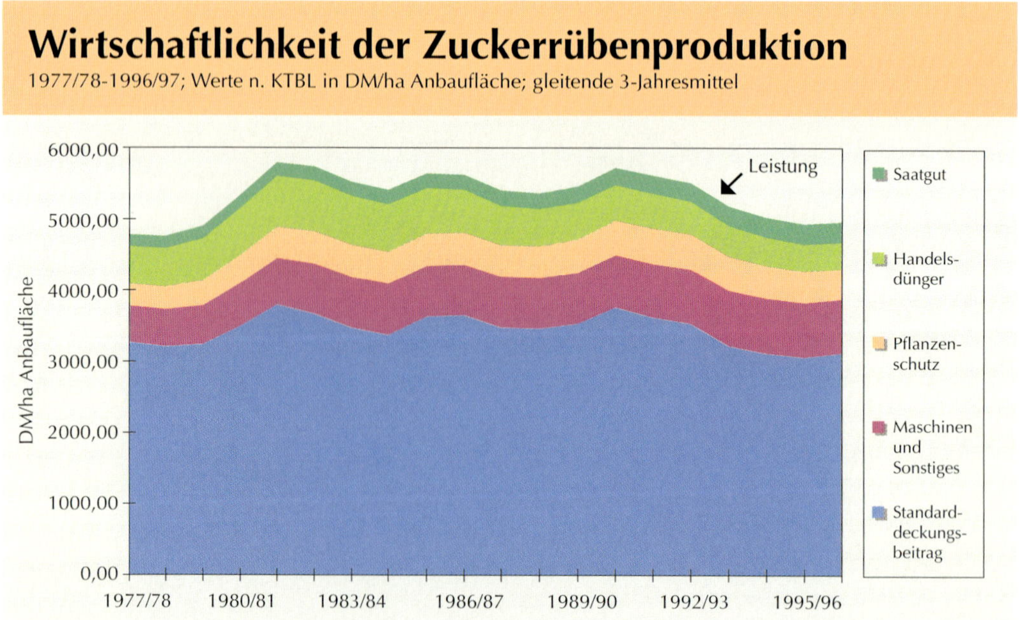

Übersicht 54:

Wirtschaftlichkeit der Milchproduktion

1977/78-1996/97; Werte n. KTBL in DM/kg Milch; gleitende 3-Jahresmittel

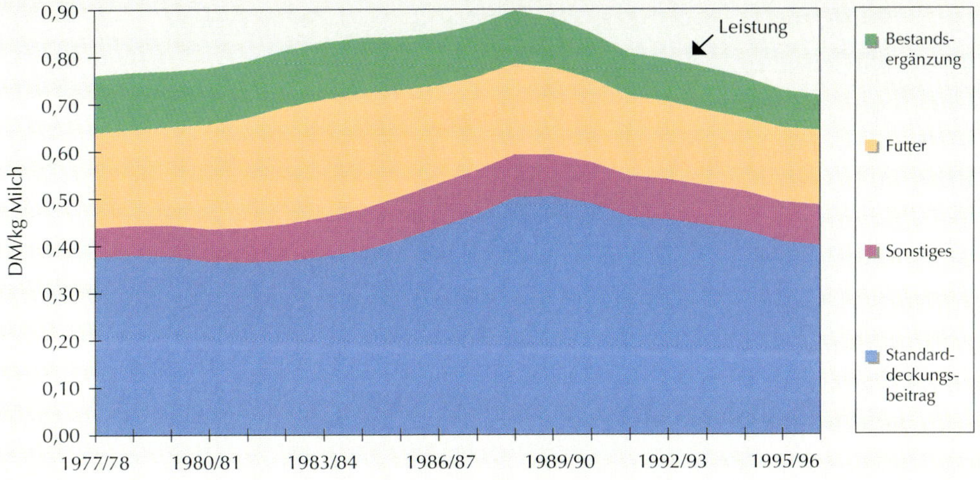

Übersicht 55:

Menge und Erzeugerpreis von Milch

1977/78-1996/97; Werte n. KTBL ; gleitende 3-Jahresmittel

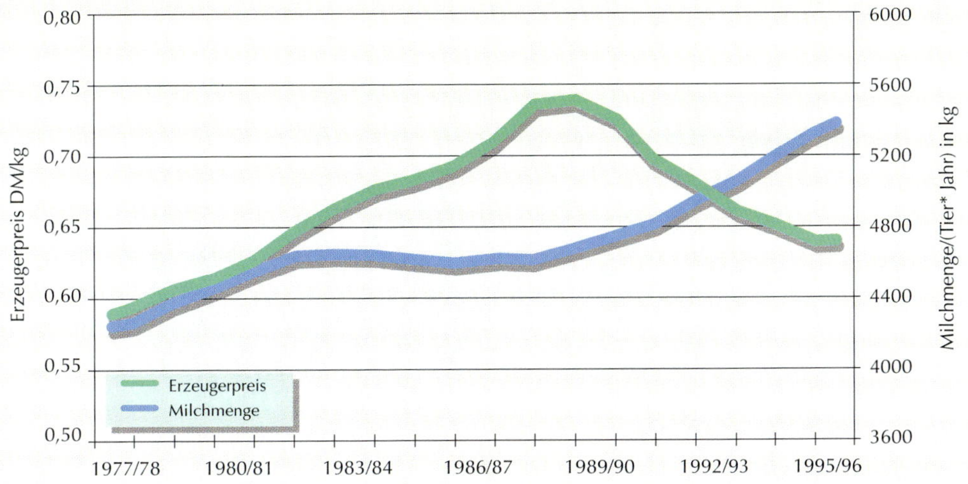

Übersicht 56:

Wirtschaftlichkeit der Milchproduktion

1977/78-1996/97; Werte n. KTBL in v.H. der Leistung; gleitende 3-Jahresmittel

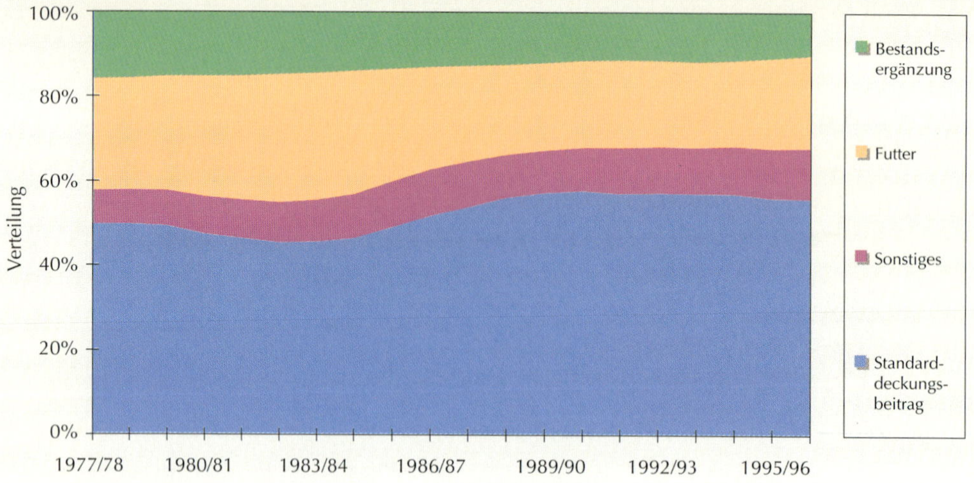

Übersicht 57:

Wirtschaftlichkeit der Milchproduktion

1977/78-1996/97; Werte n. KTBL in DM/(Tier* Jahr); gleitende 3-Jahresmittel

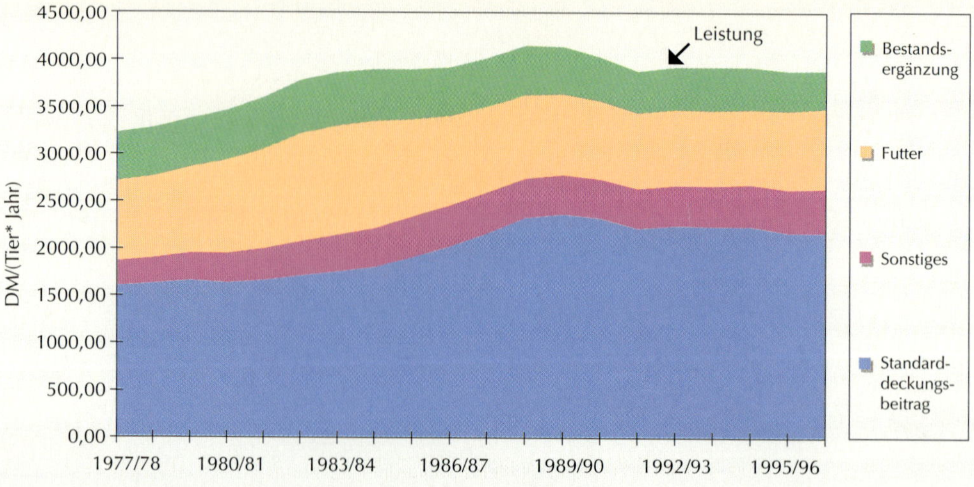

Übersicht 58:

Wirtschaftlichkeit der Mastbullenproduktion

1977/78-1996/97; Werte n. KTBL in DM/kg Lebendmasse; gleitende 3-Jahresmittel

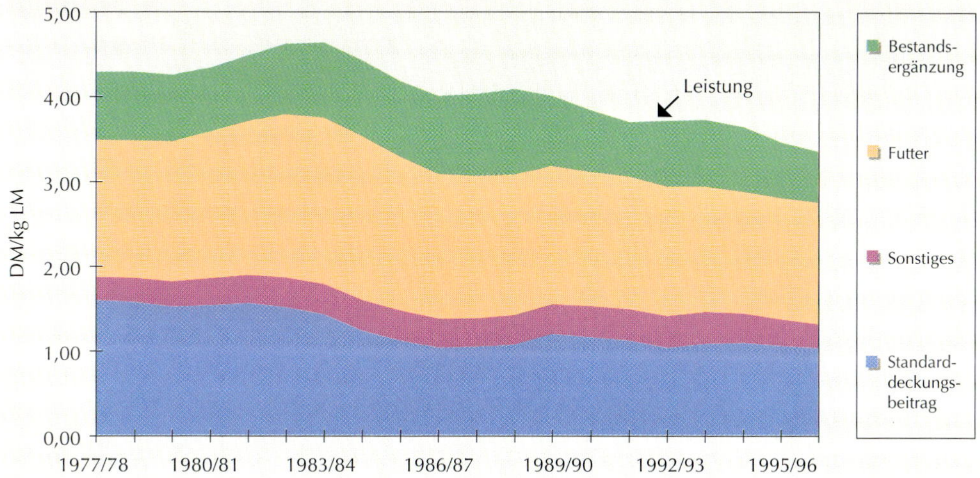

Übersicht 59:

Lebendmasse (LM) und Erzeugerpreis von Mastbullen

1977/78-1996/97; Werte n. KTBL ; gleitende 3-Jahresmittel

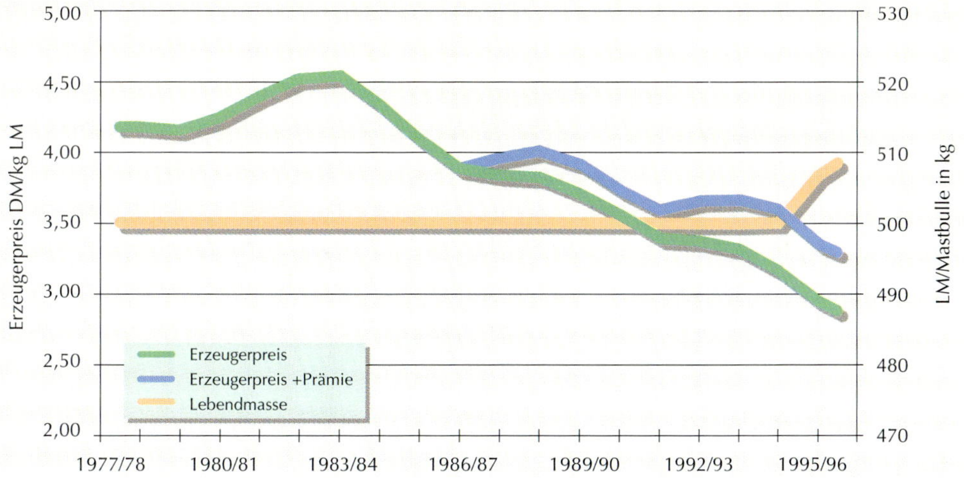

Übersicht 60:

Wirtschaftlichkeit der Mastbullenproduktion

1977/78-1996/97; Werte n. KTBL in v.H. der Leistung; gleitende 3-Jahresmittel

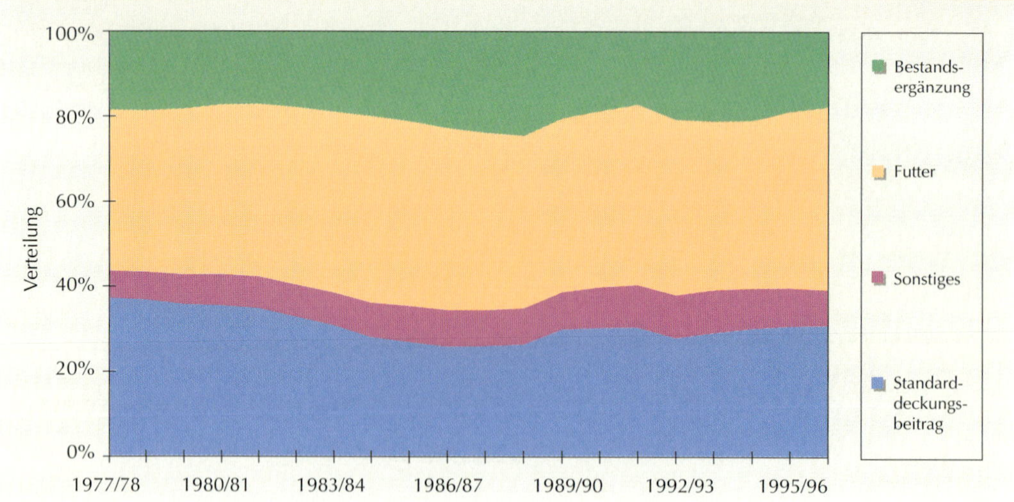

Übersicht 61:

Wirtschaftlichkeit der Mastbullenproduktion

1977/78-1996/97; Werte n. KTBL in DM/Mastbulle; gleitende 3-Jahresmittel

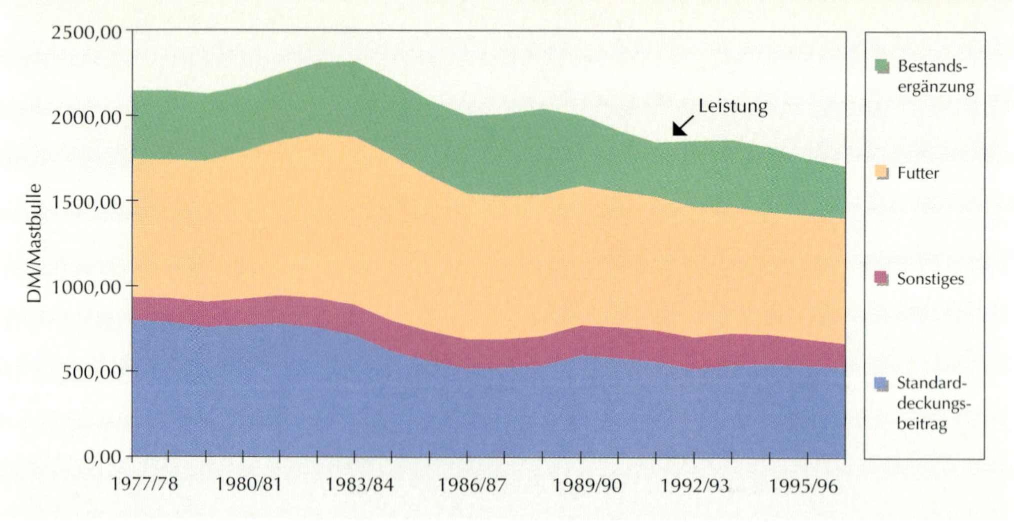

Übersicht 62:

Wirtschaftlichkeit der Schlachtschweineproduktion

1977/78-1996/97; Werte n. KTBL in DM/kg Lebendmasse; gleitende 3-Jahresmittel

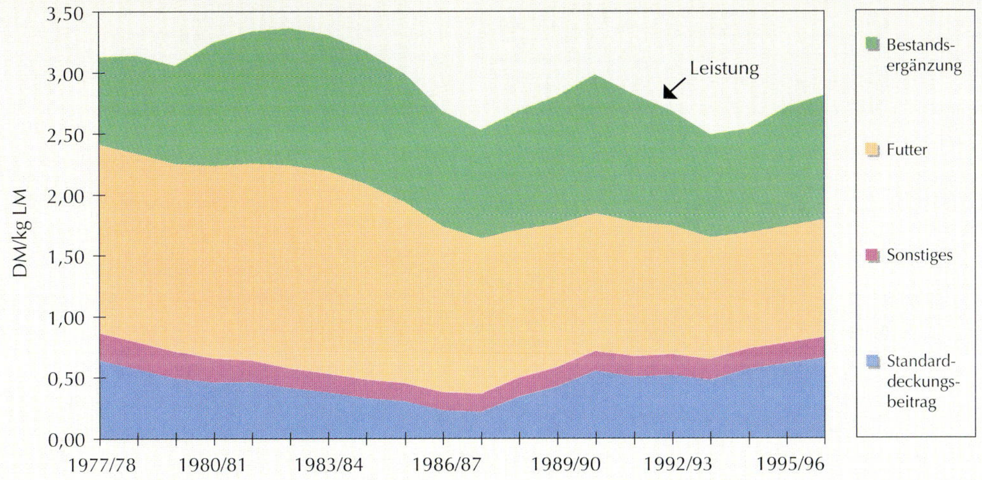

Übersicht 63:

Lebendmasse (LM) und Erzeugerpreis von Schlachtschweinen

1977/78-1996/97; Werte n. KTBL ; gleitende 3-Jahresmittel

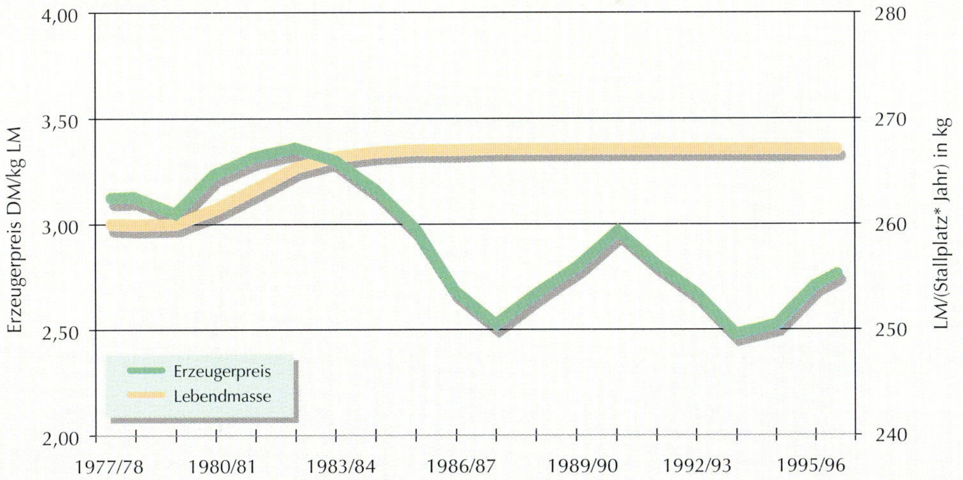

Übersicht 64:

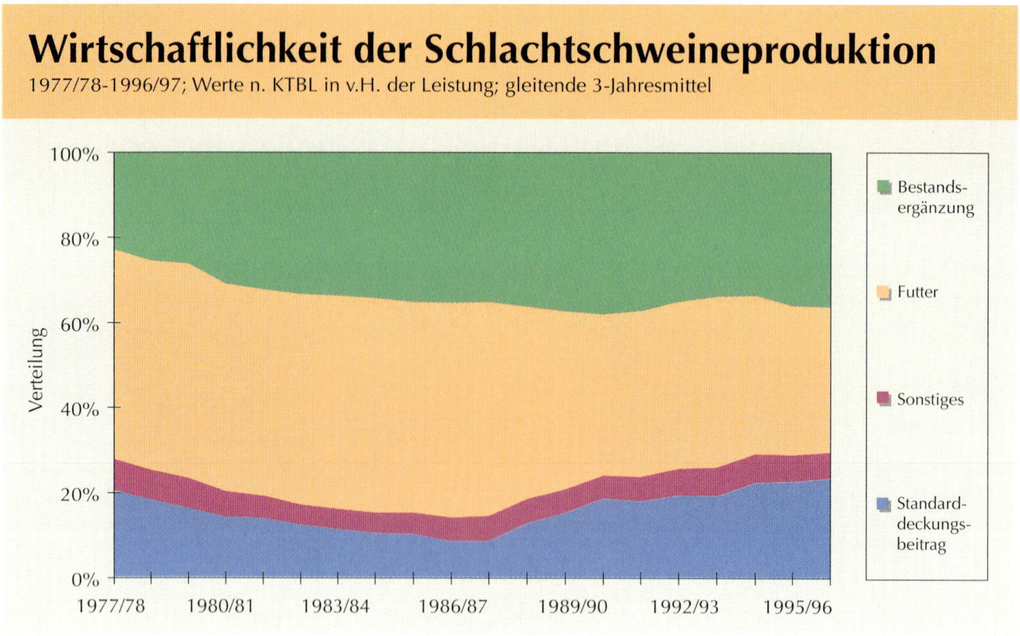

Übersicht 65:

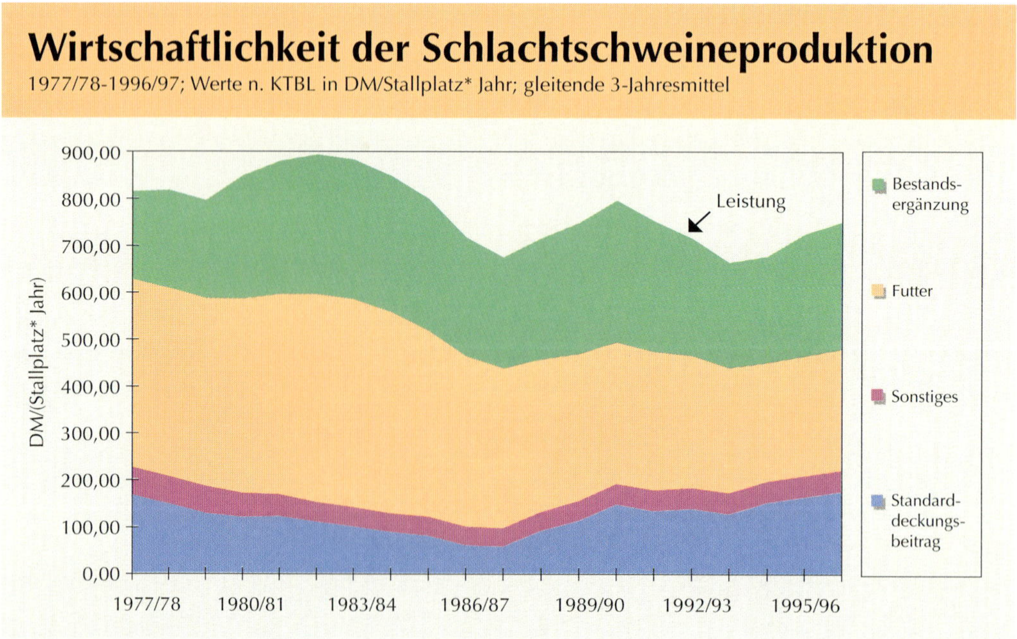

Übersicht 66:

Entwicklung der Ausgaben des Bundes für die nationale Agrarpolitik

1973-1996; o. soziostrukt. Einkommensausgleich (1989-1993); o. Ausgaben für GAK

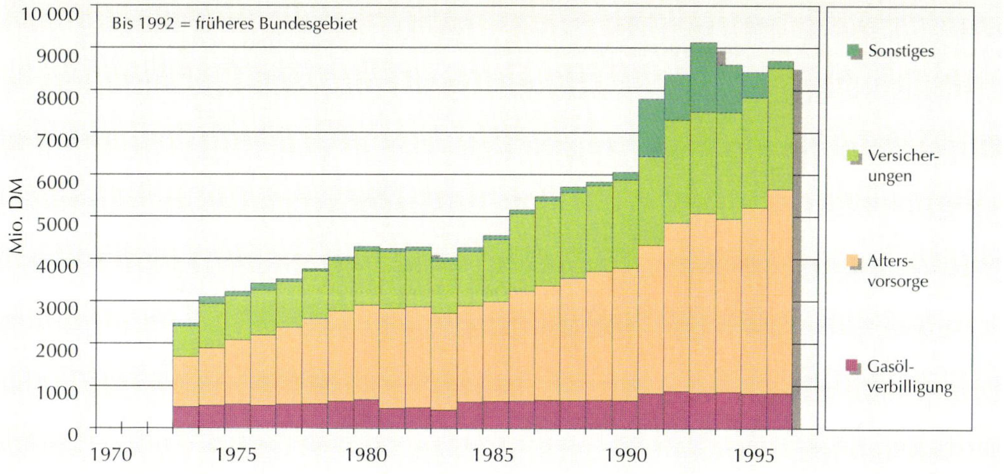

Übersicht 67:

Struktur der Ausgaben des Bundes für die nationale Agrarpolitik

1973-1996; o. soziostrukt. Einkommensausgleich (1989-1993); o. Ausgaben für GAK

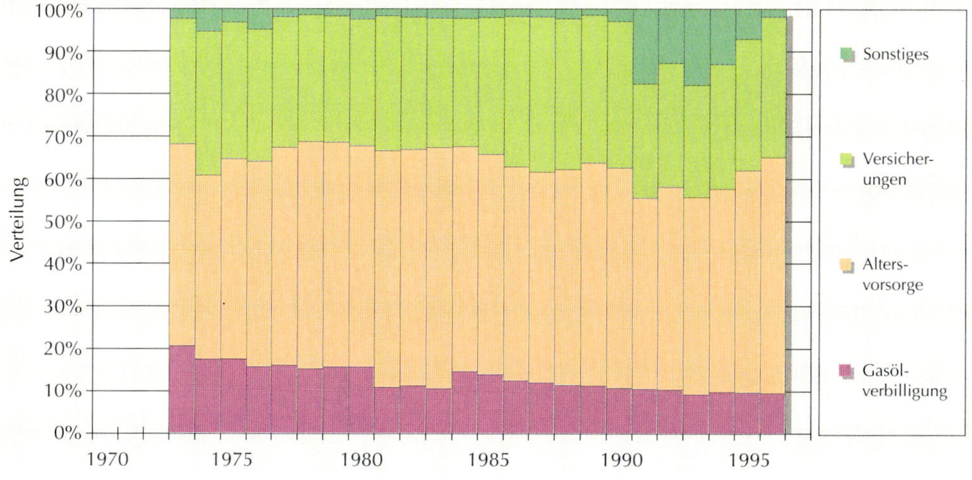

Übersicht 68:

Entwicklung der Ausgaben für Agrarstruktur und Küstenschutz (GAK)

1973-1996; in Mio. DM; Bund und Länder

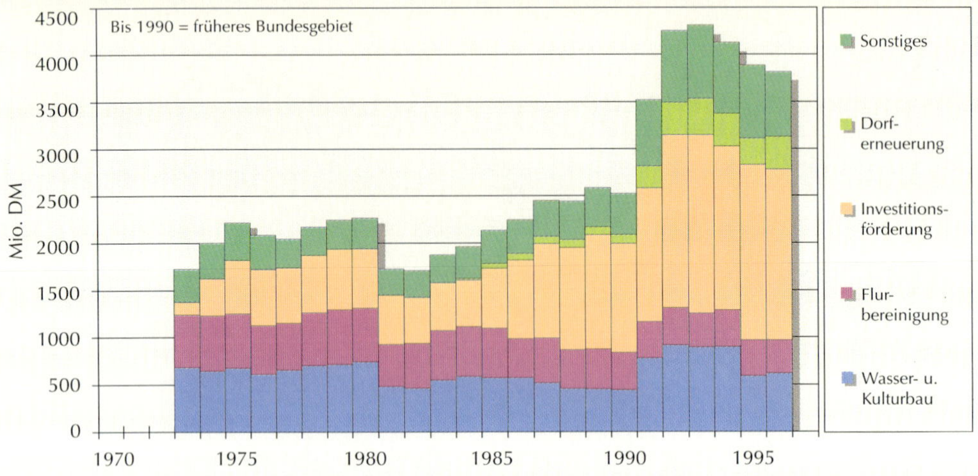

Übersicht 69:

Struktur der Ausgaben für Agrarstruktur und Küstenschutz (GAK)

1973-1996; Bund und Länder

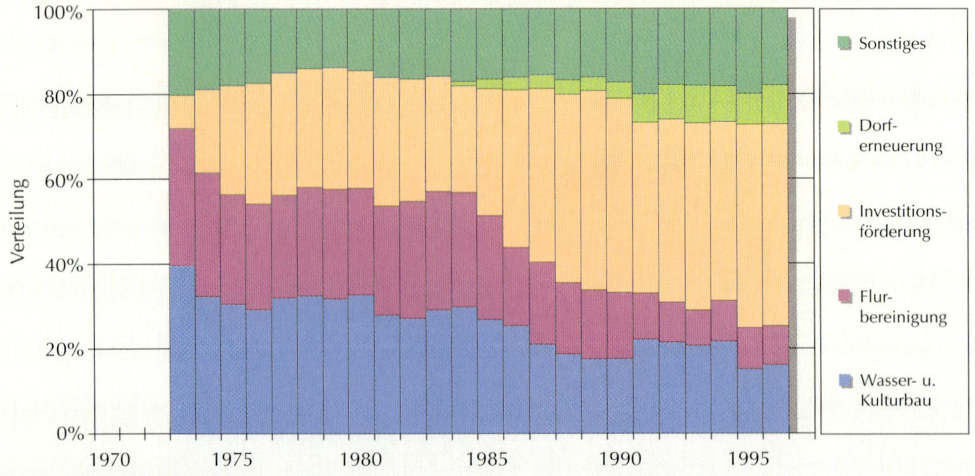

Übersicht 70:

Entwicklung der Ausgaben des EU-Haushaltes
1982-1998; in Mio. ECU

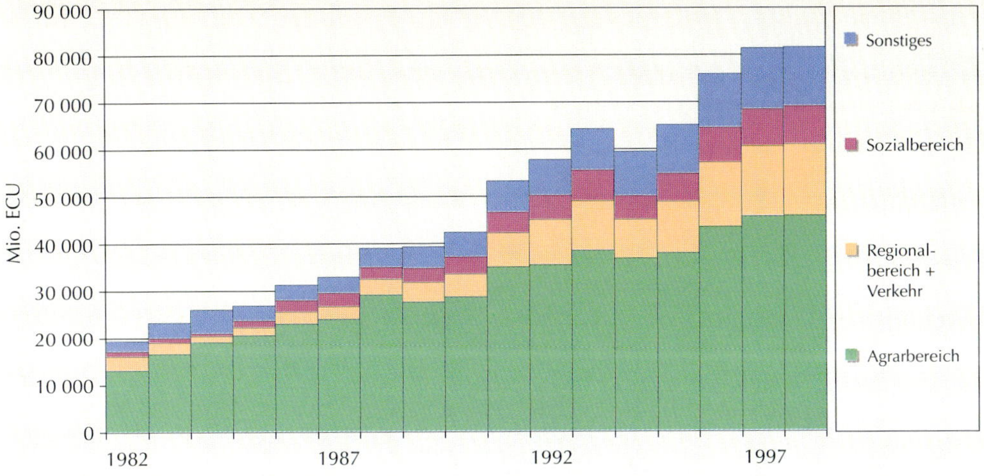

Übersicht 71:

Struktur der Ausgaben des EU-Haushaltes
1982-1998

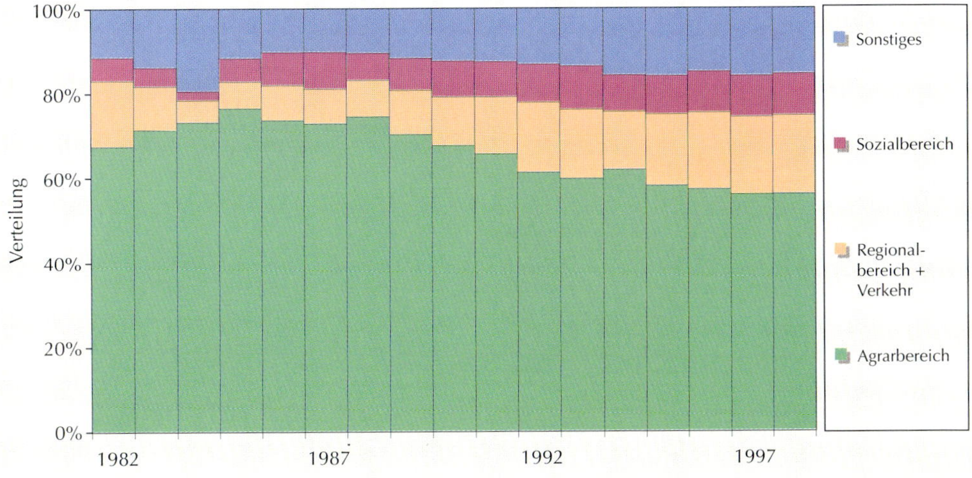

Übersicht 72:

Entwicklung der Marktordnungsausgaben der EU (EAGFL; Abt. Garantie)

1978-1997; in Mio. ECU

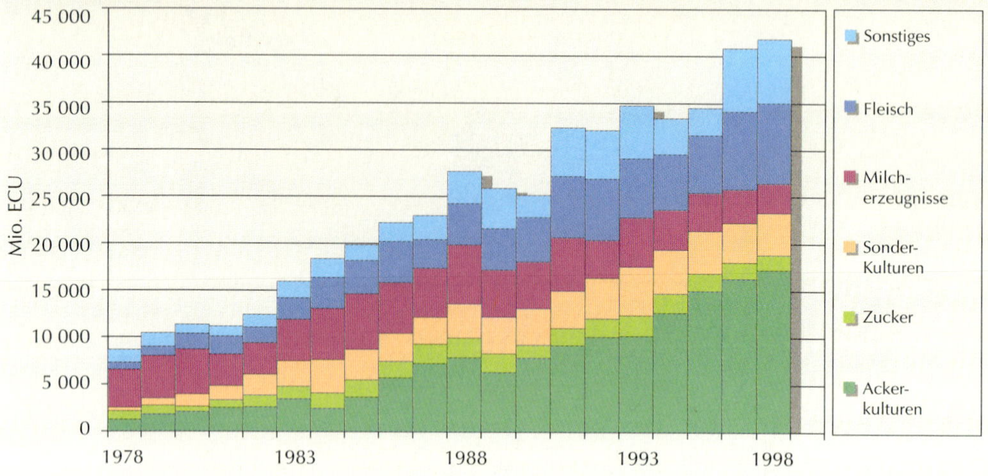

Übersicht 73:

Struktur der Marktordnungsausgaben der EU (EAGFL; Abt. Garantie)

1978-1997

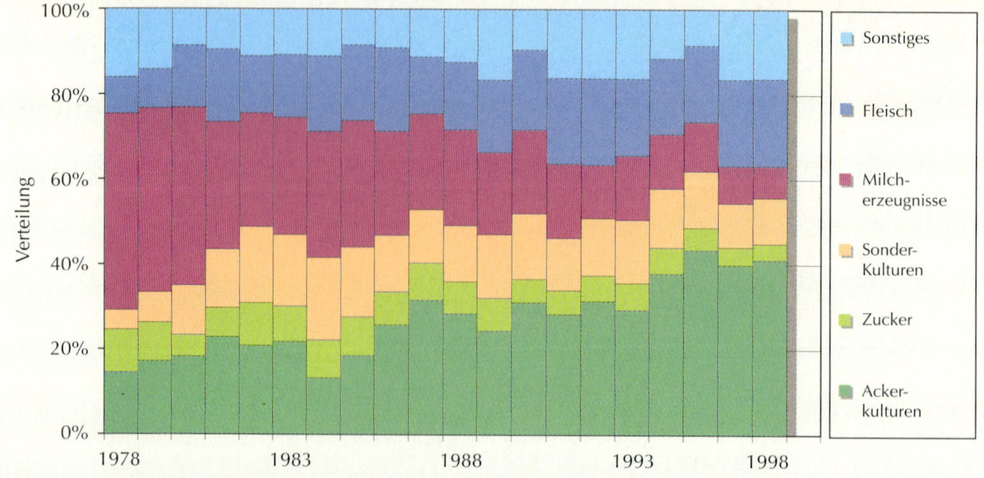

Übersicht 74:

Bodenklimazahl

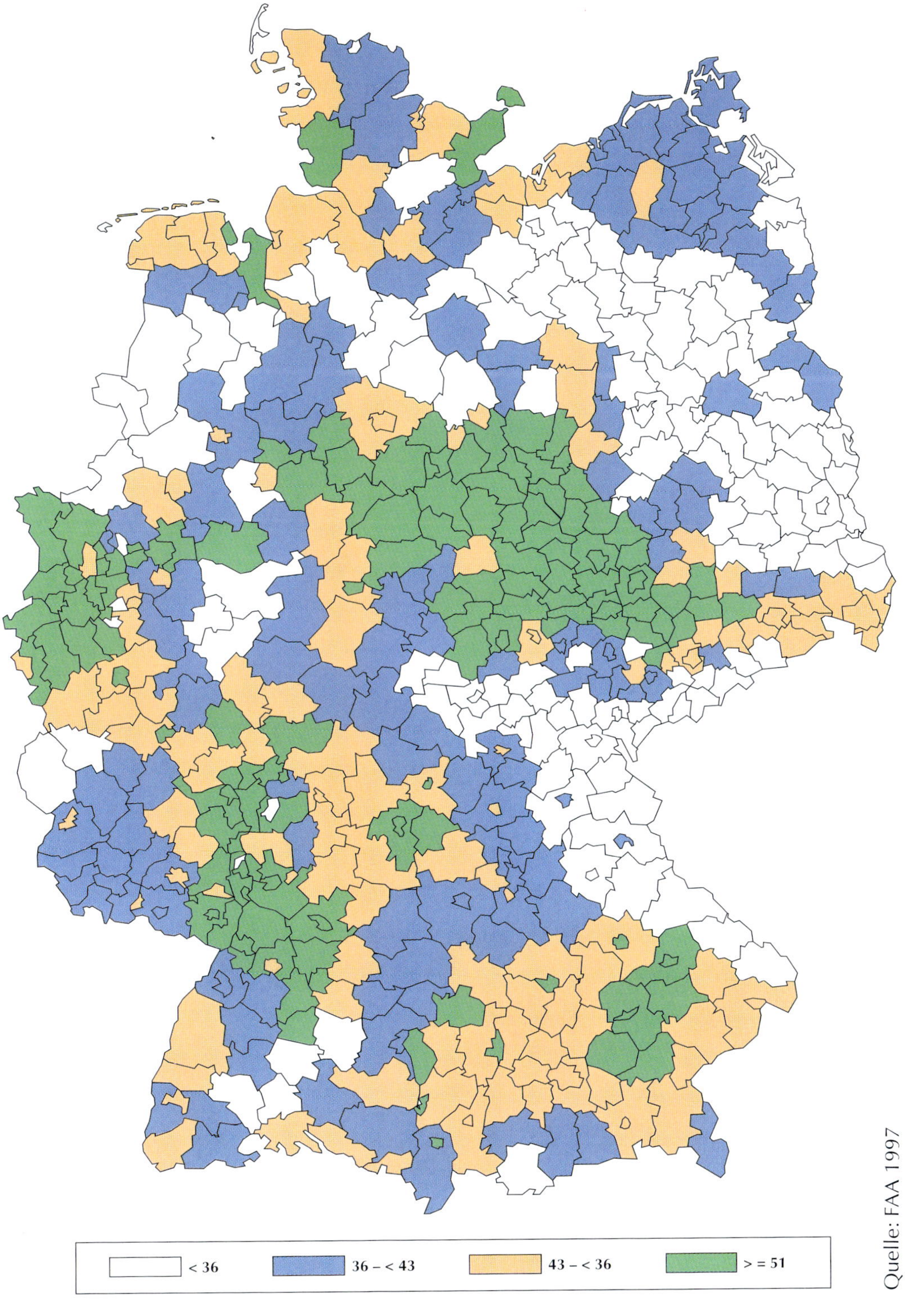

Quelle: FAA 1997

Übersicht 75:

Dauergrünland in Prozent der LF 1995

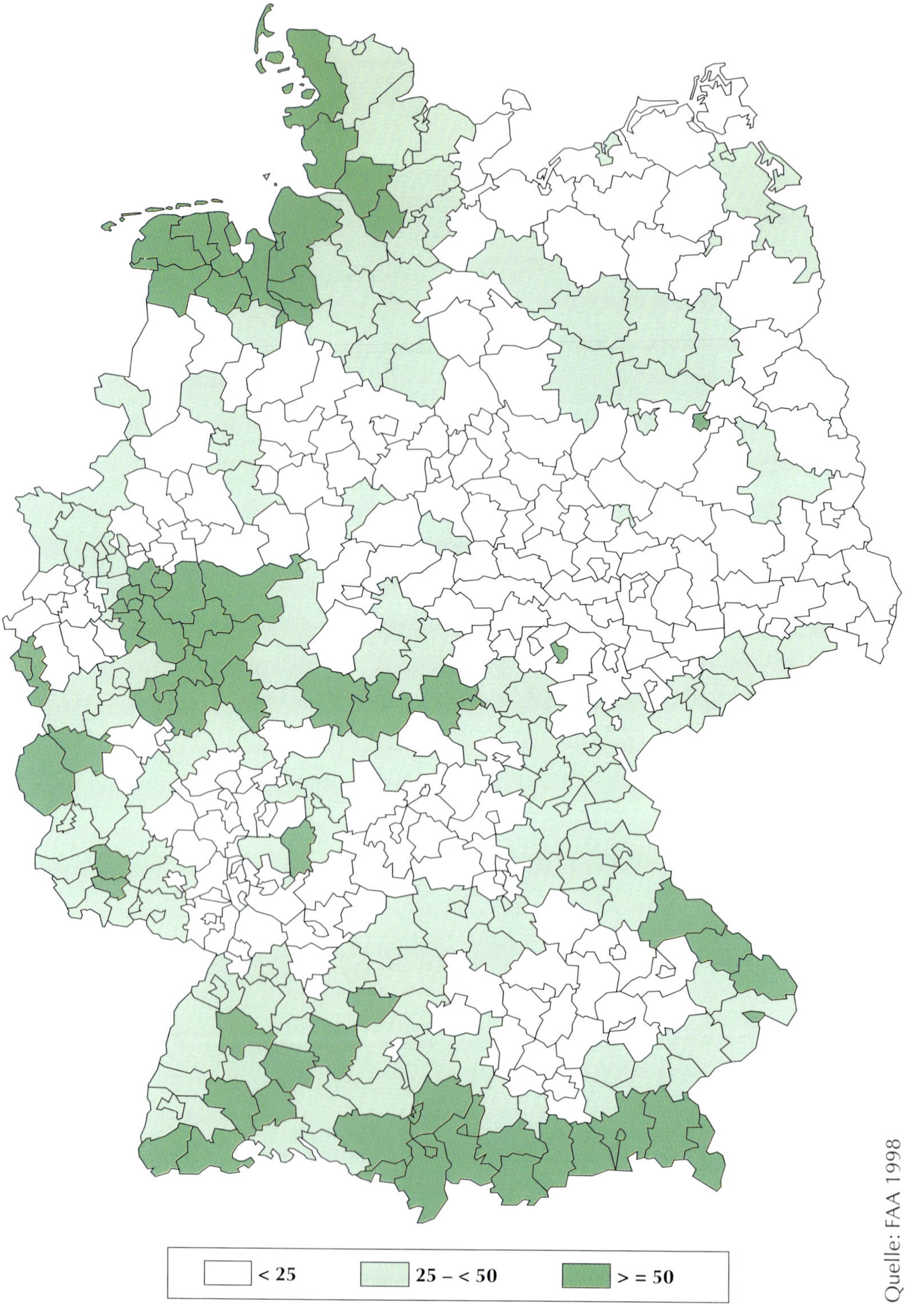

Quelle: FAA 1998

Übersicht 76:

Rückgang der Anzahl landwirtschaftlicher Betriebe insgesamt von 1980 bis 1995

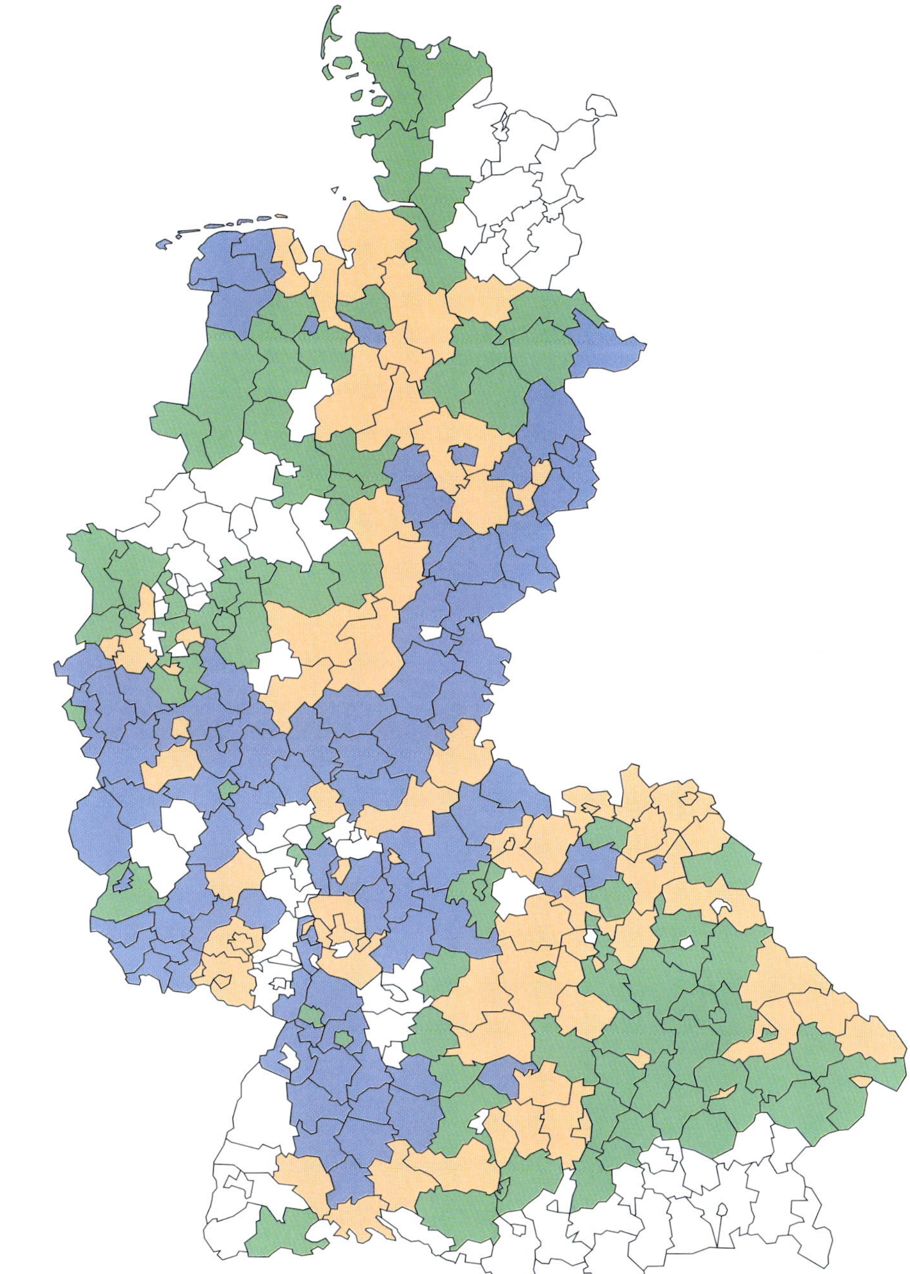

Quelle: FAA 1998

Übersicht 77:

Anteil ha LF der landwirtschaftlichen Betriebe mit 50 ha und mehr 1991

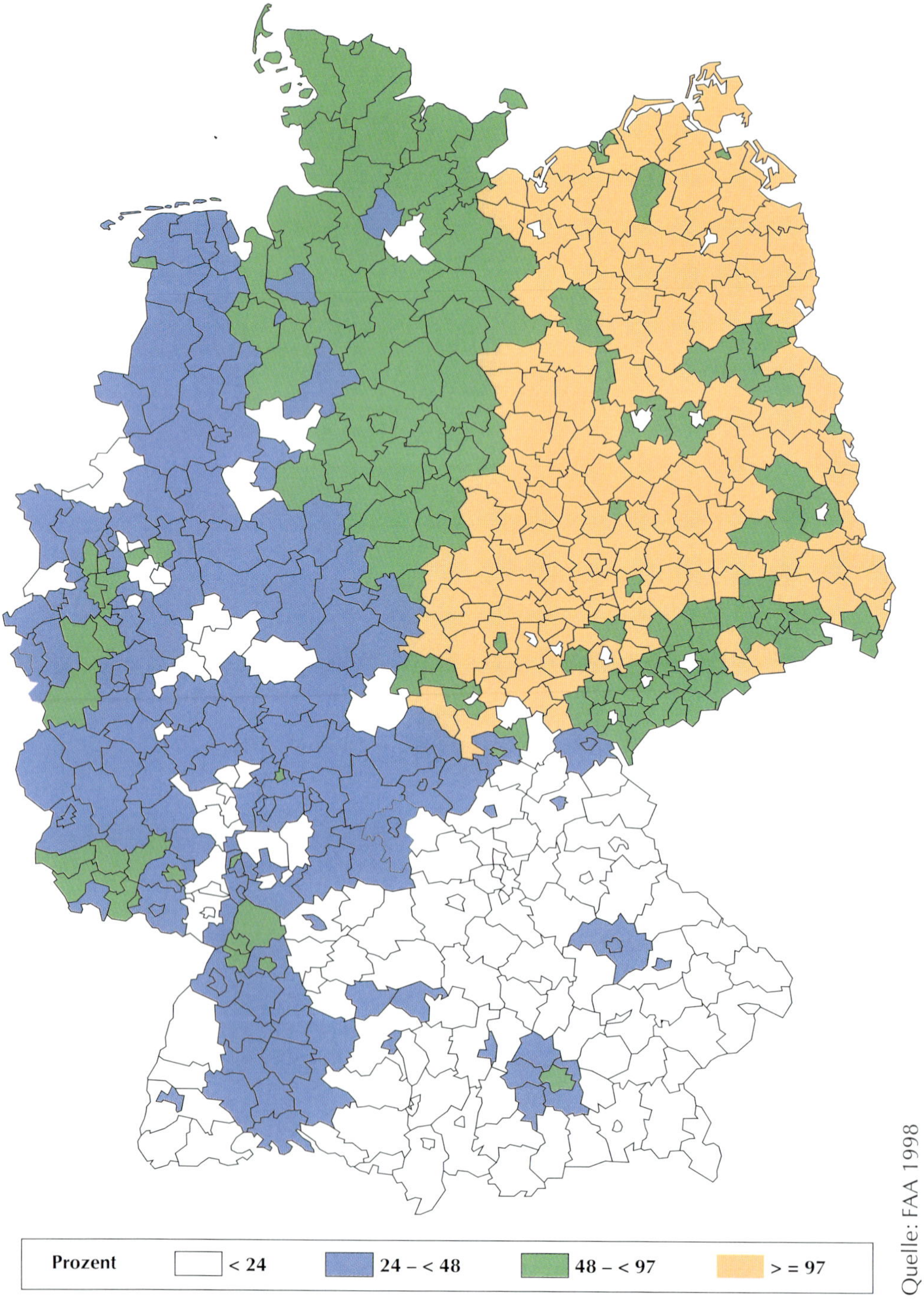

Übersicht 78:

Veränderung GVE-Veredelung/ha LF 1996 zu 1980 in Prozent

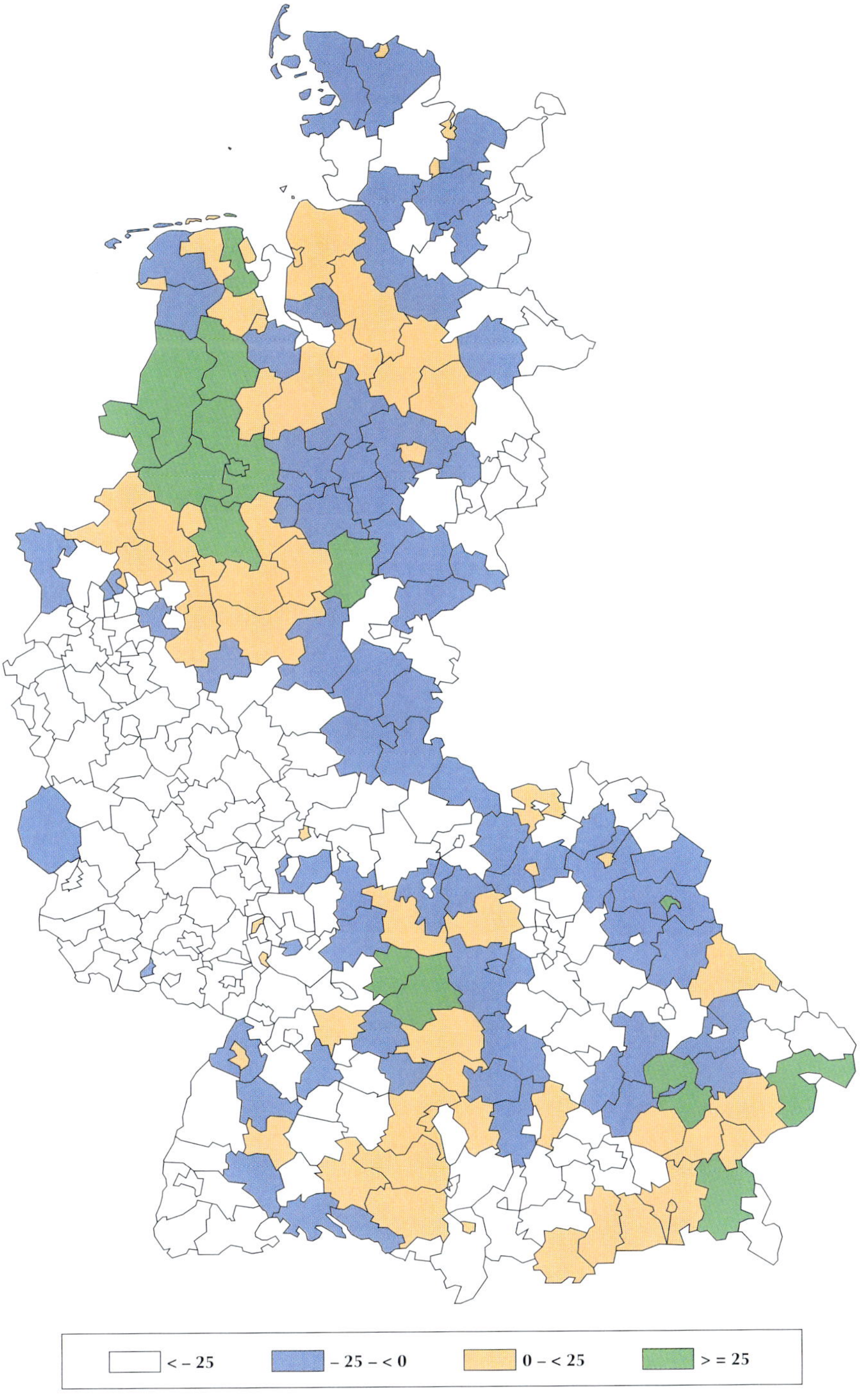

Quelle: FAA 1998

Übersicht 79:

GVE-Veredelung 1996 pro ha LF

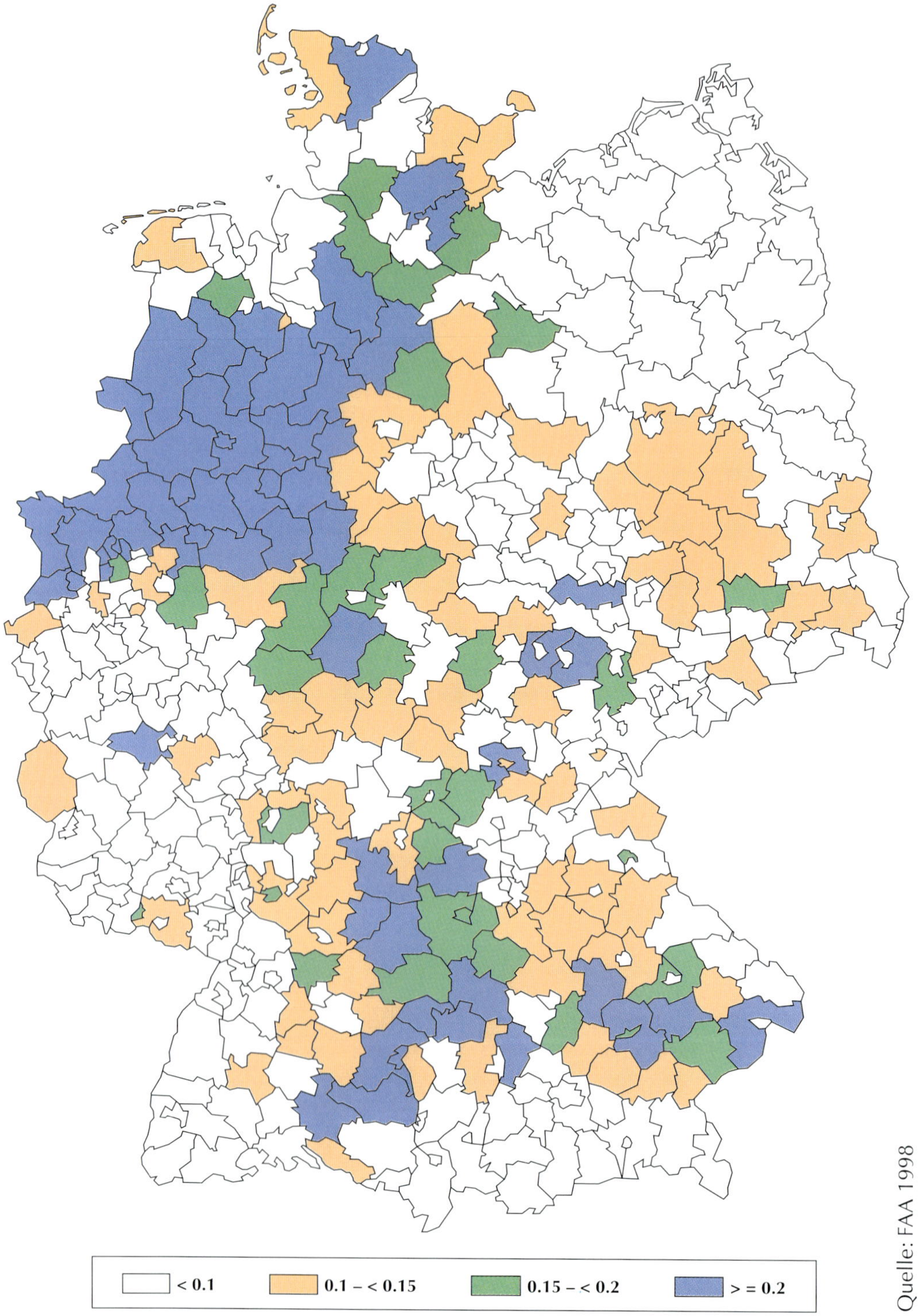

Übersicht 80:

Zunahme der Wohnbevölkerung von 1987 bis 1995

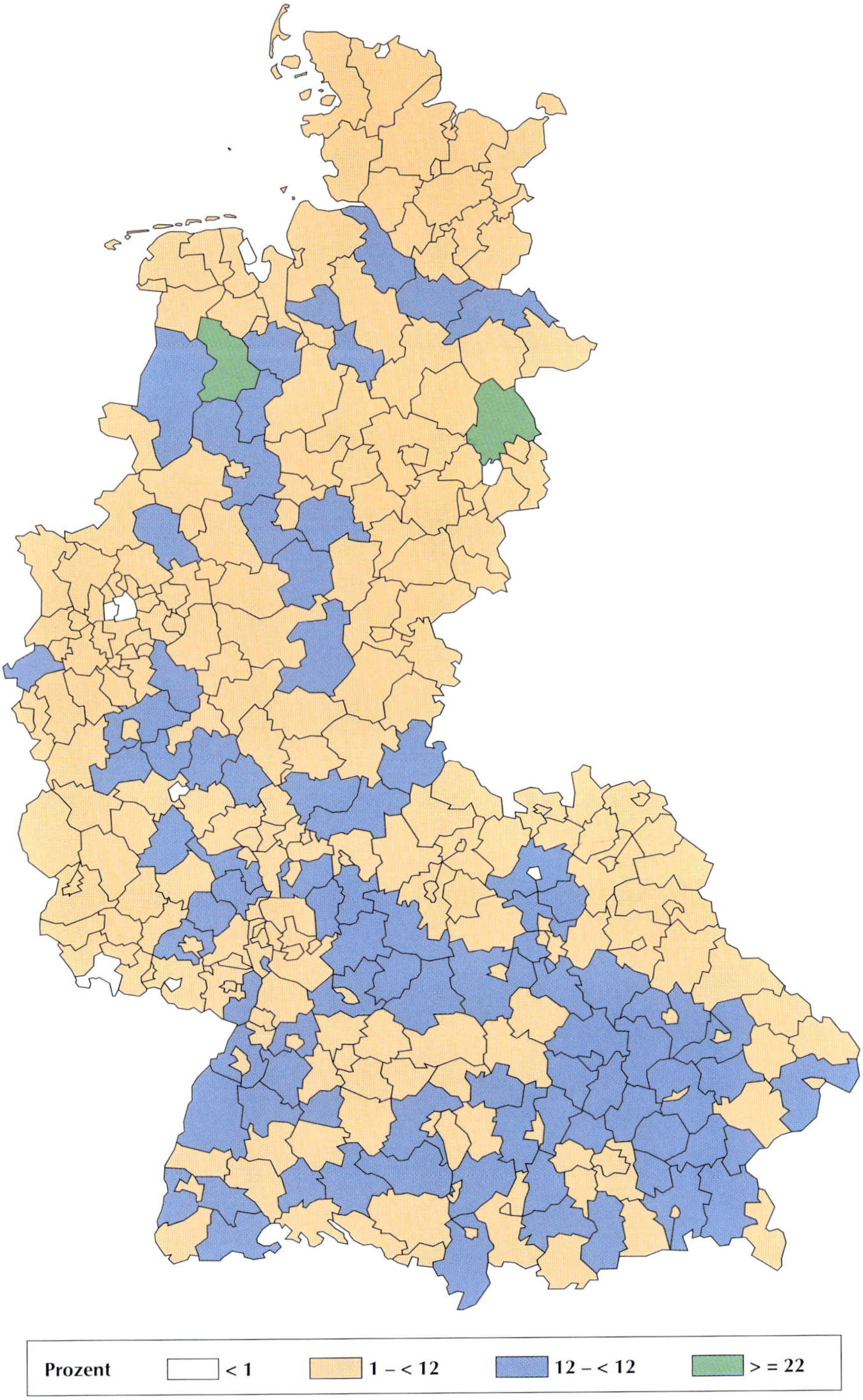

Quelle: FAA 1998

Übersicht 81:

Bevölkerungsdichte 1995

(Einwohner/km²)

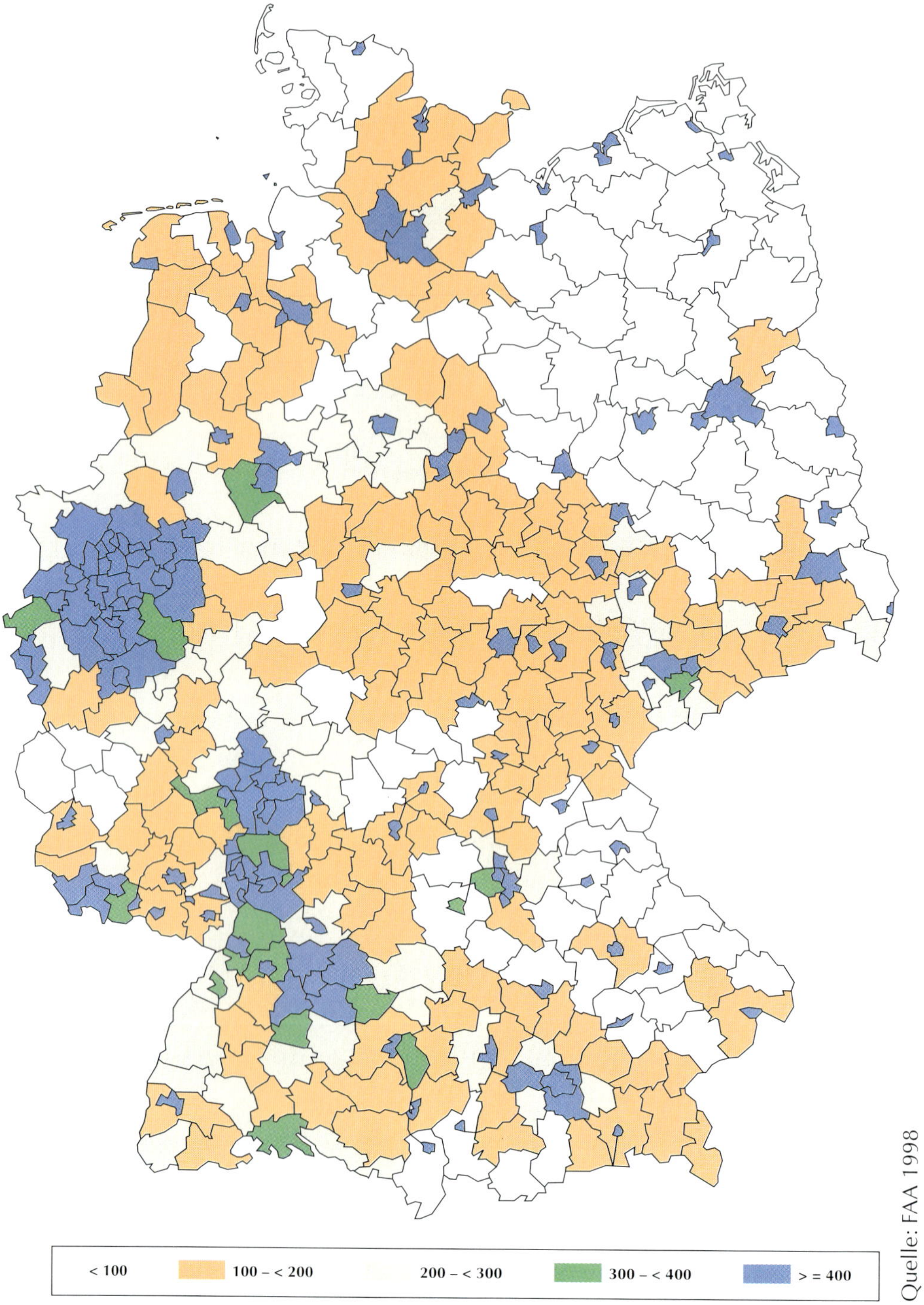

Übersicht 82:

Abnahme der Erwerbstätigen in Land- und Forstwirtschaft von 1980 bis 1994

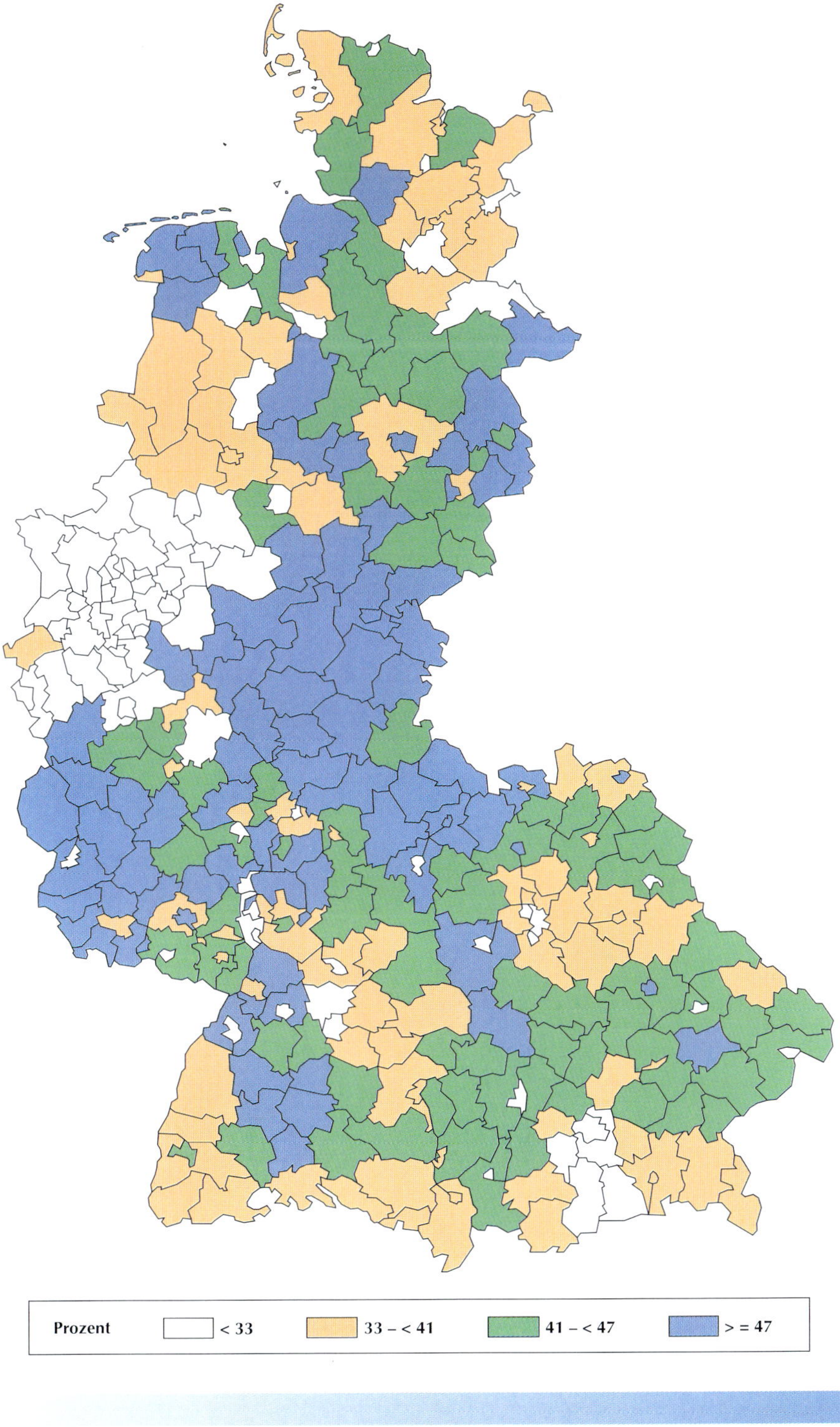

Quelle: FAA 1998

Übersicht 83:

Arbeitslosenquote September 1995

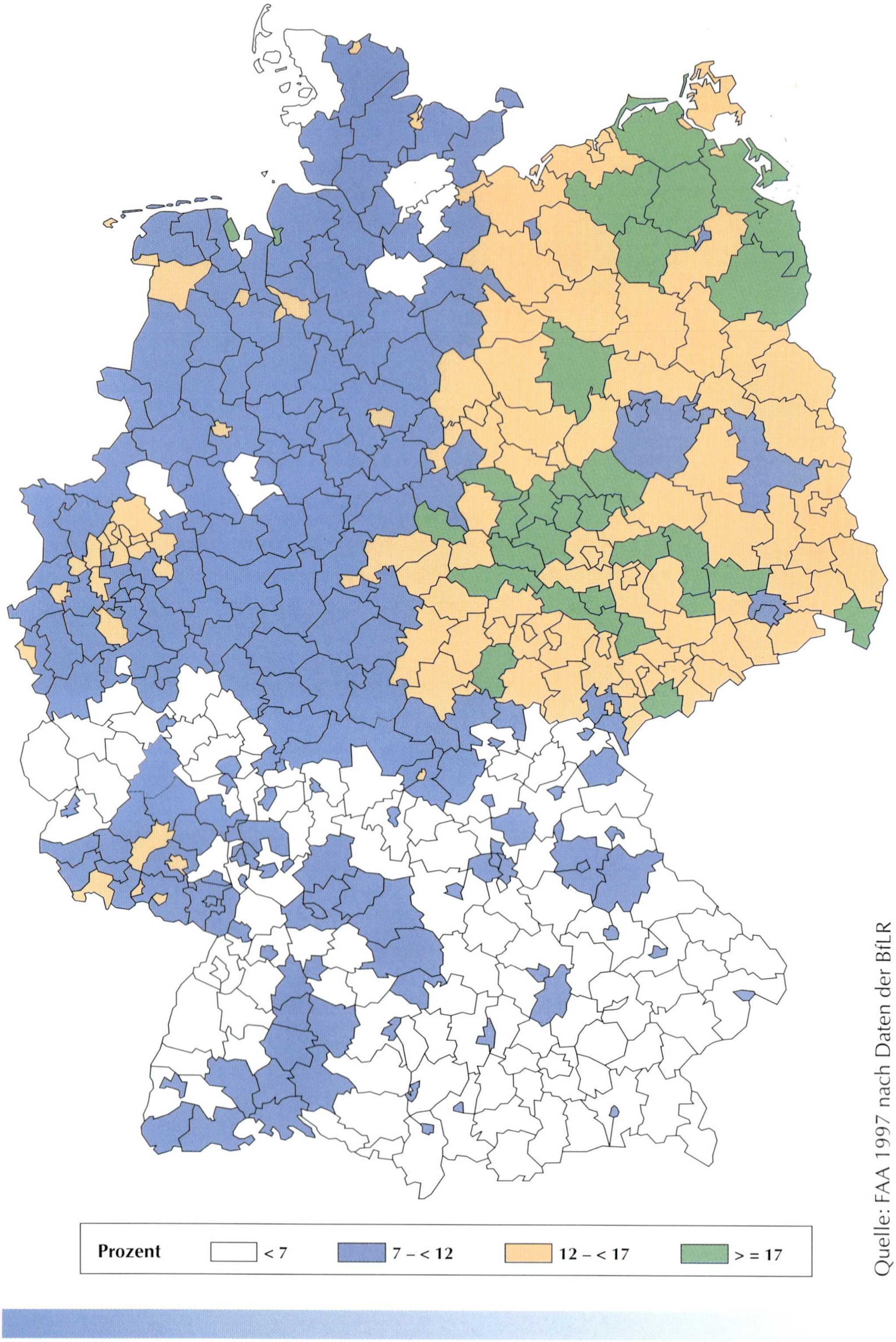

Quelle: FAA 1997 nach Daten der BfLR